Beck'sche Reihe
BsR 1079

Das Jahrbuch Dritte Welt

- informiert in Übersichten und Einzelbeiträgen über die wichtigsten Ereignisse, Tendenzen und Probleme der Entwicklungsländer im Berichtszeitraum

- zeigt Zusammenhänge auf, analysiert Ursachen und weist auf Folgeprobleme hin

- gibt geographische, ethnologische, historische, wirtschaftliche, ökologische, gesellschaftliche, kulturelle und politische Hintergrundinformationen

- konzentriert und veranschaulicht die Informationen durch Tabellen, Chroniken, Schaubilder und Karten

- weist für die gezielte Weiterarbeit auf ausgewählte Literatur hin

- entwickelt sich mit jedem Band zu einem umfassenderen, jeweils auf dem neuesten Stand befindlichen Handbuch der Dritten Welt

- enthält deshalb jeweils ein Gesamtregister der in den bisherigen Jahrbüchern erschienenen Beiträge sowie eine Chronik der wichtigsten Dritte-Welt-Ereignisse im Berichtszeitraum

- wendet sich an alle, die fundierte und aktuelle Informationen über die Entwicklungsländer – über ihr Verhältnis untereinander und zur übrigen Welt – suchen: Entwicklungsfachleute und Entwicklungshelfer, Politiker, Geschäftsleute, Journalisten, Wissenschaftler und Lehrer, Studenten und Schüler, an die gesamte breite entwicklungspolitisch interessierte Öffentlichkeit.

Jahrbuch Dritte Welt 1995

Daten · Übersichten · Analysen

Herausgegeben von
Joachim Betz und Stefan Brüne
Deutsches Übersee-Institut, Hamburg

VERLAG C. H. BECK MÜNCHEN

Mit Karten und Tabellen

Die Deutsche Bibliothek – CIP-Einheitsaufnahme

Jahrbuch Dritte Welt...: Daten, Übersichten, Analysen – München : Beck.
  Erhielt früher eine ff.-Aufnahme
  ISSN 0724-4762
  1995. – Orig.-Ausg. – 1994
  (Beck'sche Reihe ; 1079)
  ISBN 3 406 37469 7

NE: GT

Originalausgabe
ISBN 3 406 37469 7
ISSN 0724-4762

Einbandentwurf von Uwe Göbel, München
© C.H. Beck'sche Verlagsbuchhandlung (Oscar Beck), München 1994
Gesamtherstellung: Appl, Wemding
Gedruckt auf säurefreiem,
aus chlorfrei gebleichtem Zellstoff hergestelltem Papier
Printed in Germany

Inhalt

Joachim Betz/Stefan Brüne
Die Dritte Welt im Überblick (1993/94) 9

I. ÜBERREGIONALE BEITRÄGE

Benno Engels
Das GATT und die Entwicklungsländer – Was brachte die
    Uruguay-Runde? 30

Joachim Betz
Im Süden nichts Neues? 47

II. AKTUELLE ENTWICKLUNGSPROBLEME

Wolfgang Hein
Industrielle Entwicklung in der Dritten Welt: Neue Erklä-
    rungsansätze 64

III. REGIONALE BEITRÄGE

Heinrich Bergstresser
Nigeria: Militärherrschaft ohne Ende? 75

Theodor Hanf
Südafrika: Konfliktregelung durch Wahlen 88

Andreas Mehler
Stammeskriege in Burundi und Ruanda? 117

Rolf Hanisch
Indonesien: Abenddämmerung des Suharto-Regimes 133

Rüdiger Machetzki
Kultur und Wirtschaftserfolg in Südostasien 150

Wolf-Peter Zingel
Verhaltene Reformpolitik in Pakistan 172

Detlef Nolte
Chile: Demokratischer Konsens und die Last der Vergangenheit 190

Bert Hoffmann
Kuba im Jahr 5 nach dem Fall der Mauer 209

Volker Perthes
„Gaza-Jericho" und der schwierige Weg zum Frieden ... 225

IV. Aktuelle Süd-Süd-Ereignisse

Lateinamerika

Sabine Kurtenbach
Konflikte und Konfliktregulierung in Lateinamerika 242

Asien

Klaus-Albrecht Pretzell
Die APEC auf dem Weg zur Institutionalisierung 249

Orient

Thomas Koszinowski
Der Bürgerkrieg im Jemen 258

Afrika

Rolf Hofmeier
Friedensbemühungen und regionale Kooperation 269

V. Anhang

Chronik der wichtigsten Dritte-Welt-Ereignisse 1993/94   281

Gesamtregister 1983–1995 287

Autorinnen und Autoren 299

Verzeichnis der Karten

Nigeria 85

Ruanda 119

Pakistan 175

Israel-Jordanien 227

Verzeichnis der Übersichten und Tabellen

Übersicht: Aufbau der Welthandelsorganisation (WTO) .   38

Tabelle: Wachstumsraten der industriellen Wertschöpfung in ausgewählten Regionen 64

Tabelle: Regionale Wachstumsraten der industriellen Wertschöpfung in ausgewählten Industriezweigen 65

Übersicht: Bestimmungsfaktoren nationaler Wettbewerbsvorteile: Michael Porters DIAMOND 69

Tabelle: Wechselseitige Beeinflussung Ruandas und Burundis 124

Tabelle: Bevölkerungswachstum und -dichte in Burundi, Ruanda, Zaire und Tanzania 126

Tabelle: Die Struktur der Haushaltseinnahmen 1973–1992 in Indonesien 140

Joachim Betz/Stefan Brüne
Die Dritte Welt im Überblick (1993/94)

1. Wirtschaftliche Entwicklungen

Während das Wirtschaftswachstum in den Industrieländern trotz Konjunkturbelebung in Nordamerika und Australien schwach war und die Arbeitslosigkeit auf den höchsten Stand seit den 30er Jahren stieg, blieben die Entwicklungsländer (Wachstumsrate 1993: 4,9%), zumal die dynamischeren, davon erneut relativ unberührt. Die Wirtschaftsaktivität dort war offensichtlich stärker vom Erfolg binnenwirtschaftlicher Reformbemühungen bestimmt als vom Zustand der Weltwirtschaft. Natürlich waren innerhalb der Dritten Welt wieder ausgeprägte Unterschiede festzustellen: Während das Wachstum in Asien wieder an Fahrt gewann (1993: 7,2%), eine Tatsache, die diesmal v.a. auf die Entwicklung in Südasien, Indochina und der VR China zurückzuführen ist (die asiatischen Schwellenländer konnten die Raten von 1992 nicht ganz erreichen) und sich die Wirtschaftserholung in Lateinamerika beschleunigte (3,5%), verlangsamte sich das Wachstum im Nahen Osten und blieb in Schwarzafrika (2,5%) immer noch unter dem Bevölkerungswachstum. In Afrika war dies vor allem die Folge ungünstiger Wetterverhältnisse, sich verschlechternder terms of trade (Rohstoffpreise) und der Bürgerkriege, im Nahen Osten im wesentlichen Folge fallender Ölpreise.

Lateinamerika konnte die in den 80er Jahren erfahrene Verschlechterung des Pro-Kopf-Einkommens mittlerweile wieder zu einem guten Teil ausgleichen. Die Inflationsrate ist dort deutlich gesunken (Ausnahme: Brasilien), und als Resultat ernsthafter Reformen sind in- und ausländische Investitionen erneut wieder kräftig gestiegen. Länder, die frühzeitig Reformen einleiteten (Mexiko, Chile, Bolivien, Argentinien) wiesen 1993/94 in der Regel auch die besten wirtschaftlichen Ergebnisse auf. Brasilien litt weiter unter chronischer Instabilität, konnte aber 1993 dennoch ein beachtliches Wachstum vorweisen, das gegen Jahresende aber ins Stocken geriet. Die Regierung brachte daher im Frühjahr 1994 erneut ein Stabilisierungsprogramm ein, das Ausgabenbeschränkungen und die Einführung eines aktualisierten Preisindex mit Bindung an den US-Dollar vorsah, im Kongreß allerdings auf hinhaltenden Widerstand traf. Die argentinische Regierung hatte dagegen ihre Reformaufgaben Ende 1993 fast erledigt und mußte nur noch das verbleibende Hindernis für einen fortgesetzten Aufschwung, nämlich die bisher mangelnde Reform des Bankensektors, angehen. In Peru wurde der wirtschaftliche Niedergang mit marktorientierten Reformen des autoritären Regimes Fujimori gestoppt. Das Land erzielte 1993 ein Wachstum von 7%; für 1994 wird die gleiche Rate erwartet. In Mexiko brachte die Antiinflationspolitik der Regierung eine deutliche konjunkturelle Abkühlung, verschärft durch den Druck, dem sich weniger leistungsfähige mexikanische Unternehmen durch die wirtschaftliche Öffnung ausgesetzt sahen. In Venezuela ging es der seit Februar 1994 amtierenden Regierung Caldera zunächst um die Sanierung der Staatsfinanzen und die Bewältigung der nur kurz zurückliegenden Bankenkrise. Selbst das Regime in Kuba sah sich zu mehr Marktorientierung genötigt: Ende 1993 wurden Privatbetriebe in 140 Produktionszweigen gestattet und ausländische Unternehmen zur Reform in Kuba aufgerufen (vgl. Beitrag Kuba). Trotz aller Fortschritte stehen in Lateinamerika insgesamt noch wichtige Reformaufgaben aus, wie sie auch auf der Jahrestagung der Interamerikanischen Entwicklungsbank (Frühjahr 1994) benannt wurden: Die wirtschaftliche Anpassung hat in Lateinamerika zu einer deutlichen Stabilisierung, aber auch zu einem zu starken Schrumpfen der Investitionen für die Infrastruktur, das Schul- und Gesundheitswesen geführt. Damit verbunden hat sich auch die soziale Frage zugespitzt, da die Wachstumsbelebung bislang an den Armen eher vorbeiging.

In Schwarzafrika zeigten sich erste Ergebnisse der Wirtschaftsreformen, die unter Anleitung von IWF und Weltbank in fast allen Ländern des Kontinents durchgeführt wurden. Sie brachten in jenen Staaten, die die Reformen durchhielten, eine mäßige, aber wahrnehmbare Beschleunigung des Wirtschaftswachstums (+ 1,9 % im Vergleich zur Vorperiode). Die Umsetzung der Reformen erfolgte allerdings ungleichmäßig nach Sektoren (der öffentliche Sektor, die Banken und die landwirtschaftlichen Vermarktungsbehörden blieben bislang weitgehend ausgespart) und Länder und erreichte insgesamt nicht entfernt das ost- und südasiatische Niveau. Zudem brachten sich manche Länder (etwa Ruanda und Burundi, vgl. Beitrag) durch interne Unruhen um die Früchte ihres Kurswechsels. In Nigeria schaffte es die neue Militärführung gar, das Land durch Rücknahme der Reformen und einen chaotischen Wirtschaftskurs praktisch in den Bankrott zu treiben (vgl. Beitrag Nigeria). Schwarzafrika demonstrierte auch, daß marktorientierte Reformen allein nicht genügen, um den Kontinent auf einen nachhaltigen Wachstumskurs zu bringen.

In der VR China setzte sich das rasante Wachstumstempo fort, wobei gewisse Unzulänglichkeiten der bisherigen wirtschaftlichen Reformen immer offenkundiger wurden. So war das rasche Wachstum mit einer Ausweitung der Korruption und regionalen Ungleichheit verbunden, die sich auch in einem zurückgehenden Steueranteil der Zentrale niederschlug. Die Stadt-Land-Kluft nahm erheblich zu, zumal auch die Produktivitätssteigerungen in der Landwirtschaft nachließen, in der immer noch zu viele Arbeitskräfte beschäftigt sind. Die Staatsbetriebe rutschten zunehmend ins Defizit und verschlangen steigende Mittel, die die Inflation anheizten und das Bankensystem gefährdeten. Ende 1993 waren daher weitere Reformen nötig, die darauf zielten, die Staatsbetriebe zu sanieren (durch Teilprivatisierung und Stärkung ihrer Unabhängigkeit), die Zentralbank unabhängiger zu machen, die Gründung neuer Geschäftsbanken zuzulassen, den Wechselkurs zu vereinheitlichen und das Steuersystem mit dem Ziel zu reformieren, den Anteil des zentralen Staatshaushalts am Aufkommen zu erhöhen.

Herausragendes wirtschaftspolitisches Ereignis in Vietnam war die Aufhebung des US-Handelsembargos Anfang 1994, die amerikanischen Firmen wieder Zugang zum attraktiver werdenden vietnamesischen Markt verschaffte, auf dem sich bereits zahlreiche Investoren aus Asien und Europa tummeln. Vietnam wies 1993 eine Wachstumsrate von 7,5 % auf, die 1994 gar noch übertroffen werden wird. Ehrgeizige Pläne zur Verwandlung ihrer Staaten in Schwellenländer verfolgten die indonesische und die srilankische Regierung. Angesichts zahlreicher werdender Konkurrenten um ausländische Privatinvestitionen ermöglichte die indonesische Regierung ausländischen Investoren die vollständige Kontrolle über ihre Unternehmen und erleichterte die Gründung von joint ventures (vgl. Beitrag Indonesien). Sri Lanka unternahm 1993 einen erneuten Versuch zur Sanierung des Haushaltes, setzte die Privatisierungen fort und unternahm entscheidende Schritte, um seine Währung konvertierbar zu machen. Ähnliches ist aus Indien und Pakistan zu berichten. Premierministerin Benazir Bhutto ließ im März ein dreijähriges Sparprogramm verabschieden und versprach, den Liberalisierungskurs ihres Vorgängers fortzusetzen (vgl. Beitrag Pakistan). Indien setzte seine Bemühungen zur Haushaltskonsolidierung und zur Privatisierung der Staatsbetriebe fort. Wirtschaftswachstum, Exporte und ausländische Privatinvestitionen zeigten deutlich steigende Tendenz. Einzig grauer Fleck in Südasien blieb Nepal, das von einer Unwetterkatastrophe und anschließender Energieknappheit heimgesucht wurde.

Bedingt durch Konjunkturdämpfungsmaßnahmen, infrastrukturelle Engpässe, Lohnauftrieb und Abwanderung arbeitsintensiver Industrien in die Nachbarländer verlangsamte sich das Wirtschaftstempo in den ostasiatischen Ländern etwas, blieb aber nach wie vor sehr hoch. In Südkorea wurde zur Jahresmitte 1993 ein Programm zur Konjunkturankurbelung aufgelegt, das zu einer deutlichen Belebung der Exporte führte. Bis 1996 will Südkorea Mitglied der OECD, also des Klubs der Industrieländer werden.

Die Türkei verzeichnete 1993 starkes Wachstum; gleichzeitig führte ein hohes Haushaltsdefizit zu Inflation, Verlust von Konkurrenzfähigkeit und Herabstufung internationaler Kreditwürdigkeit. Anschläge der PKK wirkten sich nachteilig auf Tourismus und Auslandsinvestitionen aus. Die Regierung Ciller verkündigte daher nach dem Gewinn der Kommunalwahlen Anfang April 1994 ein drastisches Sparprogramm, das Entlassungen aus dem öffentlichen Dienst, Anhebung staatlicher Preise, höhere Steuern und Einfrieren der Löhne vorsah.

Die weltwirtschaftliche Verflechtung machte auch 1993/94 weitere Fortschritte, besonders im asiatisch-pazifischen Raum, dem wachsendes Gewicht zukam (vgl. Beitrag Südostasien). Die meisten Entwicklungsländer setzten die Liberalisierung ihres Außenhandels fort, begünstigt auch durch den Wunsch, am potentiellen Nutzen der erfolgreich abgeschlossenen Uruguay-Runde zu partizipieren. Da sich die Abhängigkeit der Dritten Welt von den Märkten der Industrieländer weiter verringerte, wurde ihre Exportdynamik im wesentlichen von der Nachfrage der Entwicklungsländer untereinander, der Handelsliberalisierung und steigenden Direktinvestitionen hervorgerufen. Der Anteil Asiens an der weltweiten Nachfrage nach Fertigwarenimporten aus anderen Regionen ist mittlerweile auf über 40 % gestiegen (Westeuropa: 25 %), der intraregionale Handel dort auf mittlerweile fast die Hälfte. Andere Regionen der Dritten Welt konnten mit diesem Tempo nicht Schritt halten.

Das Leistungsbilanzdefizit der Entwicklungsländer (ohne asiatische Schwellenländer) erhöhte sich 1993 wieder. Besonders deutlich war die Verschlechterung in Lateinamerika, wo es den höchsten Stand seit Ausbruch der Schuldenkrise erreichte. Deutlichen Anstieg verzeichnete das Defizit auch in der VR China, Taiwan und Thailand, während es in den übrigen asiatischen Volkswirtschaften rückläufig war. Gründe für diese Entwicklung war die stark zunehmende Binnennachfrage, die durch die Stabilisierungsbemühungen (besonders in Lateinamerika) zurückgestaut worden war, und zunehmende Investitionen der fortgeschritteneren Entwicklungsländer in den umliegenden Niedriglohnländern sowie der Investitionsbedarf für die Infrastruktur, die vor allem in den rasch wachsenden Volkswirtschaften zunehmende Engpässe aufwies.

Die Kapitalzuflüsse an die Entwicklungsländer stiegen im Berichtszeitraum stark an und erreichten 1993 159 Mrd. $ (1991: 131 Mrd.), ein Aufschwung, der fast ausschließlich auf das Konto privater Transfers ging, wobei einesteils zunehmende ausländische Privatinvestitionen, andererseits Anleihen eine wachsende Rolle spielten, während der Umfang der Bankkredite schwankte. Rückläufig war 1993 die öffentliche Entwicklungshilfe, v. a. ihr bilateraler Teil. Hinsichtlich der Bedingungen und der regionalen/sektoralen Schwerpunkte der Entwicklungshilfe ist wenig Neues zu berichten. Erwähnenswert ist, daß der Anteil der ärmsten und der schwarzafrikanischen Staaten an ihr leichten Rückgang zeigt und daß es den Gebern nach wie vor schwerfällt, die Hilfe wirklich auf grundbedürfnisorientierte Projekte/Programme für die Armen umzustellen. Die privaten Direktinvestitionen wurden damit zur größten Einzelquelle der Entwicklungsländer für Kapitalzuflüsse aus dem Ausland. Ihr überwiegender Teil entfiel auf Asien. Quelle dieser Investitionen waren zunehmend auch die Schwellenländer dieser Region, die, aufgrund steigender Reallöhne, in den angrenzenden Niedriglohnländern investierten und diese damit verstärkt in die Weltwirtschaft integrierten. Fortgesetzte Privatisierungen und regionale Handelsabkommen (wie die NAFTA), die die Attraktivität mancher Länder als Standorte für exportorientierte Unternehmen erhöhte, taten das Übrige.

Die Verschuldungslage der Dritten Welt hat sich deutlich entspannt. Die Gesamtschulden nahmen 1992 nur noch um 4 % zu, die Zahlungen für den Schuldendienst fielen, wozu geringere internationale Zinsraten und Schuldenerleichterungen für eine ganze Reihe von Entwicklungsländern beitrugen. Die Verschuldungsindikatoren haben sich allgemein gebessert (in Schwarzafrika aber nur sehr geringfügig), und die Aufnahme von Neuschulden konzentrierte sich auf die zahlungsfähigen asiatischen Länder. Brasilien konnte als letztes der großen Schuldnerländer im April 1994 ein Umschuldungsabkommen über einen guten Teil seiner Verbindlichkeiten erreichen.

Die Rohstoffpreise sind ab Ende 1993 erstmals seit langer Zeit wieder gestiegen, bedingt durch die leichte Konjunkturbelebung in den Industrieländern, abnehmende Vorräte, zunehmende Rohstoffspekulation und Versuche der Produzentenländer, ihr Angebot zu beschränken. Hierzu zählt auch die erfolgreiche Gründung eines Kaffeekartells im August 1993, das über einen Rückhalteplan für die Exporte schon bei seiner Ankündigung deutliche Steigerungen der auf den Tiefstpunkt angekommenen Kaffeepreise auslöste. Weniger glücklich operierte die OPEC, die sich im 2. Halbjahr 1993 mit ständigen Quotenüberschreitungen ihrer Mitglieder quälte. Vorstöße einiger Mitglieder zu weiteren Quotenkürzungen hatten angesichts des Widerstandes Saudi-Arabiens, Kuwaits und der Vereinigten Arabischen Emirate keinen Erfolg. Ab dem Frühjahr 1994 kam der OPEC die Konjunkturentwicklung im Westen zu Hilfe, die für eine gewisse Steigerung der Ölpreise sorgte.

Hinsichtlich der Ernährungslage in der Dritten Welt war bei allgemeiner Besserung eine erneute Zuspitzung in Schwarzafrika im Jahr 1994 zu beobachten. Die FAO warnte vor einer ernsten Ernährungskrise in Ostafrika, von der mindestens 22 Mio. Menschen betroffen seien. Geringe Ernten wurden aus Somalia, Äthiopien, Eritrea und Kenia gemeldet. Krisenzentrum des Hungers wurden Ruanda und Burundi.

2. Politische Entwicklungen

a) Afrika

Im subsaharischen Afrika hielt die von Widersprüchen geprägte Suche nach tragfähigen gesellschaftlichen und politischen Strukturen an. Einerseits traf der anhaltende Demokratisierungsdruck auf den hinhaltenden Widerstand erfahrener Autokraten, andererseits wurde erneut deutlich, daß inzwischen auch antidemokratisch gesonnene Regime (Kamerun, Kenia, Gabun, Zaire) um die Wahrung demokratischer Form bemüht sein müssen. Mitte 1994 hatte über die Hälfte der 48 subsaharischen Staaten Mehrparteienwahlen angekündigt oder bereits durchgeführt. Auch Abwahlen waren möglich. In der Zentralafrikanischen Republik endete die dreizehnjährige Herrschaft General Kolingbas, und in Malawi mußte Präsident Hastings Kamuzu Banda nach über dreißigjähriger Herrschaft bei den ersten Parlaments- und Präsidentschaftswahlen eine Niederlage hinnehmen. Hastings Nachfolger, sein ehemaliger Weggefährte Bakili

Muluzi, stellte – stellvertretend für viele Politiker seiner Generation – eine „neue Ära der Toleranz und des Pluralismus" in Aussicht.

Trotz verbreiteter Bekenntnisse zu Rechtsstaatlichkeit und Parteienpluralismus blieben Form und Umfang des demokratischen Übergangs heftig umstritten. Manipulierte Bestätigungs- und Hurrawahlen, fortgesetzte Behinderungen der Presse, die Beständigkeit klientelistisch geprägter Machtstrukturen und eine zunehmend ethnisch gefärbte Gewaltbereitschaft legten erneut den Blick auf die Strukturprobleme eines Kontinents frei, der – in weiten Teilen von Staatszerfall bedroht – nach dem Ende des Ost-West-Konfliktes um eine neue politische Ordnung ringt.

Im französischsprachigen Westafrika zeichnete sich nach dem Tod des ivorischen Präsidenten Houphouët-Boigny und der drastischen Abwertung der Regionalwährung – des Franc-CFA – das Ende einer Ära ab. Zahlreiche Regime gerieten, nach offensichtlichen Wahlmanipulationen, unter Legitimationsdruck. Während Kameruns Präsident Paus Biya, desen Sieg bei den Präsidentschaftswahlen Ende 1992 nur in Frankreich Anerkennung gefunden hatte, die legale Opposition aller Mitwirkungsmöglichkeiten beraubte, gelang dem zairischen Militärpräsidenten Mobutu mit französischer Hilfe ein diplomatisches Comeback. In Togo zeichnete sich nach der Präsidentschaftswahlfarce vom August 1993 und dem knappen Sieg der Opposition bei den Parlamentswahlen vom Februar 1994 eine schwierige Kohabitation ab. In der Republik Kongo, wo Präsident Pascal Lissouba zu einem „sozialen Waffenstillstand" aufrief, endete ein von bürgerkriegsähnlichen Unruhen geprägtes Jahr mit Versuchen von Regierung und Opposition, eine erneute Eskalation zu verhindern.

In Äthiopien war die Übergangsregierung weiter bemüht, den Vielvölkerstaat mittels Demokratisierung und „ethnischer Regionalisierung" regierbar zu machen. Im Juni 1994 fanden Wahlen zu einer verfassungsgebenden Versammlung statt, aus denen die regierende Demokratische Front (EPRDF) als Sieger hervorging. Über 500 Delegierte sollen über die künftige Regierungsform und damit über die Regeln entscheiden, nach denen – noch in diesem Jahr – eine neue Regierung gewählt werden soll. Mehrere Oppositionsparteien boykottierten die Abstimmung und bezichtigten die Interimsadministration unter Präsident Meles Zenawi der Wahlmanipulation. Im Zentrum der innenpolitischen Auseinandersetzungen stand der vorliegende Verfassungsentwurf, der sämtlichen Regionen das Recht einräumt, sich in einer demokratischen Entscheidung von Äthiopien lösen zu können. Die jetzt als künftiger Staatsname in Aussicht genommene Bezeichnung *Federal Democratic Republic of Ethiopian Government* weist die Richtung. Sie könnte für einen Prozeß stehen, an dessen Ende Afrikas postkoloniales Staatensystem und seine unter ethnischen Gesichtspunkten willkürlichen Grenzen insgesamt zur Disposition stehen.

Im benachbarten Eritrea zeichneten sich die Konturen eines neuen politischen Systems ab. In Nakfa endete der 3. Kongreß der regierenden Eritreischen Volksbefreiungsfront (EPLF) mit deren Umbenennung in *Volksfront für Demokratie und Gerechtigkeit* (PDJF). In Afrikas jüngstem Staat sollen Partei und Regierung getrennt und die Pressefreiheit gesetzlich verankert werden. Mit der Ausarbeitung einer neuen „säkularen" Verfassung (keine Zulassung religiöser Parteien) wurde begonnen. Die erste Phase der Demilitarisierung ging mit der Entwaffnung von 26 000 ehemaligen EPLF-Kämpfern zu Ende. Eritrea und Äthiopien schlossen ein militärisches Kooperationsabkommen.

Im Sudan ging der Bürgerkrieg ohne konkrete Friedensaussicht in das elfte Jahr. Auch die Trockenzeit-Offensive der Khartoumer Militärs und die Bombardierung von Flüchtlingslagern erbrachte keine entscheidende militärische Wende. Neuerlichen Versuchen der *Zwischenstaatlichen Behörde für Dürre und Entwicklung* (IGADD), die erneut im Konflikt zwischen der Khartoumer Militärregierung und der in zwei Teile zerfallenen Volksbefreiungsarmee Sudans (SPLA) zu vermitteln suchte, war kein durchschlagender Erfolg beschieden. Im März 1994 verständigten sich die Bürgerkriegsparteien auf ein Abkommen, das humanitären Organisationen die Einrichtung von Friedenskorridoren zur Versorgung der notleidenden südsudanesischen Bevölkerung ermöglichen soll.

Ein Experiment besonderer Art nahm in Uganda seinen Fortgang, wo Präsident Yoweri Museveni im Juli 1993 Forderungen nach Einführung eines Mehrparteiensystems durch die Wiederzulassung der 1967 abgeschafften Königtümer zuvorzukommen suchte. Die Macht der rehabilitierten Monarchen blieb jedoch im wesentlichen auf kulturelle Funktionen beschränkt. Im März 1994 folgten die von internationalen Beobachtern als frei und fair bezeichneten Wahlen zur verfassungsgebenden Versammlung, die eine deutliche Mehrheit für Befürworter eines „Movement"-Systems ohne konventionelle Parteien erbrachten. Museveni, der mindestens noch fünf Jahre im Amt bleiben will, favorisiert das bisherige System lokaler *Resistance Councils*.

In Somalia, wo das humanitäre Mandat der noch rund 20 000 UNOSOM-II-Truppen Mitte 1994 um vier Monate verlängert wurde, konnte der ursprünglich vereinbarte Verhandlungszeitplan nicht eingehalten werden. Trotz der Bildung von Clankoalitionen hielten die bewaffneten Auseinandersetzungen an, verlief der Aufbau ziviler Strukturen eher schleppend. UN-vermittelte Gespräche über eine mögliche Versöhnungskonferenz, an denen im März 1994 in Nairobi Ali Mahdi Mohammeds *Somali Salvation Alliance* (SSA) und Faray Aydids *Somali National Alliance* (SNM) teilnahmen, erbrachten wenig Konkretes. Im Norden des Landes beansprucht die international nicht anerkannte *Republik Somaliland* nach wie vor das Recht auf Sezession und staatliche Unabhängigkeit.

Eine beispiellose Tragödie vollzog sich in Ruanda, wo nach Schätzungen des Roten Kreuzes innerhalb von drei Monaten eine halbe Million Menschen getötet wurden. Mitte 1994 befanden sich drei von 7,4 Millionen Ruandern auf der Flucht. Auslöser der genozidartigen Massaker, die den der alten Regierung nahestehenden Hutu-Milizen zur Last gelegt wurden, war ein Flugzeugabsturz, bei dem am 6. April 1994 der Präsident Ruandas, Juvenal Habyarimana, und der erst im Januar gewählte Präsident Burundis, Cyprien Ntayamira, ums Leben kamen. Der

Sonderbeauftragte der UN-Menschenrechtskommission für Ruanda forderte ein internationales Gerichtsverfahren, da die Massaker geplant und systematisch durchgeführt worden seien. Ende Juni entschloß sich Frankreich, das das Regime Habyarimana zu demokratischen Reformen gedrängt, aber gleichzeitig militärisch gestützt hatte, zu einer humanitär begründeten militärischen Intervention (siehe Beitrag Ruanda/Burundi).

In Südafrika, wo eine demokratische Übergangsverfassung in Kraft trat, fanden vom 26.–29. April 1994 die ersten allgemeinen, freien und demokratischen Wahlen in der Geschichte des Landes statt. Mit 62,6 % der Stimmen verfehlte der Afrikanische Nationalkongreß (ANC) die angestrebte Zweidrittelmehrheit nur knapp. Zweitstärkste Partei wurde de Klerks Nationale Partei (20,5 %) vor der Inkatha-Freiheitspartei (10,5 %) Mangosuthu Buthelezis. Buthelezi, der Innenminister wurde, hatte seinen Widerstand gegen eine Wahlteilnahme erst eine Woche vor dem Wahltermin aufgegeben. Am 9. Mai wurde Nelson Mandela einstimmig zum ersten schwarzen Präsidenten der Republik Südafrika gewählt. Trotz drohenden Wahlboykotts und vereinzelter Anschläge verliefen die Wahlen, von Beobachtern aus über 80 Ländern als überwiegend frei und fair eingeschätzt, ohne größere Störungen. Nachdem der südafrikanische Transformationsprozeß zuletzt als Suche nach dem größtmöglichen Konsens verlief, erklärte Mandela die Armutsbekämpfung und die Ausbildung Jugendlicher zu den dringendsten Ausgaben. Das neue Südafrika, das Mitglied des Commonwealth und der OAU wurde und in der Blockfreienbewegung eine prominente Rolle spielen will, ist der erste Staat, der über Atomwaffen verfügte und sich dann zu deren Abschaffung entschloß (siehe Beitrag Südafrika).

Vor dem Hintergrund der südafrikanischen Entwicklung kam es 1993 in Mosambik zu einem Durchbruch bei den UN-vermittelten Friedensgesprächen. Trotz zahlreicher Verzögerungen bei der Verabschiedung des Wahlgesetzes, der Demobilisierung und der Bildung der neuen Armee haben sich Präsident Joaquim Chissano (FRELIMO) und Alfonso Dhlakama (RENAMO) auf den 26. und 27. Oktober 1994 als Termin für die ersten pluralistischen Wahlen in der Geschichte des Landes geeinigt. Auch in Angola, wo die Vereinten Nationen im September 1993 ein Waffen- und Ölembargo gegen die UNITA verhängten, ging das zähe Ringen um eine friedliche Konfliktbeilegung weiter. Bei den mehrfach unterbrochenen Friedensgesprächen im sambischen Lusaka verständigten sich UNITA und MPLA „im Prinzip" auf einen Waffenstillstand, die Struktur einer neuen Polizei und die Bildung einer gemeinsamen Armee. Davon unberührt hielten die heftigen Kampfhandlungen zunächst an.

In Nigeria hat nach dem Rücktritt des zivilen Interimspräsidenten Ernest Shonekan erneut ein Angehöriger des Militärs die Macht übernommen. Shonekan, der im Juli 1993 den früheren Militärmachthaber Ibrahim Babangida abgelöst hatte, hielt sich nur drei Monate im Amt. Sein Nachfolger an der nigerianischen Staatsspitze ist der bisherige Verteidigungsminister General Sani Abacha, der die von Shonekan eingeleiteten Reformen unverzüglich rückgängig machte. Die von der neuen Regierung für Anfang 1994 in Aussicht gestellte Einberufung einer Verfassungskonferenz wurde auf unbestimmte Zeit verschoben. Die europäische Union beschloß weitere Sanktionen (siehe Beitrag Nigeria).

In Liberia hielt der 1993 zwischen der Vereinigten Befreiungsbewegung für Demokratie in Liberia (ULIMO) und der Nationalen Patriotischen Front Liberias (NPLF) in Cotonou vereinbarte Waffenstillstand weitgehend. Trotz vereinzelter Kampfhandlungen konnten die von Nigeria dominierten und von der UNO überwachten 10 000 Friedenstruppen im März 1994 mit der Entwaffnung der Vertragsparteien beginnen.

Auch im Konflikt um die Westsahara, der dauerhaft wohl nur durch eine Einigung zwischen Marokko und Algerien beigelegt werden kann, zeichnete sich kein schnelles Einvernehmen ab. Während Marokko an seiner zielstrebigen Siedlungspolitik festhielt und die Abhaltung des von den UN beschlossenen Referendums durch immer neue Bedingungen zu verzögern suchte, drohten die POLISARIO und die von ihr gebildete Regierung mit erneuten Kampfhandlungen. Angesichts der unüberbrückbar scheinenden Gegensätze, in deren Mittelpunkt Meinungsverschiedenheiten über den Kreis der Abstimmungsberechtigten standen, drohten die Vereinten Nationen zwischenzeitlich mit einem Abbruch ihrer Vermittlungsbemühungen.

In Nordafrika bedrohten Anschlagserien militanter islamistischer Gruppen einen ohnehin prekären Status qou. In Algerien, wo die Armee im Januar 1992 die ersten Parlamentswahlen in der Geschichte des Landes unterbrochen hatte, um den sicher scheinenden Sieg der Islamischen Heilsfront (FIS) zu verhindern, kamen bei Auseinandersetzungen zwischen Regierungskräften und verbotenen fundamentalistischen Gruppen über 4000 Menschen ums Leben. Über 50 % der männlichen Bevölkerung unter 30 Jahren war arbeitslos. Bei den tunesischen Präsidentschaftswahlen wurde der einzige Kanditat und bisherige Amtsinhaber, Ben Ali, im März 1994 mit über 99 % der abgegebenen Stimmen in seinem Amt bestätigt. In Ägypten votierten im Oktober 1993 bei einem Referendum über 94 % der Stimmenden für eine dritte Amtszeit von Präsident Hosni Mubarak.

b) Asien

Fortschritte bei der politischen Öffnung im arabischen Raum hielten sich auch 1993/94 in engem Rahmen. Die saudi-arabische Führung hatte sich 1993 widerwillig zur Bildung eines Konsultativrats herbeigelassen, dessen Mitglieder nicht gewählt, sondern vom König ernannt werden und auch nur beratend tätig werden dürfen. Der König sah die Einrichtung, in der nun auch die professionelle Mittelklasse vertreten ist, ausdrücklich nicht als Schritt zur Demokratie an. Die Parlamentswahlen in Jordanien fanden im November 1993 bei nur wenig Interesse der Öffentlichkeit statt. Es wurden nur fünf Parteien zugelassen, und die Wahlen fanden nach vom König eigenmächtig geändertem Wahlrecht statt, mit dem Ziel, die Islamisten zu schwächen. Dies wurde auch erreicht: $^3/_4$ der Sitze gingen an das königstreue Umfeld. Das Kurdenproblem und Anschläge der Islamisten belasteten die Stabilität der Türkei. Menschenrechtsverletzungen und Opfer politischer Gewalt häuften sich.

Armee und Rebellen lieferten sich einen blutigen Krieg. Die türkische Regierung versuchte sich angesichts der sich verschlechternden Wirtschaftslage mit einer kompromißlosen, nationalistischen Haltung im Kurdenkonflikt über die Runden zu retten und erzielte auch bei der Kommunalwahlen im März 1994 (gleichzeitig mit den erstarkenden Islamisten) einen überraschenden Sieg.

In Myanmar (Birma) hatte die Armeeführung einen Verfassungskonvent einberufen, der 1993 dafür sorgen sollte, ihre Ausnahmestellung verfassungsrechtlich zu verankern. Willkürliche Verhaftungen und Folterungen wechselten mit kosmetischen Entlassungen zur Beruhigung des Westens. Zurückhaltung bei politischen Reformen bei gleichzeitiger wirtschaftlicher Öffnung legte sich auch die vietnamesische Führung auf. Im Oktober 1993 wurde immerhin etwas mehr Pressefreiheit zugelassen und die Stellung der Nationalversammlung gestärkt. In Indonesien schritten im April die Sicherheitskräfte gegen Arbeiter und Gewerkschaften ein, die eine Anhebung der Mindestlöhne forderten und dabei auch zu Plünderungen schritten (vgl. Beitrag Indonesien). Die Unruhen hatten eine stark ethnische Note, da sich die Unternehmen im Lande zu einem großen Teil im Besitz von Auslandschinesen befinden. In der VR China begann im Sommer 1993 eine weitere Kampagne gegen die Korruption, die massenhaft um sich griff und auch höchste Ränge erfaßte. Ein Wechselbad von Verhaftungen und Entlassungen politischer Gefangener zeigte die Sorge des Regimes um die politische Stabilität des Landes, war aber gleichzeitig auch ein Spiel mit dem Westen und seiner Kritik an den Menschenrechtsverletzungen in der Volksrepublik. Mit zunehmendem Interesse der Industrieländer am chinesischen Markt verbat sich die Regierung immer lautstarker westliche Einmischung und hatte damit insoweit Erfolg, als US-Präsident Clinton Ende Mai 1994 entschied, die Verlängerung handelspolitischer Vergünstigungen für China nicht mehr von dessen Fortschritten bei der Wahrung der Menschenrechte abhängig zu machen. Gleichzeitig sah sich das chinesische Regime jedoch genötigt, zunehmende Proteste der Arbeiter in den maroden Staatsbetrieben durch

Wiedereinführung von Höchstpreisen und Preiskontrollen aufzufangen.

Ansonsten konnte man in Asien die Fortsetzung der politischen Öffnung konstatieren. In Südasien, das im letzten Jahr von heftigen innenpolitischen Erschütterungen heimgesucht wurde, normalisierte sich die Lage etwas. Der Bürgerkrieg in Sri Lanka ging zwar weiter, verhinderte aber nicht die Kommunalwahlen im tamilischen Osten (März 1994). In Indien gab es keinen vergleichbaren Ausbruch politischer Gewalt wie zur Jahreswende 1992/93. Bei den Landtagswahlen im November erhielt die nationalistisch-hinduistische BJP erstmals einen deutlichen Dämpfer. In Pakistan steigerte die Partei Benazir Bhuttos bei den Parlamentswahlen im Oktober 1993 zwar die Zahl ihrer Mandate, konnte aber nicht die gewünschte absolute Mehrheit erreichen. Die Premierministerin wurde durch einen der üblichen südasiatischen Familienzwiste (ihre Mutter begann ihren Bruder gegen sie politisch zu unterstützen) geschwächt.

In Afghanistan flammten nach einem Seitenwechsel des usbekischen Generals Dostom Anfang Januar 1994 erneute schwere Kämpfe zwischen den verfeindeten Milizen auf, die in Kabul kaum einen Stein auf dem anderen ließen. Vermittlungsversuche der Vereinten Nationen und Pakistans blieben bislang fruchtlos.

Im Jemen scheiterte, vier Jahre nach der friedlichen Vereinigung des Nordens und des Südens, der jüngste Einigungsversuch in der arabischen Welt. Meinungsverschiedenheiten zwischen den beiden Hauptgegnern, Staatspräsident Ali Abdallah Salih, dem ehemaligen Präsidenten des Nordjemen, und seinem inzwischen förmlich abgesetzten Stellvertreter, Ali Salim al Baidh, dem führenden Politiker des Südjemen, führten nach dem Scheitern des Versöhnungsabkommens vom 20. Februar 1994 zu erbitterten Gefechten. Arabische und russische Vermittlungsversuche blieben erfolglos.

c) Lateinamerika

In Lateinamerika setzte sich die politische Öffnung fort, die nur von wenigen Ereignissen unterbrochen wurde. Dazu zählte, daß in Haiti bewaffnete Demonstranten mit offensichtlicher Nähe zum Militärregime im Oktober 1993 die Landung amerikanischer und kanadischer Friedenstruppen (im Auftrag der Vereinten Nationen) und damit die Wiedereinsetzung des gewählten Präsidenten Aristide verhinderten. Motiviert war diese Aktion durch die fehlende Verabschiedung einer Amnestie für die Putschenden. Ende Oktober wurden daher erneut Sanktionen verhängt, die in Haiti zu Panikkäufen führten, das Militär aber wenig beeindruckten, zumal die USA von einer militärischen Intervention Abstand nahmen.

Ende Oktober 1993 sollten die Peruaner in einem Referendum zum Entwurf einer neuen Verfassung Stellung nehmen, deren Hauptkennzeichen Zentralismus und Machtkonzentration in den Händen des Staatspräsidenten waren. Präsident Fujimoro konnte sich bei diesem Referendum nur knapp durchsetzen. Später versuchte die Regierung, mit den Resten der Rebellenorganisation Sendero Luminoso aufzuräumen, die bereits unter zunehmender Schwächung durch Desertionen und Widerstand aus der Bevölkerung litt.

In Mexiko geriet Ende 1993 die Situation in der Armutsprovinz Chiapas, in der die sich ausbreitenden Rinderfarmen und die Einwanderer aus Guatemala die Lebensgrundlagen der indianischen Kleinbauern beschnitten, völlig außer Kontrolle. Letztere zettelten unter Führung der „Zapatistischen Nationalen Befreiungsarmee" einen Aufstand an und besetzten mehrere Städte. Die Regierung, die zunächst mit großer Härte zurückschlug, sah sich durch die Kritik der Presse und der Kirche zur Feuereinstellung, zu einer Amnestie und zu Friedensgesprächen genötigt, die im März 1994 zu einer Vereinbarung führten, die der indianischen Bevölkerung größeren politischen Einfluß, kulturelle Eigenständigkeit und wirtschaftliche Sicherheit geben soll. Der Aufstand in Chiapas und die spätere Ermordung des Präsidentschaftskandidaten Colosio versetzten der politischen Klasse des Landes einen heilsamen Schock und verstärkten Bestrebungen einer echten Demokratisierung. Erstmals stehen bei den Präsidentschaftswahlen im August mehrere Kandidaten zur Auswahl.

Brasilien wurde Ende 1993 von einem riesigen Korruptionsskandal erschüttert, in den namhafte Politiker der beiden großen Parteien verwickelt waren. Dies hinderte auch die Bewältigung der wirtschaftspolitischen Hausaufgaben: Das Parlament verweigerte im Frühjahr 1994 dem Präsidenten die Gefolgschaft für dringende Stabilisierungsmaßnahmen.

In Zentralamerika hat sich nach den bewegten 80er Jahren die Demokratie weitgehend durchgesetzt. Im Mai 1994 wurde bei der ersten freien Wahl in Panama seit dem Ende der Militärherrschaft mit Ernesto Perez Balladares ein ehemaliger Mitarbeiter dieses Regimes zum neuen Präsidenten gewählt. Dieser hatte allerdings einen gewissen Abstand zu Noriega gehalten und sandte gleich nach seiner Wahl beruhigende Töne in Richtung USA aus.

Die Wahlen im März 1994 in El Salvador galten als der Höhepunkt der Befriedung des Landes nach langem Bürgerkrieg. An ihnen beteiligte sich auch die Linkskoalition unter Einschluß der FMLN. Mit weitem Abstand siegte der Kandidat der rechten Arena-Partei (Armando Calderon Sol), die sich auch bei den Parlaments- und Kommunalwahlen durchsetzte. Der neue Präsident versprach, den von den Vereinten Nationen beaufsichtigten Friedensprozeß und die Wirtschaftspolitik seines Vorgängers fortzuführen.

In Honduras hatten die Wahlen schon im November 1993 stattgefunden. Der neue Präsident Carlos Roberto Reina zeigte sich bestrebt, die Strukturanpassung humaner zu gestalten und den übermäßigen Einfluß der Armee auf die Politik zurückzudrängen. Bei den Präsidentschaftswahlen in Costa Rica im Februar 1994 setzte sich der oppositionelle Sozialdemokrat José Maria Figueres durch. Er versprach gleiche Chancen und Wohlstand für alle und wird die wirtschaftliche Reformpolitik seines christdemokratischen Vorgängers vermutlich abbremsen. In Guatemala kam der Friedensprozeß dagegen nur mühsam voran, der unter der Vermittlung der Vereinten Nationen auch eine klare Regelung der Landbesitzrechte umfassen sollte. Kongreß und Oberstes Gericht, die den Plan behinderten, traten aber nicht zurück und die Friedensgespräche mit den Guerillaorganisationen traten auf der Stelle. Ein vom Präsidenten gegen das Parlament angedrohtes Referendum zur Verfassungsreform konnte auf Vermittlung der Bischofskonferenz ausgesetzt werden. Stattdessen entschied die Bevölkerung im Januar 1994 über gemeinsam von allen Staatsorganen eingebrachte Änderungen. Später machten auch die Friedensverhandlungen mit der Guerilla Fortschritte. Beide Seiten einigten sich auf die Bildung einer Wahrheitskommission, die Menschenrechtsverletzungen prüfen soll.

In Nicaragua konnte sich Präsidentin Chamorro weiterhin nicht gegen die Sandinisten durchsetzen, in deren Hand sich immer noch Justiz, Heer und Polizei des Landes befinden. Das von ihnen kontrollierte Parlament setzte im August 1993 ein Amnestiegesetz für politisch motivierte Straftaten durch; das Land wurde derweil von fortgesetzter Gewalttätigkeit bewaffneter Rebellenbanden erschüttert. Immerhin konnte unter Vermittlung der Kirche deren Entwaffnung bis zum April 1994 weitgehend durchgesetzt werden, während die geplante neue Verfassung des Landes schon im Ansatz scheiterte und sich beim Parteitag der Sandinisten im Mai 1994 die radikale Gruppe um Daniel Ortega durchsetzte.

In den übrigen lateinamerikanischen Staaten konsolidierte sich die Demokratie. Bei den Parlamentswahlen in Kolumbien im März 1994 konnte die regierende liberale Partei ihre Vormachtstellung (bei allerdings geringer Wahlbeteiligung) behaupten. Bei den anschließenden Präsidentschaftswahlen setzte sich deren Kandidat ebenfalls gegen den konservativen Herausforderer durch. Ein Ende der in Kolumbien geradezu endemischen politischen Gewalt war aber immer noch nicht in Sicht. In Chile übernahm mit dem Christdemokraten Eduardo Frei ein Politiker der jüngeren Generation im März 1994 die Präsidentschaft. Er will das Wirtschaftswachstum weiter fördern, sich gleichzeitig aber mehr um die Armen bemühen (vgl. Beitrag

Chile). In Argentinien wurde im Oktober die Hälfte der Abgeordneten neu gewählt. Die regierenden Peronisten konnten ihre Dominanz in den meisten Landesteilen weiter festigen. Präsident Menem und sein Amtsvorgänger Alfonsin einigten sich im November auch auf eine Verfassungsreform, die Menem eine zweite Amtszeit ermöglicht. Letzterer gestand dafür eine Beschränkung der Möglichkeiten zu, das Land mit Dekreten zu regieren. Bei den entsprechenden Wahlen zur Verfassungsgebenden Versammlung im April 1994 mußten die Peronisten, mehr aber noch die Radikale Bürgerunion von Alfonsin, Verluste zugunsten der Linken hinnehmen. Eine Schlappe erlitt auch die Regierungspartei in Ecuador bei den allgemeinen Wahlen im Mai 1994. Offensichtliche Widerstände gegen den wirtschaftlichen Reformkurs brachte die christlich-soziale Opposition ans Ruder.

3. Nord-Süd- und Süd-Süd-Beziehungen

45 Jahre nach der Verabschiedung der „Allgemeinen Erklärung der Menschenrechte" durch die Vereinten Nationen und wenige Monate nach der 1. UN-Menschenrechtskonferenz in Wien (14.–25. Juni 1993) beschloß die Generalversammlung der Vereinten Nationen im Dezember 1993 mit nur einer Gegenstimme (Nordkorea) die Einrichtung eines Hochkommissariats für Menschenrechte. Das neue, in Genf ansässige Amt, das auf eine Initiative Costa Ricas zurückgeht, bleibt ohne klar definierte Vollmachten. Mitte März 1994 ging in Genf nach über sechswöchigen Verhandlungen die 50. Sitzung der UN-Menschenrechtskommission zu Ende. Dabei verhinderte die VR China zum dritten Mal in Folge die Abstimmung über eine Entschließung, die in vergleichsweise zurückhaltendem Ton Kritik an der politischen Repression im Land übte. Die Generalversammlung der Vereinten Nationen erklärte den 3. Mai, der 1994 erstmals begangen wurde, zum Welttag der Pressefreiheit.

Nach der jüngsten Menschenrechtsbilanz von Amnesty International wurden 1993 in 153 Ländern die Menschenrechte verletzt. In mindestens 63 Staaten gab es Gefangene, die ausschließlich wegen der friedlichen Ausübung grundlegender Menschenrechte inhaftiert waren. Gefoltert wurde in 112 Staaten. Die Zahl der aus 61 Staaten bekannten über 10 000 politischen Morde war in Afrika – über 5000 – am höchsten. AI registrierte in 32 Staaten annähernd 2000 Hinrichtungen, in vier Staaten wurde die Todesstrafe abgeschafft.

Nach einem vom UN-Hochkommissar für Flüchtlinge veröffentlichten Bericht (*„The State of the World's Refugees"*) hat sich die Zahl der Auslandsflüchtlinge zwischen 1972 und 1993 von 2,5 auf 19,7 Millionen erhöht. Die Zahl der innerhalb der Landesgrenzen Vertriebenen lag bei 24,2 Millionen. Nach Angaben der amerikanischen Forschungsgrupe *World Priorities* kamen 1992 bei 29 militärischen Konflikten über sechs Millionen Menschen – die höchste Zahl seit 17 Jahren – ums Leben. Die weltweiten Rüstungsausgaben, zu denen die Entwicklungsländer durch Waffenkäufe in Höhe von 36 Milliarden Mark beitrugen, lagen bei 600 Milliarden Dollar.

Nach sieben Verhandlungsjahren ging die Uruguay-Runde des GATT im Dezember 1993 zu Ende. In keiner der vorausgegangenen Runden war ein so umfangreicher Themenkatalog behandelt worden. Der Abschluß der Runde stellt einen großen Fortschritt dar. Die Zölle wurden deutlich reduziert, die GATT-Bestimmungen auf den Agrar- und Textilhandel ausgedehnt, und für den Dienstleistungshandel, den Schutz geistigen Eigentums sowie handelsbezogene Investitionsmaßnahmen wurden umfassende Rahmenabkommen ausgearbeitet. Im April 1994 wurde auch die Akte zur Schaffung der neuen Welthandelsorganisation (WTO) in Marrakesch unterzeichnet, die das Provisorium, das das GATT darstellte, nach fast 50 Jahren beendete (vgl. Beitrag Uruguay-Runde).

Ansonsten war der Verhandlungskatalog zwischen Nord und Süd so dürftig wie in den vorausgegangen Jahren. Im Dezember 1993 verabschiedete die UN-Vollversammlung einstimmig eine von der Blockfreienbewegung und der Gruppe der 77 angeregte Resolution, die – noch wenig konkret – „globale Verhandlungen über internationale Zusammenarbeit und Entwicklung" anregt.

Die Jahrestagungen von IWF und Weltbank galten vor allem den Aufbauerfordernissen in Osteuropa und Zentralasien. Die Dauerforderung der Entwicklungsländer und des IWF-Stabes selbst nach Schaffung neuer Währungsreserven – SZR – wurde erneut abgewiesen. Auch die einstmals heiß umkämpfte UNIDO-Generalkonferenz (diesmal in Yaounde im Dezember 1993) brachte nichts Erwähnenswertes.

Beim vierten ibero-amerikanischen Gipfeltreffen, das im Juni 1994 in Cartagena (Kolumbien) stattfand, standen wirtschaftspolitische Themen im Vordergrund. Die 21 ibero-amerikanischen Staaten wollen die lateinamerikanische Integration durch eine graduale Konvergenz der subregionalen Projekte (Nafta, Zentralamerika, Karibische Gemeinschaft, Dreiergruppe, Andenpakt, Mercosur) weiter fördern. Die Präsidenten Mexikos, Kolumbiens und Venezuelas unterzeichneten ein Zollsenkungsabkommen, das ein erster kleiner Schritt zu einer lateinamerikanischen Freihandelszone sein könnte. Die Mehrheit der Teilnehmer votierte für eine Aufhebung des amerikanischen Handelsembargos gegen Kuba.

Ende Oktober 1993 fand auf Mauritius die fünfte Gipfelkonferenz der frankophonen Staaten statt, an der 47 Staats- und Regierungschefs, die meisten aus afrikanischen Ländern, teilnahmen.

I. ÜBERREGIONALE BEITRÄGE

Benno Engels
Das GATT und die Entwicklungsländer – Was brachte die Uruguay-Runde?

Mitte April 1994 wurde in Marrakesch das von 120 Teilnehmerstaaten der achten Welthandelsrunde des GATT (Uruguay-Runde) in mehr als siebenjähriger Arbeit ausgehandelte Abschlußdokument unterzeichnet. Wichtigstes Ergebnis ist die Überführung des Allgemeinen Zoll- und Handelsabkommens (GATT) in die zu errichtende Welthandelsorganisation (WTO), die bereits Anfang 1995 ihre Arbeit aufnehmen soll.

Damit findet ein Nachkriegsprovisiorium ein Ende, das in den vergangenen fünfzig Jahren die Grundlage für eine unerwartet dynamische Entwicklung des Welthandels bildete und mit seinen liberalen Grundsätzen allen Versuchen zur Errichtung einer „Neuen Weltwirtschaftsordnung" trotzte. In den letzten Jahren übte das GATT angesichts grundlegend gewandelter entwicklungspolitischer Leitbilder eine wachsende Attraktivität auf die Entwicklungsländer aus. Der GATT-Vertrag von 1947 gilt als einer von vielen Bausteinen für das umfassendere Regelwerk der neuen Welthandelsorganisation (WTO).

1. Das GATT – ursprünglich nur ein Industrieländerklub

Seit den vierziger Jahren sind die USA bemüht, ihren Vorstellungen von demokratischer Staatsform und freier Wirtschaftsverfassung weltweit Geltung zu verschaffen. Angesichts eigener handelspolitischer Erfahrungen in der Zwischenkriegszeit – Weltwirtschaftskrise, Massenarbeitslosigkeit und Handelskrieg – unterbreiteten sie 1945/46 den UNO-Mitgliedsstaaten Vorschläge, nach denen die Umstellung von der Kriegs- auf die

Friedenswirtschaft, der Wiederaufbau der Weltwirtschaft und die Förderung von Beschäftigung und Wirtschaftswachstum durch Offenhaltung der Absatzmärkte im Rahmen einer freihändlerischen Welthandelsordnung gesichert werden sollten. Analog zu den auf der UN-Konferenz von Bretton-Woods bereits 1944 beschlossenen Institutionen für den monetären Bereich – IWF und Weltbank – sollte auf der UN-Konferenz von Havanna eine Internationale Handelsorganisation (ITO) zur Lösung von Handels- und Beschäftigungsfragen geschaffen werden.

Die freihändlerischen Prinzipien fanden zwar Zustimmung, die Verhandlungen in Havanna machten jedoch auch deutlich, daß in der Praxis von den edlen Grundsätzen nicht viel übrig bleiben würde. Die Amerikaner selbst waren es dann, die die Annahme der Charta von Havanna und damit die Errichtung der Internationalen Handelsorganisation verhinderten. Während der Verhandlungen war deutlich geworden, daß die zu erwartenden Ausnahmeregelungen und Abweichungen vom Freihandelsgrundsatz den konkreten (Export-)Interessen der amerikanischen Wirtschaft zuwiderliefen. Um von den liberalen Grundsätzen zu retten, was zu retten war, beschränkte man sich im Laufe verschiedener UN-Konferenzen auf das ursprünglich als Teil IV der ITO-Charta konzipierte Allgemeine Zoll- und Handelsabkommen (GATT). Ziel blieb es weiterhin, das fragmentarische Provisorium „GATT" später in eine umfassende Internationale Handelsorganisation einzubauen.

Die Hauptziele des GATT waren – und sind unverändert – die „Erhöhung des Lebensstandards", die „Verwirklichung der Vollbeschäftigung", die „volle Erschließung der Hilfsquellen der Welt" und die „Steigerung der Produktion". Die Entwicklung der Länder der Dritten Welt, von der in der Charta zur Errichtung der ITO die Rede war, findet in den Zielsetzungen des GATT-Vertrags keine ausdrückliche Erwähnung.

Das Allgemeine Zoll- und Handelsabkommen soll seine Zielsetzungen durch Sicherung einer liberalen Welthandelsverfassung, durch Abbau und Vermeidung von Protektion im internationalen Warenverkehr erreichen; dabei stützt es sich letztlich auf die klassische Außenhandelstheorie, derzufolge unter bestimmten Annahmen national und international offene Märkte dazu führen, daß die Produktion der einzelnen Güter dort und in der Weise erfolgt, daß bei gegebenem Einsatz von Produktionsfaktoren ein Maximum an Produktion und damit Wohlstand möglich wird.

Einigkeit herrscht darüber, daß die Voraussetzungen der klassischen Außenhandelstheorie – vollkommener Wettbewerb auf den nationalen Märkten für Produktionsfaktoren und Güter, Immobilität der Produktionsfaktoren im internationalen Bereich – in der Realität nicht gegeben sind.

Die liberale Grundphilosophie des GATT findet ihren konkreten Niederschlag in den Grundsätzen der Meistbegünstigung und Nichtdiskriminierung, der Multilateralität und Reziprozität.

Nichtdiskriminierung bedeutet vor allem, daß bei handelspolitischen Maßnahmen nicht zwischen in- und ausländischen Staatsangehörigen differenziert wird (Grundsatz der Inländerbehandlung) und daß auch zwischen ausländischen Staatsangehörigen keine Unterschiede gemacht werden.

Der damit zusammenhängende Grundsatz der Meistbegünstigung besagt, daß handelspolitische Zugeständnisse, die einem Handelspartner gegenüber gemacht werden – dem Meistbegünstigten – unverzüglich und bedingungslos allen anderen Vertragsparteien eingeräumt werden müssen.

Multilateralität bedeutet, daß handelspolitische Verhandlungen technisch so gehandhabt werden, daß sie soweit wie möglich aus einzelnen – unter Umständen sehr einseitigen – bilateralen wirtschaftlichen Kräfteverhältnissen herausgehoben werden. Dieser – gerade für schwächere Anbieter auf den Weltmärkten wichtige – Grundsatz findet seine Grenzen in der Praxis häufig dort, wo nationale Handelspolitiken durch bilaterale Interessenlagen geprägt sind. Die zeitweilige faktische Auflösung des Agrarteils der multilateralen Handelsverhandlungen der Uruguay-Runde in bilaterale Verhandlungen zwischen der EG und den USA liefert hierfür ein besonders anschauliches Beispiel.

Reziprozität – im GATT an verschiedenen Stellen festgeschrieben – bindet Liberalisierungszugeständnisse an entsprechende Leistungen der Handelspartner und beschränkt handelspolitische Abwehr- und Gegenmaßnahmen auf das erforderliche Ausmaß. In der Realität blieb der Reziprozitätsgrundsatz allerdings nur solange unangefochten, wie der Kampf auf den Weltmärkten dies zuließ. Zunehmender Wettbewerbsdruck auf den internationalen Märkten führte bereits Mitte der 60er Jahre in den USA zu ersten Ansätzen einer neuen „aggressiven" Reziprozität, die „unfaire" Handelspartner mit Strafaktionen in die Knie zwingen soll: Der berüchtigte „Super 301" der US-Handelsgesetzgebung und die in den letzten Jahren von der EG entwickelten „Neuen Instrumente" – die sehr viel weiter gehen als der 301 – sind Beispiele eskalierender Machtpolitik im internationalen Handel.

2. Die Vorgänger der Uruguay-Runde (1947–1979)

Durch Art. XXVIII des GATT sind die Vertragsparteien aufgefordert, regelmäßig Verhandlungsrunden mit dem Ziel des Abbaus von Handelshemmnissen zu veranstalten.

Die ersten Verhandlungsrunden galten im wesentlichen der sukzessiven Erweiterung der GATT-Mitgliedschaft und klassischen Themen der Handelspolitik. Erst die fünfte Verhandlungsrunde (1961/62) brachte erstmalig eine ausführliche Befassung mit handelspolitischen Problemen der Entwicklungsländer, wenngleich auch nur im traditionellen Rahmen von Zollverhandlungen. Das Ergebnis der Liberalisierungsverhandlungen – knapp ein Prozent Zollreduktion durchschnittlich – blieb dürftig.

Die sechste Verhandlungsrunde – die Kennedy-Runde (1964/1967) – versuchte zwar, die im Rahmen von UNCTAD artikulierten handelspolitischen Forderungen der Entwicklungsländer aufzugreifen, beschränkte sich jedoch weitgehend auf traditionelle Verhandlungsthemen. Zentrale Forderungen der Entwicklungsländer – wie die Beseitigung von Handelshemmnissen für Tropenprodukte und Rohstoffe – scheiterten vor allem am Widerstand der EG. Ungelöst blieben auch die Probleme der immer stärkeren nicht-tarifären Handelshemmnisse und der monetären Handelsstörungen.

Während der Kennedy-Runde wurde dem GATT-Vertrag 1966 unter Rückgriff auf einem vom GATT bereits in den fünfziger Jahren in Auftrag gegebenen Expertenbericht (Haberler-Report) ein Teil IV hinzugefügt; hierbei wurden allerdings lediglich allgemeine Zielsetzungen und Grundsätze formuliert. Einzig der Verzicht der Industrieländer auf die Anwendung des Reziprozitätsgrundsatzes stellte ein konkretes Zugeständnis dar.

Erst die siebte Verhandlungsrunde – die Tokio-Runde (1973–1979) – berücksichtigte die veränderte Rolle der Entwicklungsländer im Welthandel und die Bedeutung nicht-tarifärer Maßnahmen des ausufernden, wesentlich auch gegen neue Anbieter aus der Dritten Welt gerichteten „neuen Protektionismus". Das GATT-Schutzsystem sollte überprüft werden, agrarische und tropische Produkte wurden gesonderte Verhandlungsgegenstände.

Die Zollsenkungen erreichten im Ergebnis knapp 40 %, wobei das Ausmaß der Zollreduzierung mit dem Verarbeitungsgrad der Produkte zunahm (Verringerung der „Zolleskalation", mit der der Übergang zu Weiterverarbeitungsprodukten und zu Produktionen mit höherem Verarbeitungsgrad behindert wird). Bei den nicht-tarifären Handelshemmnissen wurden Subventionen und Ausgleichsmaßnahmen, Antidumpingmaßnahmen, technische Handelshemmnisse (etwa in Form von Normen), öffentliches Auftragswesen, Zollwertbestimmmungen, Lizenzerteilungen für Einfuhren erstmals einbezogen. Zugunsten der Entwicklungsländer wurde in der Tokio-Runde auch deren rechtliche Sonderstellung festgeschrieben. Nach der „enabling clause", die das Prinzip der Nicht-Reziprozität noch einmal festschreibt, können die Vertragsparteien unter Abweichung vom Prinzip der Meistbegünstigung den Entwicklungsländern differenzierte und präferentielle Behandlung gewähren. Dabei handelt es sich vor allem um Zollpräferenzen („Allgemeine Präferenzsysteme" der Industrieländer), um eine Differenzierung bei nicht-tarifären Handelshemmnissen gegenüber Entwicklungsländern und um die im Widerspruch zum GATT-Prinzip der Meistbegünstigung stehenden regionalen und überregionalen Integrationsbestrebungen der Entwicklungsländer.

Die Tokio-Runde brachte allerdings auch eine Relativierung des Prinzips der Nicht-Reziprozität, nämlich die Ausrichtung der Sondermaßnahmen für Entwicklungsländer am jeweiligen Entwicklungsstand. Diese „Graduierung" ist nach wie vor umstritten; von Industrieländern wird sie als Instrument angemessener handelspolitischer Differenzierung gerade im Interesse stärkerer Zugeständnisse zugunsten der schwächeren Entwicklungsländer angesehen, aus der Perspektive vieler Entwicklungsländer erleichtert die Graduierung die „mißbräuchliche" Rücknahme und Zurückhaltung handelspolitischer Zugeständnisse.

3. Die Uruguay-Runde – Einstieg der Entwicklungsländer in die internationale Handelspolitik

Die im Dezember vergangenen Jahres zu Ende gegangene achte Verhandlungsrunde – die Uruguay-Runde – wurde im September 1986 nach langwierigen und kontroversen Vorverhandlungen durch die Ministererklärung von Punta del Este eingeleitet. Wie in keiner vorherigen Runde hatten sich die Entwicklungsländer bereits in die Vorverhandlungen eingeschaltet. Dies entsprach ihrem veränderten Gewicht im Welthandel und innerhalb des GATT, es entsprach ihren neuen entwicklungspolitischen Leitbildern und ihrem damit zusammenhängenden neuen Interesse an der Schaffung offener Märkte.

Das Arbeitsprogramm der neuen GATT-Runde war umfangreicher als das jeder anderen Runde zuvor: In den 14 Arbeitsgruppen ging es nicht nur um herkömmliche Ansätze der Marktöffnung durch Abbau von Zöllen und quantitativen Handelsrestriktionen. Die in der Tokio-Runde ausgehandelten Sonderübereinkommen sollten überprüft werden, zentrale Elemente des GATT wie etwa das gesamte System der Streitschlichtung sowie der Schutzklauseln, Antidumpingvorschriften und Exportsubventionen sollten neu verhandelt werden. Die Uruguay-Runde sollte den schwierigen Versuch unternehmen, den – formal nie aus dem GATT ausgegliederten – Agrarbereich sowie den seit Beginn der sechziger Jahre in umfassenden Quotenabkommen (zuletzt im Multifaserabkommen) geregelten Welthandel mit Textilien und Bekleidung in das GATT zu reintegrieren. Gleichzeitig sollte über eine Erweiterung der GATT-Zuständigkeit auf drei neue Bereiche verhandelt werden: Sicherung des gewerblichen Rechtsschutzes (Trade Related Intellectual Properties, TRIPS), handelsrelevante investitionspolitische Maßnahmen (Trade Related Investment Measures, TRIMS) sowie Dienstleistungen (General Agreement on Trade in Services, GATS).

Die zahlreichen Einzelthemen wurden – und auch dies war neu – zu einem Gesamtpaket zusammengefaßt, das nur als Ganzes verhandelt und beschlossen werden sollte. Zielsetzung dieses Verfahrens war es, den Interessenausgleich unter den Beteiligten mit ihren unterschiedlichen und zum Teil sehr einseitigen Interessen im Rahmen eines „package deal" zu erleichtern.

Die Vorverhandlungen zur Uruguay-Runde brachten zwar zahlreiche und teils heftige Kontroversen, es kann jedoch insgesamt gesehen nicht von einer Nord/Süd-Konfrontation gesprochen werden. Im Unterschied zu der besonders von entwicklungspolitisch engagierten Gruppierungen artikulierten Kritik am Programm und an den (Zwischen-)Ergebnissen der Verhandlungen erwies sich die handelspolitische Interessenlage der Entwicklungsländer bereits in der ersten Phase der Verhandlungen als ausgesprochen differenziert.

Insbesondere die Einbeziehung der Dienstleistungen blieb in den Vorverhandlungen umstritten. Die Entwicklungsländer befürchteten, infolge ihrer eigenen Wettbewerbsschwächen im Dienstleistungsbereich bei einer Öffnung der Märkte für die übermächtigen Dienstleistungsanbieter aus Industrieländern – Banken, Versicherungen, Transport – von diesen überschwemmt und in den genannten, entwicklungspolitisch zentralen und politisch „sensiblen" Sektoren nationale Interessen und notwendige Handlungsspielräume aufgeben zu müssen. Sie widersetzten sich einem Arbeitsprogramm, das zwischen Liberalisierung im Warenverkehr und im Dienstleistungshandel ein Junktim herzustellen suchte. Erst ein diplomatischer Kunstgriff – formal getrennte Verhandlungen unter einem gemeinsamen Dach – löste den Konflikt und ermöglichte damit die Eröffnung der Uruguay-Runde.

Der langwierige und krisengeschüttelte Gang der Verhandlungen ist bekannt: Die Ministerkonferenz von Montreal im Dezember 1988, die nicht nur eine Zwischenbilanz sondern auch eine „frühe Ernte" hatte bringen sollen, hatte eine Lösung der in den Vorverhandlungen deutlich gewordenen Konflikte nicht erkennen lassen. In vier Bereichen konnte erst nach mehrmonatigen Nachverhandlungen eine kompromißfähige Ergebnisformulierung gefunden werden. Die als Abschlußkonferenz gedachte Ministerkonferenz von Brüssel im Dezember 1990 geriet zum Desaster. Erst am 15. Dezember 1993 konnten die Verhandlungen abgeschlossen werden. Auf dem Tisch lag ein rd. 500-seitiges Abschlußdokument das – nach Durchführung der erforderlichen Ratifizierungsverfahren – Mitte April von den zuständigen Ministern auf einer Konferenz in Marrakesch unterzeichnet wurde. Es kann voraussichtlich 1995 in Kraft treten.

Hinsichtlich der Ergebnisse der Runde lassen sich vier Übereinkommen unterscheiden:

– Schaffung der Welthandelsorganisation (WTO)
– „GATT 1994" zum Warenhandel
– Dienstleistungsabkommen (GATS)
– Abkommen über den Schutz geistiger Eigentumsrechte (TRIPS)

Die neue *Welthandelsorganisation* soll ein einheitliches institutionelles Rahmenwerk für das GATT in seiner durch die Uruguay-Runde weiterentwickelten Form schaffen.

In ihre unmittelbare Zuständigkeit fallen die Sicherung größerer wirtschaftspolitischer Kohärenz durch Zusammenarbeit mit Weltwährungsfonds und Weltbank, Fragen des Umweltschutzes sowie Maßnahmen zugunsten der ärmsten Entwicklungsländer. Der gesamte Komplex der Streitschlichtung wurde

Übersicht: Aufbau der Welthandelsorganisation (WTO)

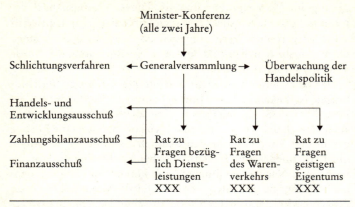

X Ausschüsse, die zur Umsetzung der einzelnen Beschlüsse eingesetzt werden.

durch die Uruguay-Runde neu geregelt, hier erhält die Welthandelsorganisation wichtige Funktionen als Entscheidungs- und Berufungsinstanz. Die erst im groben festgelegten institutionellen Strukturen und Entscheidungsverfahren sollen auf einer Ministerkonferenz Mitte 1995 festgelegt werden. Entwicklungspolitisch engagierte Gruppierungen haben bereits darauf hingewiesen, daß die Konstruktion der Welthandelsorganisation wegen ihrer enormen Machtkonzentration weiterer Überlegungen sowohl unter dem Aspekt ihrer Legitimation als auch unter dem Aspekt der Wahrung von Entwicklungsländerinteressen bedürfe.

Die zweite Gruppe von Ergebnissen betrifft den *Warenhandel,* das heißt das eigentliche GATT („GATT 1994"). Hierzu zählt das Marktzugangspaket, das zunächst die gesamten Zugeständnisse im agrarischen und industriellen Bereich sowie bei tropischen Produkten und Rohstoffen zusammenfaßt. Das GATT 1994 umfaßt darüberhinaus das Abkommen zur Reintegration des Textil- und Bekleidungssektors in das GATT-System; hierbei ist eine Übergangszeit von längstens zehn Jahren vorgesehen, eine Frist, die allerdings durch Rückgriff auf die allgemeinen Schutzvorschriften des GATT leicht auf 18 Jahre verlängert werden könnte.

Die Sonderübereinkommen der Tokio-Runde wurden einer gründlichen Überprüfung unterzogen, um auf der Grundlage der seitherigen Erfahrungen die mißbräuchliche Verwendung „moderner" handelspolitischer Instrumente, wie etwa Antidumpingmaßnahmen, technischer Handelshemmnisse, Lizenzverfahren, Maßnahmen gegen Exportsubventionierung oder die Gestaltung des öffentlichen Beschaffungswesens, zukünftig zu verhindern. Interpretationsbedürftige GATT-Artikel wurden neu gefaßt, so etwa die über zahlungsbilanzpolitisch begründete Schutzmaßnahmen, über Staatsunternehmen, Zollunionen, Änderung von Listen der Zollzugeständnisse und die allgemeine Schutzklausel.

In diesen Rahmen gehört auch das Abkommen über handelsrelevante Investitionsmaßnahmen (TRIMS). Dieses beschränkt sich im wesentlichen auf eine Wiederholung einschlägiger GATT-Vorschriften, etwa auf den Grundsatz der Nichtdiskriminierung. Es führt im Rahmen einer „illustrativen Liste" die wegen ihrer handelsstörenden Wirkungen gänzlich verbotenen Maßnahmen auf, in erster Linie die von Entwicklungsländern häufig gemachten „local content Auflagen" zur Sicherung eines Mindestanteils inländischer Inputs an der Produktion ganz oder teilweise ausländischer Unternehmen.

Das Abkommen über *Dienstleistungen* (GATS) besteht aus drei Teilen:

– einem allgemeinen Rahmenabkommen,
– einzelnen Abkommen, die sich auf jeweils bestimmte Sektoren wie etwa Finanzdienstleistungen, Arbeitsmigration, Transport, audiovisuelle Leistungen beziehen sowie
– Länderlisten, in denen die Liberalisierungszugeständnisse festgeschrieben werden.

Das Abkommen über den *Schutz geistiger Eigentumsrechte* knüpft an bestehendes Recht an – etwa an die Berner Konvention oder das Washingtoner Abkommen zum Schutz von Eigentumsrechten an der Gestaltung integrierter Schaltkreise –, es geht jedoch in seinen einzelnen Bestimmungen teilweise weit über etabliertes Recht hinaus.

Was bedeutet Marrakesch für die zukünftige Entwicklung der internationalen Wirtschaftsbeziehungen? Eine Antwort auf diese Frage muß vor allem drei Aspekte berücksichtigen:

- Wird das System internationaler Handelspolitik in der Verfolgung und Durchsetzung seiner liberalen Grundsätze zukünftig effektiver sein als bisher?
- Was bedeutet der Abschluß von Marrakesch für die zukünftige Integration der Entwicklungsländer in die Weltwirtschaft?
- Entspricht das mit der WTO errichtete neue Regelwerk für den internationalen Handel besser als das bisherige den gegenwärtigen Rahmenbedingungen von Handelspolitik?

Was den erstgenannten Aspekt angeht, so kann davon ausgegangen werden, daß die Erfahrungen der Vergangenheit weitgehend aufgearbeitet worden sind: Die Anwendungsvoraussetzungen der verschiedenen Schutz- und Ausnahmeregelungen sind klarer definiert, der Umfang erlaubter Schutzmaßnahmen ist begrenzt, die erforderlichen Entscheidungs- und Konsultationsverfahren sind klar festgelegt, ebenso die Dauer der erlaubten handelspolitischen Selbstschutz- und Verteidigungsmaßnahmen.

Neu ist die Erleichterung der „cross retaliation", das heißt der Möglichkeit, handelspolitische Gegenmaßnahmen auch außerhalb des ursprünglich betroffenen Produktbereichs zu treffen. Dies stärkt bei Handelspartnern mit unterschiedlicher Produktpalette und unterschiedlicher Verhandlungsmacht – also etwa im Nord-Süd-Verhältnis – zumindest tendenziell den schwächeren Partner.

Die entscheidende Rolle bei der zukünftigen Stärkung der GATT-Disziplin wird – neben dem neuen handelspolitischen Überwachungsmechanismus – das neue GATT-Streitschlichtungsverfahren spielen. In Zukunft wird es der beschuldigten Partei nicht mehr möglich sein, die Eröffnung des Verfahrens zu verhindern oder die Schiedssprüche der Experten („Panels") unbeachtet im Papierkorb verschwinden zu lassen. Dem GATT-Streitschlichtungsverfahren wird eine gewisse Automatik innewohnen, es wird eine Berufungsinstanz geben und die Umsetzung der Schiedssprüche wird einer laufenden Überwachung und Berichtspflicht unterworfen.

Dies alles bedeutet zweifelsohne eine Verbesserung gegenüber dem Bestehenden. Durch die striktere Fassung des GATT-Regelwerks und durch Transformation des GATT-Vertrages in eine Organisation ist die Stellung des GATT gegenüber einzelnen Vertragsparteien bzw. Mitgliedern der Welthandelsorganisation sicherlich gestärkt worden. Dennoch ist nicht zu übersehen, daß die Einhaltung der GATT-Regeln nach wie vor nicht erzwingbar ist. Man wird weiterhin damit rechnen müssen, daß nationale wirtschaftliche Eigeninteressen – oder das, was als solche angesehen wird – und wirtschaftliche Stärke der einzelnen Mitgliedsländer der Welthandelsorganisation die internationale handelspolitische Szenerie in erheblichem Ausmaß mitgestalten werden.

4. Gefestigte Sonderstellung der Entwicklungsländer

Ist es schon schwierig, die zahlreichen Einzelergebnisse der Verhandlungen zusammenzufassen, so ist es völlig unmöglich, die zahllosen Einzelbestimmungen zu resümieren, mit denen die Sonderbehandlung der Entwicklungsländer, die bereits in der Tokio-Runde festgeschrieben worden war, durch die Uruguay-Runde weiter vertieft worden ist. Dieses Ergebnis der Verhandlungen war vorhersehbar, nachdem bereits die Ministererklärung von Punta del Este in fünf von sieben Leitgrundsätzen das in Teil IV des GATT festgelegte Prinzip der differenzierten und günstigeren Behandlung der Entwicklungsländer hervorgehoben hatte.

Ist diese Sonderbehandlung der Entwicklungsländer für die einen notwendig, um die Teilnahme der Entwicklungsländer an einem im übrigen als unangemessen angesehenen, weil an den Interessen der stärkeren Anbieterländer orientierten liberalen Welthandelssystem überhaupt erst akzeptabel zu machen, stellt sie für andere eine Fortsetzung des „Sündenfalls" der Tokio-Runde dar, der den Entwicklungsländern die Vorteile der Teilhabe an einem offenen, arbeitsteiligen Welthandelssystem vorenthält.

Wie auch immer man sich in dieser entwicklungspolitischen Grundsatzdiskussion entscheidet, die Uruguay-Runde hat mit Sicherheit zur Stabilisierung der internationalen Handelsordnung beigetragen. Dies nicht nur, weil in die Neufassung des Abkommens die Erfahrungen der Vergangenheit eingearbeitet wurden und strikter auf die Einhaltung liberaler Grundsätze hingearbeitet wurde. Liberale Handelspolitik ist unter den Bedingungen zunehmender, den Wettbewerb auf den nationalen und internationalen Märkten beeinflussender Staatsintervention nur möglich, wenn auf die „internen" Politiken der beteiligten Staaten Einfluß genommen wird. Mit der Ausdehnung auf die „neuen" Bereiche deuten sich erste Ansätze zu einer Weiterentwicklung des GATT in diese Richtung an.

Die Auswirkungen des Erfolgs der Uruguay-Runde auf den Welthandel und die Einkommenssituation der Vertragspartner bzw. Mitgliedstaaten der neuen Welthandelsorganisation sind naturgemäß schwer abzuschätzen. Das umfangreiche in der Uruguay-Runde verhandelte Paket bestand ja nicht nur aus tarifären und nicht-tarifären Maßnahmen zur Verbesserung des Marktzugangs, deren Auswirkungen sich nicht quantifizieren lassen. Zu letzteren gehören etwa alle Maßnahmen, die zur Straffung des GATT-Regelwerks beitragen, einschließlich der Verbesserungen im Streitschlichtungsverfahren, aber auch die Auswirkungen des Erfolgs in den „neuen" Dienstleistungen, geistiges Eigentum und investitionspolitische Maßnahmen.

Die vorliegenden quantitativen Einschätzungen beschränken sich auf eine Erfassung der direkten und indirekten Wirkungen der in der Uruguay-Runde ausgehandelten tarifären und nicht-tarifären Marktöffnungszugeständnisse im Warenbereich. Das GATT-Sekretariat errechnet für das Jahr 2005 – d. h. nach Auslaufen der verschiedenen Übergangsfristen – einen handelsschaffenden Effekt in Höhe von 12 % des Welthandels bzw. 745 Mrd. US$. Die deutlichsten Wirkungen sind – in dieser

Rangfolge – zu erwarten bei Bekleidung, Textilien, land-, forst- und fischereiwirtschaftlichen Erzeugnissen sowie verarbeiteten Nahrungsmitteln.

Eine Studie der OECD kommt zu dem Ergebnis, daß die dem Abschluß der Uruguay-Runde folgenden Liberalisierungsmaßnahmen im Jahre 2002 Einkommenssteigerungen in der Größenordnung von 200 bis 300 Mrd. US$ (abhängig vom Umfang der Beteiligung der Staaten am Liberalisierungsprozeß) hervorrufen werden. Damit würde das Welt-Sozialprodukt infolge der Liberalisierungsmaßnahmen im Handelsbereich um 4 bis 5 % über dem entsprechenden Vergleichswert liegen.

Das Londoner Overseas Development Institute kommt zu dem Ergebnis, daß ein erfolgreicher Abschluß der Uruguay-Runde zu einer Steigerung des gesamten Welthandels um knapp 3 % führen kann. Die Studie macht allerdings auch deutlich, daß – in erster Linie infolge des unterschiedlichen Ausmaßes der Marktöffnung in den einzelnen Sektoren und infolge der unterschiedlichen Bedeutung einzelner Produktgruppen in der Exportpalette der verschiedenen Entwicklungsregionen – die Entwicklungsländer in sehr unterschiedlicher Weise profitieren werden. Die größten Gewinner unter den Entwicklungsländern werden nach den Ergebnissen dieser Studie die Länder Asiens sein, gefolgt von Lateinamerika. Die größten Gewinne entfallen nach dieser Untersuchung nicht etwa auf die höherwertigen Exporte der bereits weiter entwickelten Entwicklungs- und Schwellenländer, sie entfallen überraschenderweise in erster Linie auf eine mittlere Gruppe von Entwicklungsländern. Gerade diese Ländergruppe sei es gewesen, die in realistischer Einschätzung ihrer Chancen sich besonders aktiv an den Verhandlungen der Runde beteiligt habe.

Für die einzelnen Länder hängen die Wirkungen der Uruguay-Runde ganz entscheidend von der Warenstruktur ihrer jeweiligen Ex- und Importe ab. Nach einer OECD/Weltbank-Studie entfällt rd. ein Drittel des Einkommenseffekts der Liberalisierungsmaßnahmen der Uruguay-Runde im Warenbereich auf Entwicklungsländer. Mehr als die Hälfte davon wird dabei der VR China zugute kommen, gefolgt von den asiatischen Ländern mit höherem Einkommen sowie – mit weitem Abstand – Lateinamerika. Der große Verlierer der Runde ist diesen Berechnungen zufolge Afrika.

Vertreter entwicklungspolitisch engagierter Organisationen weisen denn auch darauf hin, daß das Abkommen von Marrakesch aus der Sicht der Dritten Welt mit erheblichen Defiziten belastet ist:

- keinerlei Verbesserungen im Rohstoffbereich
- Verschlechterung der Preissituation für wichtige Exportprodukte wie Kaffee und Kakao
- kurz- und mittelfristig steigende Weltagrarpreise bei unsicherer Perspektive hinsichtlich der induzierten Produktionssteigerungen, für die fast ausnahmslos nahrungsmittelimportierenden Entwicklungsländer eine zusätzliche finanzielle Belastung
- keine Beendigung der Zolleskalation
- Unbestimmtheit von Zusagen zur Kappung von Spitzenzöllen
- Aushöhlung von Präferenzen für die ärmsten Entwicklungsländer durch allgemeine Liberalisierung, insbesondere nach der Umwandlung von Quoten in Zölle
- fast vollständige Abhängigkeit der Handelsgewinne der Entwicklungsländer von der Liberalisierung des Textilhandels. Das Abkommen bietet Möglichkeiten, die Marktöffnung auf das Ende der Übergangszeit zu konzentrieren und dann unter Rückgriff auf die Schutzklausel weit über den vorgesehenen Zehnjahreszeitraum hinausgehend zu verzögern
- zusätzliche Kosten durch das absolute Verbot von Produktpiraterie und den strikten Schutz von Patenten insbesondere der Pharmazie und Agrotechnologie im TRIPS-Abkommen
- Verlust investitionspolitischer Bewegungsspielräume durch das TRIMS-Abkommen
- einseitige Verteilung der Gewinne aus der Liberalisierung des Dienstleistungshandels zugunsten angebotsstärkerer Industrie- und Entwicklungsländer, insbesondere angesichts weiterhin möglicher restriktiver Migrationspolitik

- ungenügende Mitwirkung der Entwicklungsländer innerhalb der rechtlichen und faktischen Entscheidungsmechanismen der neuen Welthandelsorganisation

Diese Kritik und die daraus abgeleitete Forderung nach Kompensationsleistungen für die weniger begünstigten bzw. benachteiligten Entwicklungsländer mag berechtigt sein. Es ist jedoch nicht zu übersehen, daß der Abschluß der Uruguay-Runde, so mühsam er auch war, für sich genommen bereits als Signal zu werten ist, das in Richtung auf stabilere handelspolitische Verhältnisse hindeutet. Der Inhalt des neuen Abkommens ist als Versuch zu sehen, unter veränderten weltwirtschaftlichen Bedingungen Liberalität und Stabilität des internationalen Handelssystems zu sichern – zumindest soweit, wie dies durch völkerrechtliche Verträge nach aller bisherigen Erfahrung erreichbar ist.

Daß der neuen Welthandelsorganisation in dieser Hinsicht längerfristig und dauerhaft ein durchschlagender Erfolg beschieden sein wird, erscheint allerdings alles andere als sicher. Die katastrophale Arbeitsmarktsituation in den Industrieländern sowie eine gerade durch die zunehmende Liberalisierung der Waren- und Dienstleistungsmärkte und des internationalen Kapitalverkehrs geförderte Abwanderung ganzer Industrien in Entwicklungsländer könnten sehr bald handelspolitische Liberalität, Marktöffnung und Offenhaltung der Märkte zu Luxusgütern machen, die sich die Industrieländer politisch nicht mehr leisten können.

Die nächste GATT-Runde wird aller Voraussicht nach das alte Thema der Sicherung sozialer Standards wieder aufgreifen und das neue Thema „Handel und Umwelt" behandeln – beides Politikbereiche, bei denen entwicklungspolitische, umweltpolitische und protektionistische Absichten nach aller Erfahrung nicht immer voneinander zu unterscheiden sind. Im unmittelbaren Vorfeld der Ministerkonferenz von Marrakesch kam es denn auch bereits zu heftigen Kontroversen, bei denen die Industrieländer – vor allem die USA – nicht etwa auf Drängen entwicklungspolitischer Gruppen sondern auf Betreiben der Gewerkschaften die Einbeziehung von Sozialklauseln forderten, um das „Sozialdumping" von Entwicklungsländern zu beenden. Umgekehrt sahen die Entwicklungsländer in derartigen Bestrebungen folgerichtig den Versuch, ihre komparativen Wettbewerbsvorteile im internationalen Handel durch entsprechende Kodifizierung des internationalen Handels aufzuheben. Wenngleich dieser Streit zurückgestellt wurde und jetzt in der Arbeitsgruppe zur Errichtung der WTO verhandelt wird, bleibt doch der Eindruck, daß sich nach dem Erfolg der Uruguay-Runde neue Felder handelspolitischer Konflikte und protektionistischer Bestrebungen auftun.

Literaturhinweise

Langhammer, Rolf J., Die Sonderbehandlung der Entwicklungsländer im GATT. Eine Nutzen-Kosten-Bilanz. Beihefte der Konjunkturpolitik, Heft 34, Berlin 1988.

Page, Sheila u. a., The Uruguay Round. Effects on developing countries, London, ODI, 1991.

Madden, Peter/Madeley, John, Winners and Losers. The impact of the Uruguay Round on developing countries, London 1993.

Senti, Richard, GATT. System der Welthandelsordnung, Zürich 1986.

Joachim Betz
Im Süden nichts Neues?

1. Einführung

Für viele publizistische und wissenschaftliche Beobachter der Entwicklung in der Dritten Welt steht fest, daß es dort nur stets weiter abwärts gehen kann. Die Verarmung des Großteils der Weltbevölkerung schreitet angeblich unaufhörlich voran und habe sich in den 80er Jahren, der sogenannten „verlorenen Dekade", gar noch beschleunigt. In den Entwicklungsländern gebe es heute mehr hungernde, kranke und entwurzelte Menschen als zu Zeiten des Kolonialismus, trotz vier Jahrzehnten Entwicklungspolitik. Schiffbruch hätten alle entwicklungsstrategischen Konzepte erlitten, gleichgültig ob stärker marktwirtschaftlicher oder sozialistischer Prägung. Das Ziel, die Kluft zum Norden zu schließen, sei in unabsehbare Ferne gerückt.

Der Anteil der Entwicklungsländer am globalen Sozialprodukt sei gesunken und immer mehr Länder wiesen ein negatives Pro-Kopf-Wachstum auf. Im Welthandel finde eine zunehmende Marginalisierung der Entwicklungsländer statt (mit der Ausnahme der vier ostasiatischen „Tiger"), gefördert durch den anhaltenden und beispiellosen Verfall der Rohstoffpreise.

Die internationale Verschuldung habe sich in den 80er Jahren zum ärgsten Entwicklungsproblem entwickelt. Ein steigender Nettokapitaltransfer vom Süden in den Norden blute ersteren finanziell aus. Öffentliche und private Transfers an den Süden würden stagnieren und die Reichen dort transferierten ihren Wohlstand zunehmend auf Konten in Industrieländern. Die durch die Verschuldungslage erzwungenen Anpassungsprogramme unter der Ägide von IWF und Weltbank führten zu starken Wachstumseinbrüchen, Deindustrialisierung und drastischen Kürzungen bei den Sozialausgaben, damit zu Hungerrevolten und zur politischen Destabilisierung.

So argumentierenden Autoren gelingt es auch, dem Ende der Block-Konfrontation und der verbreiteten Demokratisierung bzw. Redemokratisierung in der Dritten Welt negative Seiten abzugewinnen. So wird behauptet, daß das Ende des Ost-West-Konflikts dazu führen werde, daß sich die westlichen Industrieländer von der Dritten Welt ab und Osteuropa zuwenden würden. Öffentliche Hilfe, private Direktinvestitionen und Bankkredite würden sich zunehmend in die ehemals sozialistischen Länder verlagern, die auch ihre eigene Unterstützung der Entwicklungsländer eingestellt hätten. Die geschwundene Konfrontationsgefahr mit dem Osten verstärke auch die Interventionsneigung der westlichen Industrieländer im Süden und veranlasse sie, die dortigen Regierungen unter zunehmenden gesellschafts- und wirtschaftspolitischen Druck zu setzen.

Die Redemokratisierung vieler Entwicklungsländer sei zumeist von den Eliten gesteuert und habe den Militärs wichtige Kontroll- und Überwachungsfunktionen belassen, bedeute mithin keine echte politische Öffnung. Wichtige potentielle Oppositionsgruppen (Lohnabhängige) seien durch die wirtschaftliche Krise der 80er Jahre so geschwächt, daß die Demokratie als probates Instrument erscheine, um der Öffentlichkeit widerstandslos die nötigen Anpassungslasten aufzuhalsen, die die Wirtschaftskrise und Inkompetenz des vorherigen autoritären Regimes verursacht habe. In vielen Entwicklungsländern wird der Demokratie auch nur geringe Nachhaltigkeit zugebilligt; die soziale und Entwicklungskrise wird vielmehr als Sprengsatz gesehen, der zu zunehmender staatlicher Auflösung und der Ausbreitung ethnonationaler Konflikte führen müsse.

Es versteht sich von selbst, daß in dieser Optik Entwicklungshilfe als gescheitert gilt. Sie habe der breiten Bevölkerung mehr geschadet als genutzt, die meisten Projekte hätten keine nachhaltige Wirkung gezeigt, vielmehr traditionelle Potentiale zerstört und die Motivation zu eigenständiger Entwicklung geschwächt. Ohnedies sei das ökonomische Modell der Industrieländer nicht auf die Dritte Welt übertragbar, da es schon aus ökologischen Gründen nicht verallgemeinerbar sei.

2. Zum Befund

Dieser allseitige, sicherlich verkürzt wiedergegebene Katastrophenbefund ließe sich noch beliebig verlängern. Er soll im folgenden – unter der Gefahr eigener Einseitigkeit – problematisiert werden:

a) Das Wirtschaftswachstum der Entwicklungsländer ist bis in die späten 80er Jahre gefallen, aber doch weit weniger, als oftmals vermutet. Lag es 1966–73 bei 6,4 %, so sank es 1974–80 auf 4,8 % und 1981–90 auf 3,6 %. Pro Kopf war das Wachstum aufgrund der Bevölkerungsvermehrung natürlich deutlich geringer (um über 2 %), allerdings auch der Rückgang, da sich die Bevölkerungsvermehrung in der Dritten Welt leicht verlangsamte. Man kann jedenfalls ersehen, daß die „verlorene Dekade" nur die Fortsetzung einer bereits anhaltenden Talfahrt war, die ihre Quelle im wesentlichen in der zurückgehenden Produktivität des eingesetzten Kapitals hatte. Die Wachstumsabschwächung der 80er Jahre war überdies regional sehr ungleich: während die bevölkerungsstarken ost- (inkl. China) und südostasiatischen Staaten ihre Wachstumsraten gegenüber der Vorperiode steigern konnten (China in dramatischer Weise), fielen Schwarzafrika und Lateinamerika deutlich, der Nahe und Mittlere Osten stark zurück, wobei sich aber bei den ersten beiden genannten Regionen gleichfalls nur der Trend der Vorperioden fortsetzte, während der Nahe und Mittlere Osten unter dem realen Fall der Ölpreise litt. Von der Bevölkerung her ist der Teil der 3. Welt, der in den 80er Jahren eine Lageverbesserung erlebte, deutlich umfangreicher, als jener, der eine Verschlechterung erfuhr, zumindest dann, wenn wir davon ausgehen, daß sich die Einkommensverteilung nicht deutlich verschlechtert hat.

b) Im übrigen darf man nicht glauben, ein Entwicklungsweg, der in vielen Ländern über eine übermäßige Abschottung des Binnenmarktes und die Vermehrung defizitträchtiger Staatsbetriebe zu Exportschwäche, Kapitalverschwendung, übermäßiger Belastung der Landwirtschaft und der heimischen Konsumenten sowie explosionsartigem Verschuldungswachstum führte, hätte ohne zumindest kurzfristige Wachstumsabschwächung korrigiert werden können, es sei denn, man wäre der Ansicht, die internationale Finanzwelt hätte die Pflicht, ständig weiter gutes Geld dem schlechten hinterherzuwerfen. Tatsache ist jedenfalls, daß jene Staaten, die sich rechtzeitig um wirtschaftliche Anpassung bemühten oder gar nicht erst gravierende makroökonomische Schräglagen aufkommen ließen, das „verlorene Jahrzehnt" relativ unbeschadet überstanden. Tatsache ist ferner, daß die lateinamerikanischen Länder, die sich vergleichsweise spät, aber dafür für gründliche Wirtschaftsreformen entschieden, ebenso wie die ostasiatischen Staaten zuvor, zu Beginn der 90er Jahre mit einem deutlichen Wiederanstieg der Wachstumsraten und einem starken Zufluß ausländischer privater Direktinvestitionen sowie privater Bankkredite belohnt wurden. Angesichts dieser Reformen, des erfolgreichen Abschlusses der Uruguay-Runde (der zu einer deutlichen Steigerung arbeitsintensiver Exporte führen wird), dem weiteren Fall der internationalen Zinsraten auf historische Tiefststände Anfang der 90er Jahre, einer für wahrscheinlich gehaltenen mäßigen Erholung der Rohstoffpreise und fortgesetzten privaten Kapitalzuflusses rechnen nicht nur die Weltbank, sondern auch den Entwicklungsländern nahestehende internationale Organisationen mit einer Wachstumsbeschleunigung in der Dritten Welt in der nächsten Dekade (1994–2003) auf immerhin 5,2 % pro Jahr, also fast wieder dem Niveau der 70er Jahre und nahezu der doppelten Rate, die für die Industrieländer veranschlagt wird. Angesichts dieser Tatbestände stellt sich die Frage, ob die Wirtschaftskrise der 80er Jahre – bei allem sozialen Leid – nicht auch heilsame Wirkungen insoweit zeitigte, als sie Entwicklungsstrategien unfinanzierbar werden ließ, die ohnedies nur zu industriellen Scheinblüten ohne internationale Konkurrenzfähigkeit führten, geringe Beschäftigungseffekte brachten und die Einkommensverteilung eher verschlechterten.

c) Bekannt ist, daß die Einkommensentwicklung nur ungenügend die Befriedigung der Grundbedürfnisse widerspiegelt, da sie das Problem der Einkommensverteilung und -verwendung, die Produktion im Subsistenz- und informellen Sektor und die Veränderung der Umweltbedingungen nicht oder nur unzureichend berücksichtigt. Aus diesen Gründen sind Experten seit Jahren dazu übergegangen, Entwicklungsfortschritte vor allem anhand aussagefähiger sozialer Indikatoren zur Lebensqualität zu messen, zu denen etwa die Alphabetisierung, die Dauer des Schulbesuchs, die Kalorienaufnahme pro Kopf, die Lebenserwartung bei der Geburt und die Säuglings- und Kindersterblichkeit zählen. Diese Indikatoren werden aber von Entwicklungspessimisten zum Beleg ihrer Katastrophensicht nur selten herangezogen, sondern allenfalls eine nicht weiter belegte Verschlechterung der sozialen Situation und der Massenarmut in der Dritten Welt behauptet. Diese Sichtweise paßt aber nicht zur verfügbaren Empirie:

Die Gesundheitsbedingungen haben sich in den letzten 40 Jahren in der Dritten Welt stärker verbessert als irgendwo anders während der gesamten Menschheitsgeschichte, bedingt vor allem durch die Kontrolle der übertragbaren Krankheiten. Die Lebenserwartung nahm von 40 auf 63 Jahre zu, die Kindersterblichkeit bis zum Alter von fünf Jahren sank von 280 auf 106 je 1000 (jeweils 1950 bis 1990). Der Rückgang der Kindersterblichkeit hat sich in der jüngsten Zeit (also auch in den 80er Jahren) noch beschleunigt. Dies gilt für alle Regionen der Dritten Welt, wobei die Fortschritte dort am ausgeprägtesten waren, wo Regierungen zielgerichtete Programme zur Bereitstellung der Basisversorgung (die sehr preiswert ist) und zur Sicherung der besonders gefährdeten Gruppen unternahmen. In einigen dieser Länder liegt die Lebenserwartung bereits auf dem Niveau der westlichen Industrieländer. Anzumerken ist auch, daß die Haushaltsausgaben für die Gesundheit in allen Drittweltregionen stetig gesteigert wurden.

Die Alphabetisierungsrate der erwachsenen Bevölkerung stieg in der Dritten Welt von 46 (1960) auf 64 % (1990), die Netto-Einschulungsrate bei den Sekundarschulen von weniger als 25 auf 48 %. Natürlich verteilen sich auch diese Fortschritte regional unterschiedlich: Lateinamerika und Ostasien weisen die größten Fortschritte auf und reichen an das Niveau der Industrieländer heran (z. T. auch gemessen an der Ausbildungsqualität), besonders Schwarzafrika, die arabischen Staaten und vornehmlich die Frauen hinken hinterher. Bedeutsam ist, daß die Bildungsausgaben (als Anteil am Bruttoinlandsprodukt oder am Staatshaushalt) auch in den 80er Jahren – entgegen häufig anderslautenden Behauptungen – in der Krise der 80er Jahre nicht gesunken sind, daß jedoch die Expansion der Einschulungsraten und der Ausgaben pro Schüler stark abgebremst wurde. Im Bildungsbereich waren vornehmlich jene Staaten erfolgreich, die ausreichend Mittel dafür bereitstellten und diese auf die Grundbildung konzentrierten. Dies zeigt, daß die Verbesserung der Bildungssituation weniger von der außenwirtschaftlichen Situation der Länder, sondern eher von einer entschlossenen, bildungsorientierten Politik zugunsten der Masse der Bevölkerung abhängig ist, eine Politik, die auch die in Entwicklungsländern übliche starke Schlagseite zugunsten des Hochschulbereichs vermeidet. Selbst die Ernährungslage in Entwicklungsländern hat sich gegenüber Mitte der 60er Jahre deutlich gebessert; das Kalorienangebot hat sich von 57 % des Industrieländerniveaus auf mittlerweile etwa 84 % erhöht, wobei sich auch in den 80er Jahren die Zunahme (mit kleinen Einbrüchen in der ersten Hälfte der Dekade) fortsetzte.

d) Nach den bisherigen Ausführungen müßte es auch wundernehmen, wenn die Armut in der Dritten Welt sich so dramatisch gesteigert hätte, wie oftmals unterstellt. Folgt man der Armutsdefinition der Weltbank, die hier nicht problematisiert werden kann, waren Mitte der 80er Jahre 1,15 Mrd. Menschen in den Entwicklungsländern als arm, 630 Mio. als extrem arm einzustufen, zweifellos eine dramatische Größenordnung. Allerdings betrug die Armutslücke, also die Höhe jener Zahlungen, die erforderlich gewesen wären, um die Armen über die Armutsschwelle zu heben, im Durchschnitt nur 3 % des Gesamtverbrauchs der Entwicklungsländer, für die extrem Armen sogar nur 1 %. Vergleichsweise mäßig dimensionierte und effektive nationale und internationale Armutsprogramme hätten also ausgereicht, um die Armut in der Dritten Welt zu beseitigen. In einigen der nicht sehr zahlreichen Länder, für die halbwegs präzise Daten vorliegen, wurden in den 70er und 80er Jahren beträchtliche Fortschritte bei der Verringerung des Anteils der Armen und absolut Armen an der Gesamtbevölkerung gemacht. In Indonesien beispielsweise konnte der Anteil der Armen an der Gesamtbevölkerung von 58 auf 17 % verringert werden, in Pakistan von 50 auf 21 % und in Brasilien von 50 auf 21 %. Die Regierungen der beiden letztgenannten Länder haben dabei noch nicht einmal eine armutsorientierte Strategie verfolgt. Gleichzeitig hat sich der Lebensstandard der Armen relativ verbessert, d.h. die Armutslücke wurde geringer. Für die späten 80er Jahre fällt das Bild etwas gemischter aus; Fortschritten in China, Indien, Indonesien, Malaysia und Pakistan standen Rückschritte in etlichen lateinamerikanischen Staaten und vermutlich fast ganz Schwarzafrika entgegen. Generell kann man aber sagen, daß in Ländern, in denen die Anpassungslasten einigermaßen gerecht verteilt und eine beschäftigungsorientierte Wirtschaftsstrategie verfolgt wurden, keine Zunahme der relativen Armut zu verzeichnen war. Dies alles soll nun nicht heißen, daß es in der Dritten Welt keine bitter armen, illiteraten, unterernährten und kranken Menschen gäbe, relativ zur Gesamtbevölkerung hat ihr Anteil aber zum Teil deutlich abgenommen, auch wenn ihre Zahl mitunter nicht oder nur wenig gesunken sein mag. Programme des sozialen Grundbedarfs sind überdies so billig (im Gesundheitsbereich kosten sie in armen Ländern etwa 12 $ pro Kopf und Jahr), daß sie sich auch arme Länder leisten können, wenn sie auf die übermäßige Subventionierung der höherwertigen Leistungen (Fachkrankenhäuser, Hochschulen) verzichten. Sozialer Fortschritt ist zwar nicht gänzlich unabhängig vom Einkommenswachstum, für die Verbesserung der sozialen Bedingungen war aber oftmals die verfolgte Wirtschafts- und Sozialpolitik die entscheidende Variable.

3. Ursachen der Krise

Wird als Grund der Entwicklungskrise in den 80er Jahre die Verschuldung der Entwicklungsländer identifiziert, so werden Ursache und Symptom verwechselt. Die Krise hat vielmehr ihren Grund in einer ineffizienten Entwicklungsstrategie, beruhend auf exzessiver staatlicher Regulierung, ausufernder, aber ineffizienter staatlicher Wirtschaftätigkeit, übermäßiger Abschottung des Binnenmarkts sowie mangelnder Anpassung der Ausgaben an die spätestens mit der Ölkrise knapper werdenden Mittel. Diese Strategie führte zu zunehmenden Haushalts- und Leistungsbilanzdefiziten und exzessivem Verschuldungswachstum (bei gleichzeitig massiver Kapitalflucht). Diese Strategie hätte auch ohne Rezession in den Industrieländern, bei gleichbleibenden Zinsraten und Rohstoffpreisen nicht endlos fortgesetzt werden können, die Verschlechterung der eben genannten Faktoren setzten ihr aber ein vorzeitiges Ende. Beweis für die Richtigkeit der eben dargestellten Sichtweise ist die Tatsache, daß es keinen statistisch signifikanten Zusammenhang zwischen der Schwere der außenwirtschaftlichen Belastungen Ende der 70er/Anfang der 80er Jahre und dem Eintreten von Verschuldungskrisen gab, wohl aber einen zwischen diesen und dem Ausmaß der politikbedingten wirtschaftlichen Verzerrungen in den Schuldnerländern. Dazu paßt, daß die Rohstoffpreise in den 80er Jahren sicherlich auf einen absoluten Tiefstand fielen und damit die Zahlungsfähigkeit der Exportländer arg strapazierten, gleichwohl haben die schwarzafrikanischen Länder, die darunter mit am meisten zu leiden hatten, zu dieser Misere auch einen Eigenbeitrag geleistet, da sie schon vor dem Preissturz erheblich an Marktanteilen bei Rohstoffen verloren hatten (durch übermäßige Exportsteuern, überbewertete Währung, ineffiziente Vermarktungsbehörden) und keine Diversifizierung ihres Exportangebotes betrieben.

Werden Weltbank und Internationaler Währungsfonds für die Folgen der zwangsläufigen wirtschaftlichen Kurskorrekturen beschimpft, so ist das, als schlage man den Boten schlechter Nachricht, vorausgesetzt, die beiden genannten Organisationen haben sich redlich bemüht (im Rahmen der ihnen zur Verfügung stehenden Mittel), ein Optimum an Sozial- und Wachstumsverträglichkeit ihrer Anpassungsprogramme zu erzielen. Es ist hier nicht der Platz, um über Vorzüge und Mängel von Anpassungsprogrammen zu streiten. So viel aber ist sicher: auch Entwicklungsländer in kritischer Zahlungsbilanzlage, die den Gang nach Washington scheuten, mußten sich anpassen (mit Hilfe der gleichen Instrumente, aber geringerer Finanzierung von außen), und die anfängliche Wachstumsabschwächung, die diese Programme brachten, war eher gering und von einem später desto höheren Wachstum begleitet. Die Erfolge hierbei waren von der Ernsthaftigkeit der Reformbemühungen in den Ländern selbst bestimmt, aber auch von deren Wirtschaftsstruktur und Entwicklungsstand, fielen also selbst bei gutem Willen in den schwarzafrikanischen Staaten geringer aus als in Lateinamerika oder gar Ostasien. Armut und Entwicklung der sozialen Lage in den Anpassungsländern stehen in keinem empirisch erkennbaren Zusammenhang zu diesen Programmen und sind sehr viel stärker von der Wirtschaftsstruktur und der Politik des Empfängerlandes abhängig gewesen als von den Vorgaben des IWF und der Weltbank. Bei aller möglichen Kritik an ihnen muß man doch erkennen, daß sie zumindest in den Entwicklungsländern mit mittlerem Einkommen so viel an Produktivitätswachstum und Dynamisierung gebracht haben, daß internationale Investoren sich um Geldanlagemöglichkeiten in manchen dieser Länder heute geradezu reißen.

Viel Oberflächliches ist über den sogenannten Nettoressourcentransfer aus den Entwicklungsländern in den Norden geschrieben worden, also die Tatsache, daß in den 80er Jahren oft größere Zins- und Tilgungsleistungen von den Entwicklungsländern erbracht wurden als sie Neukredite erhielten. Dieser Vorgang ist oft zum entwicklungspolitischen Skandal erklärt worden, wobei stillschweigend unterstellt wird, daß die Privatbanken eine ständige finanzielle Nachschußpflicht gegenüber dem Süden gehabt hätten. Diese haben sie natürlich nicht, zumal dann nicht, wenn die Entwicklung der außenwirtschaftlichen Indikatoren der Schuldner so sind, daß kaum die dauerhafte Bedienung der Kredite erwartet werden kann. Bei jedem Kreditgeschäft, es sei denn, der ausstehende Betrag wird ständig erhöht, müssen irgendwann Zins- und Tilgungsleistungen den Neuzufluß übersteigen. Hätten alle Entwicklungsländer das aufgenommene Geld gut angelegt, d. h. zumindest zum Großteil in produktive und devisenschaffende Aktivitäten (statt mit insgesamt zunehmender Tendenz für den Staatskonsum), so hätte ihnen die Bedienung von Auslandsschulden eigentlich keine übermäßigen Probleme verursachen dürfen. Gerechterweise muß man allerdings sagen, daß der erhebliche Anstieg der internationalen Zinsraten Anfang der 80er Jahre (die allerdings in den 70er Jahren extrem niedrig lagen) das Schuldenmanagement in jedem Falle erschwert hätte. Vermutlich wären aber Neukredite (die zur Bezahlung des Schuldendienstes hätten verwendet werden können) bei einigermaßen passabler wirtschaftlicher Entwicklung der Schuldner nicht in dem Maße ausgeblieben wie geschehen. Kritiker der übermäßigen Verschuldung und des hohen Nettoressourcentransfers pflegen zu ignorieren, daß es letzteren seit 1989 nicht mehr gibt (bezogen auf die gesamte Dritte Welt), daß sich vielmehr wieder ein massiver positiven Zufluß eingestellt hat. Im übrigen war er für Schwarzafrika und Südasien, die beiden ärmsten Regionen der Welt, nie negativ, während selbst in Lateinamerika die hohen privaten Kapitalzuflüsse dafür sorgten, daß die Region ab 1991 wieder Nettokapitalimporteur wurde. Die Verschuldungsindikatoren sind für die Dritte Welt seit 1986 massiv gesunken, die Schuldendienstquote (also das Verhältnis von Schuldendienst zu Exporteinkünften) beispielsweise von 32,2 auf 19% (in Lateinamerika von 48,3 auf 30%). Die dennoch bestehenden Rückzahlungsprobleme und steigenden Zahlungsrückstände etwa Schwarzafrikas (Schuldendienstquote 1993: 14%) haben reichlich wenig damit zu tun, daß die Verschuldung an sich zu hoch ist, sie sind vielmehr nur ein Symptom der allgemeinen Wirtschaftsschwäche dieser Region.

Ärgerlich sind häufig anzutreffende pauschale Schlußfolgerungen, die Entwicklungshilfe habe „versagt", sie erreiche die Armen ohnehin nicht, habe nichts zur Verkleinerung der Kluft zwischen Nord und Süd beigetragen, sie zerstöre traditionelle Potentiale und die Motivation zu eigenständiger Entwicklung. Man fragt sich, woher einzelne, die Entwicklungsländer oft nur auf kurzen Erkundungstrips kennenlernen und Projekte selten gründlich, wenn überhaupt, inspiziert haben, diese Weisheit beziehen. Es wird international nur ein kleiner Teil der Projekte evaluiert (bei der deutschen Entwicklungshilfe unter 10%), die entsprechenden Berichte sind auch nicht öffentlich zugänglich und sie kommen zu ihren Ergebnissen auf zuweilen recht fragwürdigen Wegen. Daher konzentrieren sich die verfügbaren wissenschaftlichen Untersuchungen über die Wirkung von Entwicklungshilfe nahezu ausschließlich auf makrostatistische Zusammenhänge (etwa zwischen Wachstum und Höhe der Zuwendungen). Dieses Verfahren gibt aber nur höchst unzureichend Aufschluß über den Nutzen von Hilfe, da die Zuwendungen z. B. durch Lieferbindung überteuert sind oder im Geberland anfallen (als Expertengehälter), da Entwicklungshilfe sinnvollerweise auch manchmal den Konsum finanziert (Nahrungsmittelhilfe!), weil der Beitrag von Kapital allein zum Wachstum eher mäßig ist und weil die Wirksamkeit der Hilfe, die ja nur für einen kleinen Teil der Investitionen in Entwicklungsländern aufkommt, stark von der Sinnhaftigkeit der übrigen Investitionen und der Qualität der Wirtschaftspolitik allgemein abhängt. Konsequenterweise kommen die globalen Wirksamkeitsstudien zu ganz unterschiedlichen Ergebnissen je nach Zeitraum, Region etc. Konkret lassen sich durchaus auch Länder benennen, die mit Auslandshilfe nicht nur heimische Ersparnisse ersetzt, sondern diese für rentable und entwicklungsfördernde Vorhaben eingesetzt haben. Die Tatsache, daß Entwicklungshilfe die Armut auf der Welt nicht ausgerottet hat, ist nicht zu bestreiten, anderes war aber auch nicht zu erwarten, da sie nur zum geringeren Teil für armutsorientierte Projekte eingesetzt wurde und nicht eine ansonsten gegen die Armen gerichtete Politik kompensieren kann. Dazu ist sie auch umfangmäßig (etwa im Verhältnis zum Sozialprodukt der Empfänger) meist viel zu gering, wenn einmal von Schwarzafrika abgesehen wird. Im übrigen sollte wenigstens zur Kenntnis genommen werden, daß die Geber in der letzten Dekade zumindest Versuche unternommen haben, den Anteil der Projekte für die Landwirtschaft, die sozialen Sektoren und den Umweltschutz substantiell zu erhöhen und daß ein größerer Teil der Mittel als früher auf die ärmsten Staaten konzentriert wird. Beiläufig soll zum Schluß auf den Widerspruch hingewiesen werden, daß Kritiker, die zu recht immer das geringe Volumen der Hilfe, ihre teilweise Verausgabung aus wirtschaftlichen oder außenpolitischen Motiven und ihre geringe Konzentration auf sozial prioritäre Sektoren bemängelt haben, nun plötzlich in Wehklagen ausbrechen, wenn diese „peanuts" keine revolutionären Veränderungen der Wirtschafts- und Sozialstruktur bei den Empfängern hervorrufen.

4. Zivilisatorischer Rückschritt in der Dritten Welt?

Ähnliche gedankliche Kurzschlüsse stellt man bei Äußerungen zu den sicherheits- und gesellschaftspolitischen Veränderungen in der Dritten Welt nach dem Ende des Ost-West-Konflikts fest. Wurde zum Beispiel früher immer darüber Klage geführt, daß die Entwicklungsländer zum Teil bedauernswerte Opfer der Blockkonfrontation, des Waffenexports unterausgelasteter Rüstungsbetriebe des Nordens und der auf ihrem Territorium ausgetragenen „Stellvertreterkriege" gewesen seien, wird nun geklagt, der Wegfall des Ost-West-Konflikts beraube die Dritte Welt außen- und sicherheitspolitischer Einflußchancen. Private und öffentliche Mittel würden nun zugunsten Osteuropas umgewidmet, die nunmehr fehlende Disziplinierung ihrer Klientelstaaten durch die Supermächte und deren Desinteresse führe erst recht zum Aufbrechen latenter kriegerischer Konflikte in der Dritten Welt. Diese hätten sich seit dem Ende der Blockkonfrontation eher vermehrt und eine nennenswerte „Friedensdividende" (also die Umwidmung bisheriger Rüstungsausgaben im Norden zugunsten vermehrter Aufbauhilfe im Süden) habe sich nicht eingestellt.

Festgestellt muß werden, daß die globalen Militärausgaben Ende der 80er Jahre zum ersten Mal deutlich gefallen sind und daß auch die entsprechenden Ausgaben der Entwicklungsländer deutlich sinkende Tendenz (1987: 155 Mrd. $, 1990: 123 Mrd.) zeigten. Die lokale Friedensdividende ist also nicht unerheblich, fällt aber nach Regionen unterschiedlich an (in Schwarzafrika und Südasien kaum, während Ostasien seine Prosperität in den 90er Jahren zur Aufrüstung nutzt). Eine nennenswerte Umwidmung von für die Dritte Welt bestimmten

Mitteln nach Osteuropa hat es kaum gegeben: die gesamten öffentlichen und privaten Transfers des Westens in diese Region betrugen 1992 etwas über 8 Mrd. $, also etwa 6 % jener, die in die Dritte Welt flossen. Sie wurden überdies zum Löwenanteil von der Bundesrepublik Deutschland getragen, so daß andere Industriestaaten nur geringfügig belastet wurden. Interessante Investitionsstandorte in der Dritten Welt und Länder mit ernsthaften Bemühungen zur Wirtschaftsreform erfreuen sich auch nach 1989 wachsender Zuflüsse.

Der Wegfall der materiellen und ideologischen Unterstützung von Entwicklungsländern aus dem ehemaligen Ostblock ist einigermaßen zu verschmerzen. Üppig waren die Kreditzuflüsse von dort ohnedies nie und sie konzentrierten sich auf wenige „progressive" Staaten oder solche, an denen die vormalige UdSSR ein gesteigertes geostrategisches Interesse hatte. In der Endzeit war diese jedoch nicht einmal mehr zur Aufrechterhaltung ihrer Transfers an ihre engeren Klienten in der Lage. Daß mit dem Ende des Sozialismus in Osteuropa auch das Ende einer entwicklungspolitischen Option gekommen ist, kann nur derjenige bedauern, der die Ausbeutung der Landwirtschaft, die enorme Kapitalverschwendung, die chronische Güterknappheit und den gänzlichen Mangel an demokratischen Strukturen in „sozialistischen" Entwicklungsländern ignoriert. Sicherlich hat das Ende des Sozialismus den Druck der westlichen Industriestaaten auf die Dritte Welt erhöht, sich wirtschaftlich und politisch zu öffnen, bislang allerdings mit eher positiven Folgen für die Bevölkerung.

Von der ausbleibenden Befriedung der zwischen- und innerstaatlichen Konflikte in der Dritten Welt nach Ende der Blockkonfrontation konnten eigentlich nur jene überrascht sein, die diese Konflikte als im wesentlichen von Moskau bzw. Washington ferngesteuert ansahen. Schon vor Ende der 80er Jahre konnte man allerdings einen starken Trend der Autonomisierung von Drittweltkonflikten beobachten, die von den Supermächten – falls sie dies überhaupt anstrebten – nicht mehr zuverlässig kontrolliert werden konnten. Das Ende des Ost-West-Konflikts brachte einige spektakuläre Erfolge bei der zeitweiligen Beilegung lange anhaltender Bürgerkriege unter maßgeblichem Einsatz der Vereinten Nationen, in denen sich die Großmächte nun nicht mehr selbst blockierten. In etwa einem Dutzend Entwicklungsländer liefen Friedensmissionen an, die nach anfänglichen Erfolgen die UNO als neuen internationalen Hoffnungsträger erscheinen ließen. Heute ist die Euphorie verflogen. Nicht in erster Linie, weil die Vereinten Nationen schlechte Arbeit geleistet hätten, sondern weil sie gar nicht das nötige Instrumentarium und die nötigen finanziellen Mittel zur Lösung ihrer Aufgaben an die Hand bekamen und – wichtiger – weil sich die Mehrzahl der neuen Konflikte effektiver Befriedung von außen schlicht entziehen. Wie sollte die UNO (oder andere Schlichter) die Konfliktparteien entwaffnen oder versöhnen, wenn diese sich solchen Versuchen widersetzen? Soll Frieden in die Streitparteien hineingebombt werden? Welches sind überhaupt die Ansprechpartner für Friedenslösungen in zerfallenden Staaten, in denen sich eine Vielzahl von um die Macht konkurrierenden Gruppen befehden?

Unabhängig von dieser Frage sollte betont werden, daß die zunehmenden innerstaatlichen Kriege in der Dritten Welt keineswegs nur ein Beweis für die ständige Rückentwicklung dieser Erdhälfte zu werten sind. Vielmehr sind sie Begleitprodukt der noch nicht vollständig durchgesetzten Nationenbildung, der sozialen Mobilisierung und sich daraus ergebenden Politisierung neuer gesellschaftlicher Gruppen und ihrer Lösung aus tradierten Bezügen bei gleichzeitig sich einschränkenden Mitteln zur Dämpfung der sich daraus ergebenden sozialen Konflikte. Man muß daran erinnern, daß auch in Europa der Prozeß der Bildung integrierter und zivilisierter Nationalstaaten, innerhalb derer gesellschaftliche Gruppen ihre Konflikte auf friedlichem Wege austragen, Jahrhunderte in Anspruch nahm. Staaten, denen die Kolonialmächte willkürliche Grenzen verpaßten und von außen Rechts-, Bildungs- und Verwaltungssysteme überstülpten, die zudem kaum über zusammenhängende und leistungsfähige Volkswirtschaften verfügen und die mit stärker demokratischen Verfahren allenfalls erst kurze Erfahrungen machen konnten, sollte man auf dem zwangsläufig konflikttächtigen Wege zum Nationalstaat im modernen Verständnis auch eine gewisse Zeitspanne zugestehen und nicht gleich in aktivistische Ungeduld verfallen, wenn sich Fortschritte auf dem Wege zivilisierten Konfliktaustrags nicht sofort einstellen, so bedauerlich der Blutzoll ist, der dafür entrichtet wird.

Als intellektuelles Kunststück muß es bezeichnet werden, wenn die Demokratisierungswelle in der gesamten Dritten Welt, die seit Mitte der 70er Jahre etwa 50 Diktaturen hinweggerafft und durch Regime ersetzt hat, in denen regelmäßige, überwiegend faire Wahlen stattfinden (die schon bald zum normalen Alltag gehören), in denen Regierungswechsel auf verfassungsmäßigem Wege stattfinden und auch schon vorsichtige Schritte bei der Verbesserung des Minderheitenschutzes, der Dezentralisierung und Demokratisierung auf lokaler Ebene gebracht hat, vornehmlich als Machwerk der Eliten zur stärker sozialverträglichen Abwälzung der Krisenlasten verkauft wird. Das erinnert stark an die bundesdeutsche Debatte Ende der 60er Jahre, bei der als Hauptfunktion des Parlamentarismus die Verschleierung der Kapitalverhältnisse diagnostiziert wurde. Tatsächlich sind die einstmals zahlreichen autoritären Regime in der Dritten Welt entweder daran gescheitert, daß sie ihre selbst gesetzten Ziele – nämlich die wirtschaftliche und gesellschaftliche Entwicklung voranzutreiben – kläglich verfehlt haben und ihnen vor allem nach dem Ende des Ost-West-Konflikts internationale Unterstützung entzogen wurde, oder weil sie – wie in Ostasien – durch erfolgreiche Entwicklung zunehmend entbehrlich wurden. In jedem Falle waren im Zuge auch begrenzter Entwicklung nach der Unabhängigkeit intern umfangreichere neue soziale und politisch konfliktfähige Gruppen entstanden, die die autoritäre Bevormundung nicht mehr länger hinzunehmen bereit waren. Der letztgenannte Faktor verweist darauf, daß die Demokratisierungswelle in der Dritten Welt auch ein Symptom der fortschreitenden Entwicklung, Alphabetisierung, Organisation von Gesellschaften und Ausprägung von Mittelschichten im Süden ist, mit Sicherheit also kein Anzeichen permanenten sozioökonomischen Rückschritts. Daher darf man, bei aller Belastung der jungen Demokratien durch die Erblast der Verschuldungskrise und früherer Mißwirtschaft, durch durchaus vorhandene politische Apathie, Restbestände an Einflußchancen der Sicherheitskräfte und starke soziale Zerklüftungen, relativ optimistisch bezüglich der Überlebenschancen der Demokratie in der Dritten Welt im allgemeinen sein, wenn auch nicht notwendigerweise in allen Ländern gleichzeitig Rückschläge vermieden werden können.

Wenn dieser zugegebenerweise etwas optimistische Lagebericht über den aktuellen Zustand der Dritten Welt korrekt ist, stellt sich natürlich die Frage, warum apokalyptische Krisendiagnosen in Bezug auf diese Weltregion noch derart Konjunktur haben. Zum Teil mag dies mit Mangel an Informiertheit bei den Betrachtern zusammenhängen, die allenfalls ausschnittsartig jene Fakten zur Kenntnis nehmen, die zu ihrer vorgefaßten Meinung passen. Zum anderen Teil spiegelt es die Tatsache, daß vor allem in der deutschen wissenschaftlichen und publizistischen Tradition jener ernster genommen wird, der mit Grabesstimme auf den schrecklichen Zustand dieser Welt und das nahende Ende derselben hinweist, und dessen Rat angesichts dieser Lage daher dringend gebraucht wird, als jener, der in vermeintlich oberflächlichem Optimismus auf positive Entwicklungen hinweist (im Sinne der Selbstkritik sei darauf verwiesen, daß sich dieses Jahrbuch von jener Tendenz auch nicht immer ganz befreien konnte). Das Fatale an dieser Haltung ist jedoch, daß sie – aus falscher Diagnose und aus Ungeduld über die sich angeblich nicht einstellenden Erfolge – einem verfehlten Aktivismus Vorschub leistet, der in Bezug auf die Dritte Welt schnell mit Patentrezepten zur Hand ist, wie diese notfalls zu ihrem Glück gezwungen werden könne. Nicht von ungefähr kommen gerade von linken Autoren, die jahrelang auf den revolutionären Umbruch im Süden oder zumindest auf die Durchsetzung einer Neuen Weltwirtschaftsordnung hofften, neuerdings recht wundersame Vorschläge, entwicklungs- und friedensunwillige Staaten in der Dritten Welt unter Treuhandschaft der Industrieländer zu stellen oder ihnen bei grober Verletzung der Menschenrechte, massenhafter Vertreibung von Minderheiten etc. Eingreiftruppen auf den Hals zu hetzen. Man würde sich wünschen, daß die gemeinten Autoren länger über die Machbarkeit, Finanzierbarkeit, Nachhaltigkeit und Vereinbarkeit dieser Vorschläge mit dem Völkerrecht nachdenken würden. Diesbezüglich stellen sie meist nur Luftblasen ohne Realisierungschance dar. Wie dieser Beitrag zu zeigen versuchte, erwachsen sie aber aus einer falschen Diagnose des Gesamtzustandes der Dritten Welt (der so schlecht gar nicht ist) und aus der Unfähigkeit, Konflikte in der Dritten Welt als Ausfluß ihrer Modernisierung und mühsamen Zivilisierung zu sehen, die auch im Norden ihre Zeit brauchte.

II. AKTUELLE ENTWICKLUNGSPROBLEME

Wolfgang Hein
Industrielle Entwicklung in der Dritten Welt:
Neue Erklärungsansätze

1. Globale Differenzierung in der industriellen Entwicklung – einige Daten

Die letzten fünfzehn Jahre sind durch einen tiefgreifenden Differenzierungsprozeß innerhalb der Dritten Welt gekennzeichnet; dem Wachstumsboom in Ost- und Südostasien steht ein Krisenjahrzehnt in Afrika und Lateinamerika gegenüber, das zumindest auf den ersten Blick die Bezeichnung „verlorenes Jahrzehnt" zu recht zu tragen scheint. Wesentlich für diesen Differenzierungsprozeß ist offenbar die unterschiedliche Dynamik des Industriesektors; eine kurze Übersicht über die wesentlichen Tendenzen soll den Ausgangspunkt dieses Beitrags bilden.

Tabelle 1 verdeutlicht die starken Differenzen zwischen den industriellen Wachstumsraten der hier berücksichtigten Weltre-

Tabelle 1: Wachstumsraten der industriellen Wertschöpfung in ausgewählten Regionen (in %)

Region	Durchschn. jährl. Wachstumsrate			% Weltind.prod.	
	1970–80	1980–90	1990–92	1990	1993
Westeuropa	1,9	1,2	–1,5	31,7	31,3
Lat.amer./Karib.	6,4	–1,1	2,2	4,0	4,5
Trop. Afrika	6,2	1,1	1,9	0,3	0,3
O-/SO-Asien	11,5	8,8	6,2	4,3	5,4
China	...	...	9,7	1,7	2,2

Quelle: UNIDO, Industry and Development, Global Report 1993/94, Wien 1993, Tabellen II.1 und II.2 (S. 22 f.)

Tabelle 2: Regionale Wachstumsraten der industriellen Wertschöpfung in ausgewählten Industriezweigen (jeweils Wachstum in %, 1980–90/Anteil an gesamter industrieller Wertschöpfung 1990)

Industriezweig	Westeuropa	Lateinamerika/ Karibik	tropisches Afrika	Ost-/Südost-Asien
Nahrungsmittel	0,8/8,7	–0,6/14,5	1,8/19,1	6,1/8,1
Getränke	1,2/2,4	0,3/4,7	2,6/14,7	7,7/2,5
Textilien	–1,2/3,3	–2,9/5,6	–0,2/9,0	4,6/7,8
Bekleidung	–1,7/1,8	–3,6/2,4	4,5/2,9	6,3/4,9
Druck	2,7/4,5	–0,5/2,8	1,4/2,3	9,7/2,4
Ind.chemikalien	3,1/6,4	1,2/5,	1,8/2,3	9,4/3,8
and. Chemikal.	4,3/5,1	1,0/6,4	2,1/6,4	9,8/4,3
Plastikprod.	4,7/2,9	–1,4/2,1	–0,5/1,6	9,4/3,6
Eisen u. Stahl	–2,8/3,7	0,7/5,4	2,4/2,6	10,4/4,9
Metallprod. (außer Maschinen)	1,7/6,7	–2,9/3,9	0,1/4,7	10,9/4,9
Nicht-elektr. M.	2,1/12,1	–4,2/4,7	0,6/1,1	13,9/5,2
Elek. Maschinen	2,2/10,4	–0,6/4,9	0,5/1,8	12,3/14,0
Auto/Transport	1,7/10,5	–2,0/6,5	–3,6/5,5	12,8/7,4

Quelle: UNIDO, a. a. O., S. 36, 47, 59 f., 71.

gionen; seit den 1970er Jahren ist Ost- und Südostasien eindeutiger Spitzenreiter, während die Krise der industriellen Entwicklung des tropischen Afrikas und Lateinamerikas seit den 1980er Jahren – nach noch kräftigem Wachstum im vorangegangenen Jahrzehnt – deutlich wird. Während sich in Lateinamerika Anfang der 90er Jahre jedoch eine Wende abzeichnet, ist diese in Afrika trotz eines leichten Anstiegs der Wachstumsraten noch nicht so klar zu erkennen. Die enorme Dynamik des ostasiatischen Raumes kommt u. a. darin zum Ausdruck, daß der Anteil dieser Region (einschl. Chinas) an der weltweiten Industrieproduktion allein von 1990 bis 1993 von 6,0 auf 7,6 % steigt.

Tabelle 2 zeigt die Wachstumsraten ausgewählter Branchen während der 1980er Jahre sowie den Anteil dieser Branchen an der gesamten industriellen Wertschöpfung im Jahre 1990: Auch hier wird die Annäherung der ost- und südostasiatischen Länder an die Strukturen der Industrieländer deutlich, während die Daten für Lateinamerika und Afrika die Krise der importsubstituierenden Industrialisierung widerspiegeln mit negativen Wachstumraten vor allem im Bereich der „modernen" Industriezweige. Gleichzeitig verweist die Branchenstruktur der Industriesektoren auf die großen Unterschiede zwischen den Kontinenten: Während im tropischen Afrika die traditionellen einfachen Konsumgüter (Nahrungsmittel, Getränke, Textil, Bekleidung) noch eindeutig vorherrschen, spielen in Lateinamerika und Ostasien moderne Konsumgüter- und Kapitalgüterindustrien bereits eine erhebliche Rolle; während in Lateinamerika jedoch die im wesentlichen binnenmarktorientierte Produktion dieser Branchen in den 1980er Jahren eine schwere Krise durchmacht, erzielen die ostasiatischen Länder gerade in den Kapitalgüterindustrien die höchsten Zuwachsraten – wobei im Bereich der Elektromaschinen offenbar Exportorientierung bereits eine dynamisierende Rolle spielt.

2. Die Erklärung der Weltbank: „Richtige Wirtschaftspolitik" als Grundlage erfolgreicher Entwicklung

Was erklärt nun die unterschiedliche Dynamik in der industriellen Entwicklung der einzelnen Weltregionen? Eine Vielzahl verschiedener Erklärungsansätze wurde dazu bereits vorgelegt, die von der Reaktion transnationaler Konzerne auf international unterschiedliche Lohnniveaus *(world-wide sourcing)* über die Analyse „richtiger" bzw. „falscher" entwicklungspolitischer Strategien bis hin zu langfristig historisch verankerten kulturellen Unterschieden reicht.

Die Weltbank hat in vielen Studien zur Entwicklungsproblematik (vgl. etwa Weltentwicklungsbericht 1991) eine gewisse Orthodoxie entwickelt, die auch die im Jahre 1993 und 1994 veröffentlichten Studien über *The East Asian Miracle* und *Adjustment in Africa* prägt; der Erfolg der ostasiatischen Länder wird in folgender Weise zusammengefaßt:

„Their rapid growth had two complementary elements. First, getting the fundamentals right was essential. Without high levels of domestic savings, broadly based human capital, good macroeconomic management, and limited price distortions, there would have been no basis for growth and no means by which the gains of rapid productivity change could have been realized. Policies to assist the financial sector capture nonfinancial savings were central. Acquisition of technology through openness to direct foreign investment and licensing were crucial to rapid productivity growth. Public investment complemented private investment and increased its orientation to exports. Education policies stressed universal primary schooling and improvements in quality at primary and secondary levels." (World Bank 1993, S. 23 f.)

Als zweites Element werden die Resultate vorsichtiger politischer Interventionen angesehen, die (fast) immer in hohem Maße marktbezogen blieben; als erfolgreich wird besonders die *export-push strategy* angesehen, die durch gezielte, z. T. massive Fördermaßnahmen das Entstehen *konkurrenzfähiger* nationaler Exportsektoren ermöglicht hat. Dabei wird allerdings kaum beachtet, daß es tatsächlich das effektive Ineinandergreifen von Phasen der Importsubstitution (erste ISI-Phase [1950er und 60er Jahre]: einfache Konsumgüter; dann Exportförderung von agroindustriellen bzw. arbeitsintensiven Produkten; dann in den 1980er Jahren eine zweite Phase der Importsubstitution im Kapitalgüterbereich) war, was es den ostasiatischen Ländern ermöglicht hat, eine integrierte Industriestruktur aufzubauen (vgl. UNIDO 1993, S. 86 f.).

Spiegelbildlich ist die Erklärung für das Scheitern der wirtschaftlichen Entwicklung in Afrika:

„The main factors behind the stagnation and decline were poor policies – both macroeconomic and sectoral – emanating from a development paradigm that gave the state a prominent role in production and in regulating economic activity. Overvalued exchange rates and large and prolonged budget deficits undermined the macroeconomic stability needed for longterm growth. Protectionist trade policies and government monopolies reduced the competition so vital for increasing productivity ..." (World Bank 1994, S. 20)

Diese Studien verweisen zwar durchaus auch auf langfristige Voraussetzungen für erfolgreiche Politik – etwa auf die Rolle konfuzianischer Traditionen bei der Entwicklung von Bürokratie und Staatsapparat oder auf die blockierende Rolle des philipinischen Großgrundbesitzes –; ihr Brennpunkt bleibt jedoch die Analyse der „richtigen" Politik, so daß die eher soziostrukturellen Voraussetzungen einerseits, das Zusammenwirken zwischen regionalen Voraussetzungen und globalen Entwicklungsphasen als Erklärung für die Entwicklungsdynamik einer Region in einer spezifischen historischen Situation andererseits, kaum in den Blickpunkt rücken.

3. Nationale Wettbewerbsvorteile als Grundlage industriellen Wachstums

In den vergangenen Jahren hat ein Erklärungsansatz verstärkt Beachtung gefunden, der den Weltbankanalysen nicht grundsätzlich widerspricht, jedoch die Rolle einer adäquaten Wirtschaftspolitik sehr viel mehr in den Zusammenhang der sich in einem langfristigen Prozeß herausbildenden strukturellen Voraussetzungen für industrielle Produktion stellt. Nationale Entwicklung im Sinne eines „steigenden Lebensstandards" wird als Konsequenz der Produktivität vieler interagierender Unternehmen interpretiert, die die Qualität eines *Standorts* ausmacht. Michael Porter geht in seinem Buch „Nationale Wettbewerbsvorteile" von folgender Problemstellung aus:

„Wettbewerbsfähigkeit auf Landesebene macht inhaltlich nur als nationale Produktivität Sinn. Ein steigender Lebensstandard hängt von der Fähigkeit der Unternehmen eines Landes ab, ein hohes Produktivitätsniveau zu erreichen und die Produktivität mit der Zeit zu erhöhen. Unsere Aufgabe ist es zu verstehen, warum das eintritt. Ein anhaltendes Produktivitätswachstum erfordert, daß die Wirtschaft sich qualitativ ständig *verbessert.*" (Porter 1993, S.26)

Zentral ist die These, daß Wettbewerbsfähigkeit zwar in den Unternehmen produziert wird, jedoch nicht auf den Erfolg vieler Einzelunternehmen in der Weltwirtschaft reduziert werden kann; sie ist vielmehr abhängig von der Interaktion vieler Unternehmen und den sie bedingenden Faktoren auf der Ebene von Produktionsstandorten. Porter erklärt das komplexe System, durch das Wettbewerbsfähigkeit bestimmt wird, durch ein Schaubild, das er als „Diamanten" bezeichnet:

Übersicht: Bestimmungsfaktoren nationaler Wettbewerbsvorteile: Michael Porters DIAMOND

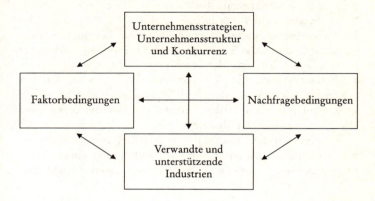

Die Interaktion von vier Determinanten ist also zentral (vgl. ebda. S. 95 ff.):

- die *spezifischen Faktorbedingungen* einer Ökonomie zu einem gegebenen Zeitpunkt, also etwa das Angebot an Facharbeitern, das Lohnniveau, die Infrastruktur, die die Wettbewerbsfähigkeit in einer bestimmten Branche entscheidend beeinflussen;
- die *Nachfragebedingungen* im jeweiligen Land, die etwa hinsichtlich ihrer Anforderungen an Lieferpünktlichkeit, Qualität, Serviceleistungen usw. auch die Erfolgsaussichten entsprechender Unternehmen in internationalen Märkten beeinflussen;
- die vertikale und horizontale Einbindung in ein System *verwandter und unterstützender Branchen* führt zu Bündeln von Unternehmen und Umfeldsituationen, die effektive Formen der Arbeitsteilung und Kooperation ermöglichen und die Voraussetzungen für eine kontinuierliche Produktivitätssteigerung auf Unternehmensebene erhöhen;
- *Unternehmensstrategien, -strukturen und Konkurrenz* im nationalen Wettbewerb beeinflussen entscheidend das Verhalten einzelner Unternehmen.

Diese Argumentation verweist bereits darauf, daß Porter trotz der Betonung *nationaler* Wettbewerbsvorteile dem National*staat* keine überragende Rolle zuweist. Er sieht die Hauptrolle des Staates in der Förderung und Absicherung nationaler Wettbewerbsbedingungen, im Anschieben bestimmter Entwicklungen durch das Setzen nationaler Prioritäten sowie einer vorsichtigen Förderung der Nachfrage. Dabei sind der *Langzeithorizont* sowie die Anerkenntnis der Tatsache, daß der „Diamant" ein System ist, das Maßnahmen in vielen Bereichen voneinander abhängig macht, wesentliche Voraussetzung einer effektiven staatlichen Industriepolitik.

Wichtiger als die Verortung von Unternehmen in einem gewissen Nationalstaat ist also die Verbindung mit einem spezifischen *Standort,* von dem der Staat nur einen Aspekt darstellt:

„Der Wettbewerbsvorteil wird durch einen stark ortsbedingten Vorgang geschaffen und erhalten. Unterschiede in den nationalen Wirtschaftsstrukturen, Wertvorstellungen, Kulturen, Institutionen und geschichtlichen Gegebenheiten tragen entscheidend zum erfolgreichen Wettbewerb bei. Die Rolle des Heimatlandes ist dabei anscheinend so stark wie eh und je. Es könnte den Anschein haben, als mache die Globalisierung des Wettbewerbs das Land unwichtiger, doch offenbar wertet sie es noch auf. Mit weniger Handelshemmnissen zum Schutz nicht wettbewerbsfähiger einheimischer Firmen und Branchen gewinnt das Heimatland immer mehr an Bedeutung, weil es der Ursprung jener Qualifikation und Technologie ist, die den Wettbewerbsvorteil untermauern." (ebda., S. 39)

Auf diesem Hintergrund analysiert Porter u.a. die Voraussetzungen für den *Erfolg Koreas:* Den zentralen Ausgangspunkt bildete ein großes Angebot an „ungewöhnlich disziplinierten" Arbeitskräften, (zumindest anfangs) niedrigen Arbeitskosten sowie einem rasch steigenden Bildungsniveau; gleichzeitig wurden das Hochschulsystem ausgebaut und viele Koreaner gezielt an amerikanische Spitzenuniversitäten geschickt, die meisten davon in technische Graduiertenprogramme.

Der Sparprozeß wurde massiv gefördert; 1987 wurde eine Sparrate von 32% erreicht, womit Korea hinter Taiwan weltweit an zweiter Stelle stand. Effektive institutionelle Mechanismen erlaubten auch den Aufbau kapitalintensiver Branchen mit vergleichsweise geringen Geldmengen.

Porter stellt dann fest, daß es dem Land gelungen ist, u. a. auf der Basis einer beachtlichen Inlandsnachfrage und alten Traditionen in einzelnen Branchen (etwa: Schiffbau), in einer Reihe von industriellen Gruppen Wettbewerbsvorteile zu entwickeln, d. h. auch einen Komplex von sich gegenseitig unterstützenden Unternehmen aufzubauen; das betrifft vor allem Textil und Bekleidung, Transportausrüstungen (Schiffbau, Automobile), die Unterhaltungselektronik sowie die Eisen- und Stahlproduktion. Darüber hinaus wurden starke Nischenpositionen etwa bei der Produktion von Halbleitern (vor allem Speicherchips), Fischprodukten und internationalen Baudienstleistungen erreicht; dabei sind inzwischen auch starke Verknüpfungen zwischen den einzelnen Gruppen entstanden wie etwa zwischen Unterhaltungselektronik und der Halbleiterproduktion sowie zwischen der Stahlproduktion und der Automobil- und Schiffbauindustrie.

Porter hebt – mehr als die Weltbankstudie – die starke Position des koreanischen Staates hervor, wobei trotz aller sonstigen Probleme der politischen Entwicklung der nationale Konsens für das wirtschaftliche Wachstum eine wichtige Rolle spielte. Obwohl auch Porter die direkte Intervention des Staates zugunsten einzelner Branchen skeptisch betrachtet, werden die Förderungsmaßnahmen in Korea in einer Reihe von Branchen als sehr positiv bewertet (etwa im Elektronikbereich), wobei gleichzeitig die große Fähigkeit der koreanischen Politik zur Anpassung und Zurücknahme von Maßnahmen dazu führte, daß weniger erfolgreiche Politikansätze rasch modifiziert wurden.

4. Welthandel und Industrialisierung: eine neue Perspektive der UNIDO

Die bisherige Diskussion um die Entwicklung und Veränderung industrieller Arbeitsteilung sowie die Chancen der Industrialisierung in der Dritten Welt konzentrierte sich bisher stark auf diejenigen Faktoren, die unmittelbar den Charakter von Standorten industrieller Produktion bestimmen. In diesem Rahmen ist auch die Angst der Industrieländer vor der Öffnung ihrer eigenen Märkte in einer Reihe von traditionellen Branchen zu sehen, in denen schon seit langem – und teilweise in wachsendem Ausmaß – Produktivitätsvorteile für bestimmte Standorte in den Entwicklungsländern bestehen. Gleichzeitig wird in der Entwicklungsstrategiediskussion immer wieder darauf verwiesen, daß schon allein aufgrund des Protektionismus der Industrieländer die Chancen für eine erfolgreiche Nachahmung des ostasiatischen Weges durch viele lateinamerikanische und afrikanische Länder relativ gering erscheinen – die ostasiatischen NICs (New Industrializing Countries) alleine würden die begrenzten Importkapazitäten der Industrieländer bereits ausschöpfen. Dabei wird allerdings der dynamische Charakter der Welthandelsstrukturen übersehen; so werden z. B. die NICs selbst wiederum zu Nachfragern nach Industrieprodukten aus anderen Entwicklungsländern.

Interessant im Zusammenhang mit der Standortdiskussion ist ein anderer Aspekt: So verwies die UNIDO in ihrem jüngsten globalen Bericht zu *Industry and Development* darauf, daß die Strukturen und die Gewinne im Handel in erheblichem Maße auf die Strukturen der industriellen Produktion zurückwirken.

Die Autoren setzen ähnlich wie Porter an der Relativierung der Bedeutung von Lohnkostendifferenzen an: So vergleichen sie die Kosten der Industrieproduktion in Deutschland (mit den höchsten Industriearbeiterlöhnen) mit derjenigen in Tansania (mit den niedrigsten Löhnen). Die Arbeitskosten in Deutschland sind 189mal höher als in Tansania, die Bruttoproduktion je Arbeiter in Deutschland ist dagegen nur 48mal höher. Dennoch wird der erhebliche Lohnkostenvorteil in Tansania durch einen deutlichen Unterschied bei den Materialkosten mehr als ausgeglichen, so daß im Endeffekt in $100 industriellem Produktionswert in Tansania $6,32 Lohnkosten stecken, in Deutschland dagegen $24,98; bei den Materialkosten ist das Verhältnis jedoch $78,06 zu $50,37, so daß in Tansania $15,63 an Bruttoerlösen verbleibe, in Deutschland dagegen $24,65.

Hier wird natürlich wiederum die Bedeutung des industriellen Umfeldes klar, das in Deutschland günstige Zulieferungen ermöglicht, in Tansania dagegen diese erheblich verteuert. Die

UNIDO-Autoren verweisen jedoch auf einen anderen Zusammenhang: Sie betonen, daß die Kosten für intermediäre Inputs in den Entwicklungsländern vor allem deshalb viel höher als in den Industrieländern liegen, weil die Produkte durch den „mühsamen Prozeß des internationalen Handels gehen", in den häufig spezialisierte Agenten und Makler eingeschaltet werden müssen, die exorbitante Zuschläge auf die Produktionspreise verlangen.

Von hier ausgehend wird die These entwickelt, daß die eigentlichen industriellen Produktionskosten in immer geringerem Maße den Endverbraucherpreis bestimmen. Sportschuhe, die in Korea für einen Exportpreis von $6.50 hergestellt werden, werden in New York für $82 verkauft. Eine UNIDO-Studie ergab, daß bei Markenprodukten, die in drei verschiedenen Exportproduktionszonen in Sri Lanka und China hergestellt wurden, das typische Verhältnis zwischen Fabrikpreis und Verkaufspreis im Industrieland bei 1:12 liegt. Wenn aber die Produktionskosten nur noch etwa 8 % des Endverkaufspreises ausmachen, bedeutet das auch, daß die traditionellen Anstrengungen um Produktivitätssteigerungen und andere Maßnahmen zur Kostensenkung an Problemen vorbeigehen, die die internationale Konkurrenzfähigkeit in erheblich stärkerem Maße bestimmen.

Die Studie verweist darauf, daß die Lohnunterschiede bereits in erheblichem Maße zu einer Verlagerung von Produktionsprozessen von Südkorea und Taiwan nach Indonesien, Malaysia, den Philippinen, Sri Lanka und Thailand und schließlich China und Vietnam geführt haben; der eigentliche Erfolg der asiatischen NICs liegt aber darin, daß sie nicht nur in der Lage sind, Produkte billig herzustellen, sondern auch außerordentlich geschickt, sie international zu vermarkten. Indem sie in der Lage waren, hier mit erheblich geringeren Handelsspannen zu arbeiten als die Firmen der Industrieländer, konnten sie einerseits in beträchtlichem Umfange in die Märkte der Industrieländer eindringen, andererseits erheblich zum Akkumulationsprozeß in ihrer Heimatregion beitragen.

Leider ist dieser Analyse-Ansatz im vorliegenden UNIDO-Bericht noch nicht weiter ausgeführt worden; die dargestellten Überlegungen erlauben jedoch bereits eine Reihe interessanter

Fragen und Spekulationen: Wie beeinflußt der „mühsame Prozeß des internationalen Handels" mit seinen diversen Kostenstrukturen genauer die relative Konkurrenzfähigkeit verschiedener Standorte? Unter welchen Bedingungen fließen die Gewinne aus dem Handel in welche Länder und wie werden sie verwendet? Drei Thesen, die an diese Fragen anschließen, könnten m. E. einen interessanten Ausgangspunkt für die weitere Diskussion über industrielle Entwicklungsperspektiven bieten:
(1) Der Versuch, einzelne Industriezweige (etwa zur Ausnutzung eines niedrigen Lohnniveaus oder zur Verarbeitung nationaler Rohstoffe) ohne das Vorhandensein eines entsprechenden industriellen Bündels und ohne enge Kooperation mit transnationalen Konzernen zu entwickeln, erscheint angesichts der hohen Kosten importierter Zwischenprodukte weitgehend aussichtslos.
(2) Die Zusammenarbeit mit Transnationalen Konzernen kann helfen, diese Transaktionskosten für den Import entsprechender Vorprodukte und die internationale Vermarktung der Endprodukte zu reduzieren. Es ist jedoch zu beachten, wo die entsprechenden Handelsgewinne anfallen (im Industrieland oder beim Tochterunternehmen im entsprechenden Entwicklungsland) und wie sie verwendet werden.
(3) Die Fähigkeit, eigene Produkte international zu vermarkten, bringt offenbar in zunehmendem Maße zweierlei Vorteile mit sich: sie erhöhen die Konkurrenzfähigkeit auf den Weltmärkten, wenn sich die Vermarktungskosten stärker am Einkommensniveau der Entwicklungsländer orientieren, und sie erhöhen die im Produktionsland verbleibenden Gewinne aus der Exportproduktion.

Literaturhinweise

Porter, M. E., Nationale Wettbewerbsvorteile. Erfolgreich konkurrieren auf dem Weltmarkt, Wien 1993.
UNIDO, Industry and Development. Global Report 1993/94, Wien 1993.
World Bank, Adjustment in Africa. Reforms, Results, and the Road Ahead, Washington, D. C. 1994.
World Bank, The East Asian Miracle. Economic Growth and Public Policy, Washington, D. C. 1993.

III. REGIONALE BEITRÄGE

Heinrich Bergstresser
Nigeria: Militärherrschaft ohne Ende?

In Nigeria regiert erneut das Militär. Nachdem General Babangida die Präsidentschaftswahlen vom 12. Juni 1993 annulliert hatte, ist Ende November auch sein ziviler Nachfolger, Interimspräsident Ernest Shonekan, gescheitert. Die neue Militärregierung unter General Sani Abacha löste alle von Shonekan geschaffenen demokratischen Institutionen auf. Nigeria durchlebt erneut eine schwere Staats- und Verfassungskrise.

1. Die Präsidentschaftswahlen

Die nigerianischen Präsidentschaftswahlen hatten der Abschluß eines ambitionierten Demokratisierungsprogramms sein sollen, das Militärpräsident Babangida 1986 initiiert hatte. Ein Eckpfeiler dieses Programms war die Gründung zweier Staatsparteien, der Social Democratic Party (SDP) und der National Republican Convention (NRC), die – beide aus der Staatskasse finanziert – dazu beitragen sollten, Partikularinteressen zu neutralisieren und die religiös-ethnisch gefärbten Nord-Süd-Gegensätze zu überwinden.

Anfang 1993 standen mit den beiden muslimischen Businees Tycoons Mashood Abiola (SDP), einem Yoruba aus dem Südwesten Nigerias, und Bashir Tofa (NRC), einem Hausa-Fulani aus dem nördlichen Kano, die Bewerber um das Präsidentenamt fest. Am 12. Juni waren 40 Mio. Wahlberechtigte aufgerufen ihre Stimme in einem der 110 000 Wahllokale abzugeben, 14 Mio. folgten dem Aufruf.

Als sich bei der öffentlichen Stimmauszählung, mit der noch am Wahltag begonnen wurde, ein klarer Sieg Abiolas abzeichnete, untersagte die Regierung die Veröffentlichung weiterer Ergebnisse. Dennoch gelang es, die inoffiziellen Wahllisten auszuwerten. Danach hatten 58 % der Wähler für Abiola gestimmt, der in 19 von 30 Bundesstaaten und im FCT als Sieger durchs Ziel ging. Auch in den übrigen Wahlkreisen schnitt Abiola gut bis sehr gut ab. So konnte er im Igbo-Kernland mehr als 40 % der Stimmen für sich verbuchen und erhielt selbst in den Bundesstaaten der nördlichen Hausa-Fulani-Region und den muslimisch geprägten Minoritätengebieten des Middle Belt, die er nicht gewinnen konnte, mehr als 33 % der Stimmen. Einen Einbruch gab es lediglich im konservativ-feudalen Zentrum Sokoto, dem Sitz des Sultanats, wo nicht mehr als 20 % für den Kandidaten aus dem Süden votierten. Dagegen stimmten im Yoruba-Kernland mehr als 80 % der Wähler für ihren Präsidentschaftsbewerber. In den Minoritätengebieten des Südens (Ausnahme: Bundesstaat Rivers) und im christlich geprägten Middle Belt erhielt Abiola um die 60 % der abgegebenen Stimmen und setzte sich auch im Hausa-Fulani-Gebiet von Kaduna und Jigawa sicher durch, wobei der Sieg über seinen Widersacher Bashir Tofa in dessen Heimat Kano besonders hervorsticht. Ähnlich erfolgreich schnitt Abiola auch in der von Kanuri dominierten nordöstlichen Tschadsee-Region ab.

Damit gewann erstmals ein Kandidat aus dem Süden eine nationale Wahl. Für kurze Zeit schien es, als sei das nigerianische Experiment eines gesteuerten Übergangs zur Demokratie von Erfolg gekrönt und ein großer Schritt in Richtung Demokratie getan worden.

Der Schein trog. Nur wenige Tage später, am 23. Juni 1993, ließ Babangida die Wahl annullieren. In einer konfusen Regierungserklärung versuchte der Präsidenten-General am 26. Juni einem konsternierten Volk seine Entscheidung zu erklären. In der Folge entbrannte ein zweimonatiger Machtkampf um die politische Zukunft des Landes. Anfang Juli organisierten Menschenrechtsgruppen, Teile der Gewerkschaften und Studenten Demonstrationen und Streiks im Großraum Lagos und im gesamten Yoruba-Land. Zu ihren Forderungen zählte die Veröffentlichung der Wahlergebnisse. Unterstützt wurden sie dabei von der Christian Association of Nigeria (CAN), dem einflußreichen Kirchenrat, und Teilen der privaten Presse. Selbst das Supreme Council of Islamic Affairs (SCIA), die nationale Organisation der nigerianischen Muslime, stellte sich eingangs hinter diese Foderungen, revidierte jedoch kurz darauf ihre Position. Als die Staatsgewalt versuchte, den friedlichen Protest gewaltsam einzudämmen, kam es zu schweren Unruhen, die zahlreiche Menschenleben kosteten. Die Erschütterungen in Lagos, Ibadan und Abeokuta setzten sich bis Benin City fort und brachten das wirtschaftliche und soziale Leben vorübergehend zum Stillstand.

Gleichzeitig suchten die Militärs in Gesprächen mit zivilen Vertretern der politischen Klasse nach einem Kompromiß. Die Militärs boten als Option einen neuen Wahlgang oder eine Interimsregierung an, derweil sich die politischen Auseinandersetzungen auf die Ebene der Gerichte und der Medien verlagerten und Züge eines persönlichen Machtkampfes zwischen Abiola und Babangida annahmen. Abiolas Medienimperium, unterstützt von regionalen Blättern und dem staatlichen Sender seiner Heimatstadt Abeokuta, setzte das Militärregime unter enormen politischen Druck. Zugleich versuchte Abiola alle Möglichkeiten auszuschöpfen, das Mandat, das ihm die nigerianischen Wähler verliehen hatten, vor Gericht einzuklagen. Babangida regierte mit einer Mischung aus offener Gewalt und subtiler Nutzung manipulierter Gerichte.

Darüber hinaus wurden die Rundfunk- und Fernsehstation in Abeokuta, die bis nach Lagos ausstrahlt, und die Regionalblätter, die von der Militärführung als Sprachrohr Abiolas und der Yoruba empfunden wurden, zwangsgeschlossen. Die Regierung sicherte diese Maßnahme mit Dekreten ab, die zugleich den gesamten Medienbereich unter staatliche Kuratel stellte. Doch der Widerstand besonders der privaten Printmedien war bemerkenswert. Viele der freigesetzten Journalisten produzierten Zeitungen fortan aus dem Untergrund, und setzten sie mit beachtlichem Erfolg gegen das Militärregime ein.

In den letzten Julitagen hatten dann Anwälte und Gerichte das Wort. Mashood Abiola und sein Vize Baba Gana Kingibe hatten gegen die Militärregierung bereits erfolglos vor dem Lagos High Court geklagt und hofften nun, in einem Eilverfahren vor dem Supreme Court Recht zu bekommen. Doch das höchste nigerianische Gericht unter Vorsitz des regierungstreuen Justizministers wies die Klage mit der Begründung ab, nicht zuständig zu sein. Das Babangida-Regime hatte einen Punktsieg errungen.

Am 3. August verließ Mashood Abiola Nigeria, um in Großbritannien und in den USA zusätzliche Untersützung für seinen Kampf um das Präsidentenamt zu mobilisieren. Erste begrenzte Sanktionen hatten die Amerikaner und die EU bereits verhängt. Die militärische Zusammenarbeit wurde suspendiert und zugesagte Entwicklungsprojekte bis auf weiteres auf Eis gelegt. Außerdem erhofft sich Abiola massive politische Hilfe durch den Black Caucus im amerikanischen Kongreß, zu der er seit Jahren enge Beziehungen unterhielt. Er konnte einen Teilerfolg verbuchen. Am 12. August wurde die direkte Flugverbindung zwischen Nigeria und den USA für unbestimmte Zeit suspendiert, ein schwerer Schlag für die reisefreudigen Nigerianer.

Unterdessen liefen die Verhandlungen zwischen Militärführung, Parlamentsvertretern, Staatsgouverneuren und den Führungsgremien in beiden Parteien über die Bildung einer Interimsregierung weiter. Während die SDP mehrheitlich für eine Übergangsregierung der „Nationalen Einheit" unter ihrer Führung votierte, die die Gallionsfigur Abiola mit einschloß, optierte der NRC für eine Regelung, in der die Militärs mit Babangida die Führungsrolle einnehmen oder zumindest gleichberechtigt sein sollten. Eine politische Pattsituation war entstanden, als Mitte August eine weitere Protestwelle den Südwesten Nigerias überrollte. Streiks im Großraum Lagos, in Ibadan, Oshogbo, Benin City brachten das Wirtschaftsleben erneut zum Erliegen. Angesichts des angeheizten Klimas griff das Militärregime zum Mittel der Propaganda und verbreitete Desinformation mit gezielten tribalistischen Untertönen. Danach hätten regierungsfeindliche Gruppen Terroranschläge geplant, um das Land im Chaos versinken zu lassen und unregierbar zu machen. Erinnerungen an den Bürgerkrieg wurden wach, als daraufhin Zehntausende von Menschen in ihre Heimatregion zogen, um dort die weitere Entwicklung abzuwarten. Am 17. August trat General Babangida in Abuja vor die gewählten Volksvertreter und versuchte, deren Mandat für die Fortsetzung seiner Präsidentschaft zu erhalten. Der Versuch scheiterte. Und als auch die Inspekteure der Streitkräfte ihrem Oberbefehlshaber die Gefolgschaft verweigerten und ihn zum Rücktritt zwangen, wurde am 26. August 1993 Ernest Shonekan, bislang Vorsitzender des einflußlosen Transitional Council, zum Chef einer Interimsregierung bestellt, die weder Legitimation noch Macht besaß.

2. Hintergründe der Annullierung

Die Annullierung der Präsidentschaftswahl entsprach einem langgehegten Kalkül General Babangidas, der an der Macht bleiben und im Interesse des konservativ-feudalen Hausa-Fulani Establishments unter keinen Umständen einen gewählten Präsidenten aus dem Süden zuzulassen wünschte. Ein südlicher Präsident wäre dem direkten geo-politischen Einfluß der konservativ-feudalen Fraktion entzogen gewesen, so daß das nationale Machtgefüge völlig verändert worden wäre.

Babangida hatte mit seinem gesteuerten Demokratisierungs- und Deregulierungsprogramm das Ziel verfolgt, sich und das Militär auf unbestimmte Zeit zur tragenden Säule eines zentralisierten politischen Systems zu machen, in der das zivile Element nur noch nachgeordnete Bedeutung gehabt hätte. Die Ausweitung der nigerianischen Föderation von 21 auf 30 Bundesstaaten und 589 Bezirke (1991) war der letzte entscheidende Schritt zur Beseitigung des föderativen Prinzips, das bis dahin ein gewisses Maß an Checks und Balances aufzuweisen hatte.

Es lag in der Logik dieser Interessenkonstellation, daß es nach den annullierten Präsidentschaftswahlen zu einer Pressekampagne kam, die die Genialität und Führungsqualitäten des Präsidenten-Generals pries und dafür plädierte, ihn im Amt zu halten. Fingierte Leserbriefe und Kommentare direkt aus der Feder der Presidency appellierten an Babangida, sich nicht der

Verantwortung zu entziehen und das Staatsschiff weitere Jahre zu lenken, da Nigeria noch nicht reif sei für die Demokratie. In der Tat hatte die Wahl vom 12. Juni 1993 nur wegen der direkten Einmischungen der USA und des politischen Drucks aus Großbritannien stattgefunden. Zu groß war der Respekt vor dem Vorbild in Übersee und der ehemaligen Kolonialmacht, die viel in das nigerianische Demokratieprojekt investiert hatten. Dabei setzte das Regime auf die Zusage aus der Wahlkommission, daß es keinen Gewinner geben werde, da keiner der beiden Kandidaten die zentrale Bedingung für einen Wahlsieg erfüllen werde, nämlich zusätzlich zur Mehrheit in mindestens 20 Bundesstaaten jeweils zumindest 33 % der Stimmen zu erhalten.

Das Wahlergebnis war für die Militärregierung und Teile der Elite ernüchternd, hatten sich die Wähler doch über das starre, von den Eliten vorsätzlich tradierte Gegensatzpaar Nord-Süd/Ost-West hinweggesetzt und eindeutig für Wechsel, für Veränderung votiert. Der umstrittene Yoruba und Muslim Mashood Abiola hatte es verstanden, sich als volksnah und patriotisch zu profilieren und so auch für Christen im Middle Belt und für viele Hausa-Fulani im muslimischen Norden wählbar zu werden.

Anders die Mehrheit der politischen Klasse, die Abiola in den entscheidenden Juli-Tagen die Gefolgschaft versagte. Sein als Einmannschau initiierter Wahlkampf hatte ihn frühzeitig der Parteimaschinerie entrückt, so daß sein Einfluß auf die Führung in der SDP gering geblieben war. Parteiinterne Gegenspieler aus der Hausa-Fulani-Region und den Minoritätengebieten im Süden paktierten mit dem Gegner, um eine Veränderung der politischen Landkarte gegen die angestammten Interessen eines Großteils der Elite zu verhindern.

Dennoch haben die Wähler die überkommene Machtverteilung als ein aufgesetztes Machtkonstrukt der Eliten der drei Mehrheitsvölker – der Hausa-Fulani im Norden, der Yoruba im Südwesten, der Igbo im Osten und der Minoritäten im Middle Belt, im Süden und Südosten – abgelehnt. Der Machtverlust des konservativ-feudalen Hausa-Fulani Establishments ist nicht mehr aufzuhalten, nur noch zu verlangsamen. Selbst das Militär hat angesichts der Ereignisse seine Legitimation als Klammer der nationalen Einheit eingebüßt. Die jahrelange Politisierung der Streitkräfte hat maßgeblich zur Krisenentwicklung beigetragen. Die Militärs haben sich damit zum Spielball der vielschichtigen Konflikte gemacht, die täglich aufs Neue dokumentieren, daß sie nicht mehr in der Lage sind, das Land zu regieren und Militärherrschaft keine Alternative bietet. Insbesondere die Zentralisierung der Macht und die Zerstörung föderativer Elemente haben das alte, fast in Vergessenheit geratene Identitätsmuster, die ethnische Zugehörigkeit, wieder in Erinnerung gebracht, was schwerwiegende Konsequenzen für die Zukunft haben kann. Nur eine politische Figur wie Abiola konnte diese Entwicklung für wenige Wochen aufhalten.

Die von den Militärs durchgesetzte Interimsregierung unter Ernest Shonekan war im Bewußtsein der Öffentlichkeit weniger ein Neubeginn, als eine verschleierte Fortsetzung der Herrschaft Babangidas, der noch Wochen nach seinem Rücktritt rückdatierte Dekrete signieren konnte. General Sani Abacha verblieb in dieser Regierung und behielt die strategisch entscheidende Position des Verteidigungsministers.

Aktionismus und leere Rhetorik kennzeichneten Shonekans Versuche Legitimation zu erzeugen. Schon die Ankündigung, im Februar 1994 die Präsidentschaftswahl wiederholen zu lassen, rief ungläubiges Kopfschütteln hervor. Und die Unfähigkeit oder der mangelnde Wille, die hastig verabschiedeten Knebeldekrete Babangidas zu widerrufen und Senat und Repräsentantenhaus einzubinden, isolierten ihn zunehmend – trotz extensiven Lobbyings bei regionalen Meinungsführern und internationaler Auftritte vor der UNO und dem Commonwealth. Lediglich die Freilassung der von Babangida inhaftierten Menschenrechtsaktivisten verschaffte der Regierung eine kurze Atempause.

Doch schon im September streikten die Tankerfahrer, Benzin wurde wieder Mangelware. Auseinandersetzungen innerhalb der Militärs um Beförderungen und Pensionierungen, harsche Kritik der zurückgetretenen Inspekteure, eine von jungen Anwälten ausgehende Klageflut gegen die Rechtsgültigkeit der von Babangida zum Ende seiner Amtszeit verabschiedeten Dekrete, ein vergeblicher Vorstoß beim IWF, eine gezielte Pressekampagne gegen die Interimslösung und die Rückkehr Mashood Abiolas verunsicherten die politische Führung zutiefst. Hinzu kamen politische Querelen im Senat, die schließlich am 2. November zu einer Klage des Senatspräsidenten führten. Als der Lagos High Court die Interimsregierung am 10. November für illegal erklärte und neue Streikaktionen nun auch die Hauptstadt Abuja trafen, war das Kapitel Ernest Shonekan beendet. General Sani Abacha und seine Generalskollegen übernahmen nach Konsultationen mit Abiola am 17. November 1993 die Macht.

Statt, wie Optimisten erhofft hatten, das Ergebnis der Präsidentschaftswahl vom 12. Juni umzusetzen, kündigten General Abacha und das Provisional Ruling Council (PRC) für die erste Jahreshälfte 1994 eine „Verfassungskonferenz" an. Im ursprünglichen Redemanuskript hatte sie noch „Souveräne Nationale Konferenz" geheißen: Damit gelang es den Militärs, landesweit bekannte Politiker der alten Garde und Vertreter des liberalen Spektrums und der Menschenrechtsbewegung in die Regierung einzubinden. Diese Strategie, in Verbindung mit einer gegen die sogenannten „Babangida-Boys" gerichteten Säuberungswelle, erzeugte ein gewisses Maß an Legitimation.

Die angekündigte Verfassungskonferenz wurde jedoch schon bald modifiziert, da das PRC entschied, als letzte Instanz über die Empfehlungen der Konferenz zu befinden. Vieles deutet darauf hin, daß die Agenda bereits im Vorfeld erheblich eingeschränkt ist, und die wichtigsten Themen – wie die Wahlannullierung vom 12. Juni 1993, die Neueinteilung der Föderation, Staatsvertrag, Minoritätenschutz – gestrichen werden sollen. Selbst wenn die Verfassungskonferenz am 27. Juni 1994 beginnen sollte, sind Inhalt und Zielsetzung schon heute fragwürdig und ohne Wert für die Gestaltung des zukünftigen politischen Systems. Die Konferenz wird vor allem dazu dienen, den Generälen die Macht zu erhalten. Entgegen früheren Ankündigungen besetzte der PRC die Gouverneursposten in den 30 Bundesstaaten mit Obristen und versetzte kürzlich pensionierte Majore und Hauptleute in die Übergangsräte der Bezirke. Diese Tendenz zu einer weiteren Militarisierung der Gesellschaft und des Staates hat im Mai 1994 zu einem erneuten Versuch zur Bildung einer zivilen Front gegen die Militärs und ihrer Klientel geführt. Noch ist die Bewegung nicht geeint, sitzt das Mißtrauen über selbstverursachte Fehlentwicklungen in der jüngeren Vergangenheit tief.

3. Konzeptionslose Wirtschaftspolitik

Das 1986 in Eigenregie initiierte Strukturanpassungsprogramm (SAP) des Babangida-Regimes sah ein umfangreiches Privatisierungsprogramm, die Liberalisierung der Finanzmärkte und die Beendigung der defizitären Haushaltspolitik vor. Schon bald zeigten sich die ersten Erfolge. Die überbewertete nigerianische Währung, der Naira, pendelte sich auf dem freien Markt auf einen realistischeren Wechselkurs ein, zahlreiche Banken, Finanzhäuser und Wechselbüros entstanden. Die internationalen Gläubiger honorierten die internen Anspassungen mit mehreren Umschuldungsabkommen, die Kreditwürdigkeit Nigerias stieg, das Geschäftsklima besserte sich fast täglich und die Weltmarktpreise für Erdöl zogen merklich an.

Im Gegensatz zur Deregulierung des Finanzsektors kam das Privatisierungsprogramm nur sehr schleppend voran. Eine 1988 eigens dafür eingerechtete Behörde privatisierte zwar mehr als 80, überwiegend unwichtige Betriebe. Doch entpuppte sich die Institution schon bald als „Verhinderungsbehörde", die die strategisch wichtigen, aber hoch defizitären und korruptionsanfälligen Staatsbetriebe im Bereich Kommunikation, Elektrizität, Luft-, Schiffs- und Schienenverkehr, Schwer- und Petrochemie der Privatisierung entzog. Auch weigerte sich die Regierung, die Benzinpreise – die mit Abstand niedrigsten auf dem Kontinent – den tatsächlichen Kosten anzupassen. In der Vergangenheit führten Erhöhungen der Benzinpreise regelmäßig zu Unruhen in den Wirtschaftszentren des Landes. Zudem wird Benzin in großen Mengen in die frankophonen Nachbarländer geschmuggelt, wo es den mehr als zehnfachen Preis erzielt. Täglich gelangen mindestens 100 000 Faß Benzin über die 3000 km lange nigerianische Grenze. Das Scheitern des hausgemachten Deregulierungsprogramms wurde offensichtlich, als die Militärregierung zur Finanzierung ihres ambitiösen Demokratisierungsprogrammes 1990 erneut begann, riesige Haushaltsdefizite anzuhäufen und Anfang 1993 die Bedienung der Auslandschulden vorübergehend einstellte.

1994 vollzog das Abacha-Regime eine wirtschaftspolitische Wendung. Der freie Devisenmarkt wurde abgeschafft, der Naira um 100 % aufgewertet, das Importlizenzsystem wieder eingeführt, die Prestigeprojekte im Stahlsektor und in der Petrochemie weitergebaut, ein kostenspieliges Gasprojekt begonnen und die zahlreichen hochsubventionierten Staatsbetriebe aufrechterhalten. Die Weltbank bezog öffentlich Stellung gegen die „neue" nigerianische Wirtschaftspolitik.

Trotz restriktiver Devisenzuteilung dürfte sich die Finanzlage Nigerias, das 90 % seiner Devisen mittelfristig aus dem Erdölexport erzielt, kaum wesentlich verbessern.

4. Ölinteressen und ökologischer Raubbau

Nigerias bekannte Ölreserven liegen bei etwa 25 Mrd. Faß, was bei einer Produktionskapazität von zwei Mio. Faß pro Tag (Stand Anfang 1994) für über 30 Jahre reichen dürfte. 1995 soll die Tagesproduktion auf zweieinhalb Mio. Faß gesteigert werden. Mißmanagement und Korruption in der staatlichen Erdölgesellschaft NNPC haben bei den in Nigeria ansässigen Ölmultis zu Schulden in Höhe von annähernd einer Mrd. US $ geführt. Die Ölraffinerien bringen wegen unzureichender Wartung und überfälliger Reparaturen nur 30 % ihrer Leistung, so daß Nigeria seit Anfang 1993 in großen Mengen Benzin importieren mußte. Die Schulden gefährden nicht nur die geplante Kapazitätserhöhung, sondern lassen mittelfristig eine Verringerung der Produktionskapazität erwarten, sollte die nigerianische Seite außerstande sein, ihren Investititonsbeitrag zu leisten. Die Ölmultis drohten gar, die Ölproduktion selbst zu vermarkten, um einen Teil der Schulden einzutreiben. Angesichts

der desolaten Lage haben die internationalen Ölgesellschaften alle geplanten Neuprojekte, darunter die Erneuerung von Produktionsanlagen, die seit über 20 Jahren in Betrieb sind, gestoppt.

Wie die niedrigen Produktionskosten von zwei US$ pro Faß sozial und ökologisch wirken, wird am Beispiel des Erdölfördergebietes im Nigerdelta deutlich. Seit über drei Jahrzehnten wird in dieser ökologisch besonders sensiblen Region das schwarze Gold rücksichtslos ausgebeutet. Unzählige Flußläufe, Mangrovenwälder, die einst fischreichen Küsten, die fruchtbaren Landstriche sind schwer geschädigt und zum großen Teil zerstört. Ölleitungen durchqueren Dörfer und Ackerland, aus zahlreichen Leckagen rinnt Öl, das im Grundwasser versickert. In manchen Gegenden haben sich regelrechte Ölseen gebildet. Ölbrände bedrohen ganze Dörfer, zerstören für Generationen den Boden, verpesten die Luft. Das Abfackeln des Gases, das bei der Ölproduktion abfällt, verdunkelt den Himmel, und der damit verbundene ohrenbetäubende Lärm terrorisiert Tag und Nacht die Bewohner. Es gibt kaum Schulen und keine Krankenhäuser. Die wenigen Straßen führen zumeist zu den schwer bewachten Anlagen, die das Öl zu den Verladestationen an die nahegelegene Küste pumpen. Nur wenige Autominuten von der Ölmetropole Port Harcourt entfernt beginnt das Land der Ogoni, eines der zentralen Fördergebiete. Die Ogoni haben vor wenigen Jahren den politischen Kampf gegen die Zentralmacht in Abuja aufgenommen. Anfangs wurden sie belächelt, als sie vor Gericht gegen die Zerstörung ihrer Lebensgrundlagen klagten und erste Demonstrationen organisierten. Doch inzwischen griff die Staatsmacht, in enger Abstimmung mit den Ölgesellschaften, zu Gewalt. 1993/94 zerstörten Militärkommandos und bezahlte Banden zahlreiche Dörfer. Inzwischen haben die Ereignisse im Ogonigebiet auch in benachbarten Minoritätengebieten zum Widerstand geführt. Das *„Akwa Ibom Forum"*, die *Ijaw Ethnic National Rights Protection Organisation* und das *Committee* of *Oil-Producing Areas* sind nur einige der neu entstandenen Gruppierungen. Ölförderung nach internationalen Sicherheitsstandards, gerechtere Anteile an den Öleinnahmen und selbst die Neuordnung der Bundesrepublik Nigeria zählen mittlerweile zu ihrem Forderungskatalog. Protestwellen und die Zunahme von Sabotageakten haben zu Produktionsausfällen geführt, die bereits Dollareinbußen in zweistelliger Millionenhöhe nach sich zogen. Die regierungsnahe Dachorganisation, die die Interessen der Minoritäten in den Ölgebieten wahrnehmen soll, konnte die erhoffte Befriedung bislang nicht erzielen.

Literaturhinweise

Abun-Nasr, Jamil M. (Hg.), Muslime in Nigeria. Religion und Gesellschaft im politischen Wandel seit den 50er Jahren, Hamburg 1993.
Gieler, Wolfgang, Nigeria zwischen Militär- und Zivilherrschaft, Hamburg 1993.
Hauck, Gerhard, Demokratisierung und Entwicklung – Testfall Nigeria. In: Peripherie, Nr. 45, 1992, S. 67–76.
König, Claus-Dieter, Zivilgesellschaft und Demokratisierung in Nigeria, Hamburg 1994.

Theodor Hanf
Südafrika: Konfliktregelung durch Wahlen

Vor zwanzig Jahren wurde die Frage nach den Möglichkeiten eines friedlichen Wandels in Südafrika meist für irrelevant gehalten. Für Anhänger des *status quo* war Wandel überflüssig, und seine Gegner waren überzeugt, er könne nur durch bewaffneten Kampf herbeigeführt werden. Empirische Untersuchungen zeigten jedoch, daß bereits in der Mitte der siebziger Jahre einige wichtige Vorbedingungen für friedliche und demokratische Konfliktregelung erfüllt waren: sowohl bei schwarzen wie bei weißen Südafrikanern gab es deutliche Mehrheiten für Kompromisse und einvernehmliche Lösungen. Der politischen Führung der Konfliktparteien, insbesondere der damaligen Regierung, fehlte freilich die Einsicht in die Notwendigkeit und den Nutzen solcher Lösungen. Vor knapp fünf Jahren aber öffnete sich die Führung der weißen Minderheit dieser Einsicht. Die der schwarzen Mehrheit reagierte mit bemerkenswerter Weisheit und Mäßigung auf diesen späten Sinneswandel. Nach vierjährigen Verhandlungen kam es im April/Mai 1994 schließlich zu einer Konfliktregelung, wie sie die Mehrheit schwarzer wie weißer Südafrikaner schon lange gewollt hatte: zu freien und allgemeinen Wahlen und zur Bildung einer Regierung der nationalen Einheit.

1. Veränderte Rahmenbedingungen und neue Einsichten

Die neuen Einsichten der Führungsgruppen waren Veränderungen landesinterner wie internationaler Rahmenbedingungen des Konfliktes vorausgegangen. Innerhalb Südafrikas war gegen Ende der achtziger Jahre ein asymmetrisches Machtgleichgewicht entstanden. Der weißen Minderheitsregierung war es zwar – wie bereits zu Beginn der sechziger und in der zweiten Hälfte der siebziger Jahre – ein weiteres Mal gelungen, eine unbewaffnete Aufstandsbewegung der schwarzen Mehrheit zu unterdrücken. Die Dauer des Aufstands, seine Intensität und das Ausmaß der Repression, das zu seiner Niederwerfung erforderlich war, unterschieden ihn grundlegend von früheren Konfrontationen. Die Regierung konnte zwar unter Einsatz ihrer polizeilichen und militärischen Machtmittel die volle physische Kontrolle über das Land wiederherstellen, aber nicht die politische Mobilisierung der schwarzen Bevölkerung rückgängig machen. Boykott- und Streikbewegungen gingen weiter und schufen eine wirtschaftliche Labilität, die auch jene potentiellen Investoren abschreckte, die sich bis dahin von internationalen Sanktionsmaßnahmen nicht beeindrucken ließen. Am Ende des Aufstandes war Südafrika zu einem wirtschaftlichen Risiko geworden. Der Lebensstandard der schwarzen und der weißen Bevölkerung sank. Der dreißig Jahre zuvor von Harold McMillan beschworene „Wind des Wandels" begann, am lange für unüberwindlich gehaltenen Gebäude der Apartheid zu rütteln. Daß es so schnell einstürzen oder genauer, von seinen Erbauern geschleift werden sollte, lag freilich vor allem am „Sturm der Veränderung", der seit 1989 Osteuropa erfaßte und in der Folge das bipolare Staatensystem des Kalten Krieges auflöste.

Noch vor dem Ende der Sowjetunion hatten diese und die Vereinigten Staaten begonnen, ihre Stellvertreterkriege in Afrika zu beenden. Seit 1988 drängten sowjetische Afrikaexperten den ANC, statt auf bewaffneten Kampf auf politische Lösungen zu setzen. Mangelnde Unterstützung der Bürgerkriege in Südafrikas Nachbarstaaten hatten der Wirksamkeit von ANC-Guerillaaktionen ohnehin enge Grenzen gesetzt. Ohne sowjetische Unterstützung und Waffenlieferungen war eine bewaffnete Befreiung von außen keine realistische Perspektive mehr. Gleichzeitig verlor die südafrikanische Minderheitsregierung die Möglichkeit, sich nach außen als Vertreterin westlicher Interessen und nach innen als antikommunistisches Bollwerk darzustellen.

Veränderte Rahmenbedingungen allein führen nicht zwingend zu neuen Einsichten. Südafrika darf sich glücklich schätzen, daß die wichtigsten Konfliktparteien zum kritischen Zeitpunkt der Veränderungen über Persönlichkeiten verfügten, die nicht nur den erforderlichen Weitblick, sondern auch die Führungskraft besaßen, die Verhandlungen – und die damit notwendig verbundenen Zugeständnisse – erst möglich machten. Es bedarf keiner allzu lebhaften Phantasie sich vorzustellen, welche Auswirkungen ein starrsinnig an einer Neuordnung Südafrikas nach ethnischen Prinzipien festhaltender burischer Präsident, ein nach 27 Jahren Haft verbitterter und rachsüchtig gewordener Führer der Mehrheit oder ein der Ablösung vom Stalinismus unfähiges kommunistisches Spitzenkader hätten bewirken – oder verhindern können. De Klerk besaß die für den Führer einer herrschenden Minderheit höchst ungewöhnliche Weisheit, nicht bis zum bitteren Ende an der Macht festzuhalten und die Sicherung der Minderheiteninteressen vom Aufbau einer funktionierenden Demokratie zu erwarten. Mandela zeigte politische und menschliche Größe in seiner Verbindung von Prinzipientreue, Realismus und Versöhnungsbereitschaft. Seine Führungskraft bewies er nicht zuletzt dadurch, daß er den gesamten ANC in seine Versöhnungspolitik einzubinden verstand. Die wichtigsten Unterhändler, Thabo Mbeki, Cyril Ramaphosa und Jacob Zuma auf Seiten des ANC sowie Roelf Meyer auf Seiten der NP lernten sich kennen, wenn nicht schätzen. Joe Slovo, lange Jahre kommunistischer Burenkinderschreck, erwies sich in kritischen Situationen als Meister des Kompromisses, und General Constant Viljoen, populärster Gegner de Klerks auf der burischen Rechten, überzeugte seine Anhänger von der Notwendigkeit der Wahlen. Kurz: die politische Klasse des schwarzen wie des weißen Südafrika, lange Zeit weniger kompromißbereit als die Gesamtbevölkerung, erkannte die Zeichen der neuen Zeit und zeigte sich ihr gewachsen. Vor die Wahl zwischen Kompromissen und Bürgerkrieg gestellt, entschloß sie sich, letzteren zu vermeiden.

Der dramatische Verlauf der Verhandlungen mit seinen Höhen und Tiefen, Fortschritten und Rückschlägen kann hier nicht näher beschrieben werden. An seinem Ende stand ein Sieg des ANC, gemildert durch substantielle Zugeständnisse an andere politische Kräfte. Regierung und Nationale Partei hatten 1990 eine Verfassung gefordert, die die Herrschaft einer Volksgruppe über eine andere ungeachtet deren zahlenmäßiger Stärke unmöglich macht, während der ANC zunächst weder Volksgruppenrechte noch irgendeine andere Form der verfassungsmäßigen Sicherung von Minderheitenrechten zulassen wollte. Regierung und NP verzichteten überraschend schnell auf jede Festschreibung eines ethnischen „Gruppenprinzips", forderten jedoch weiterhin die Festschreibung einer großen Koalition in der Verfassung: Vertreter der drei größten Parteien sollten einen kollektiven Präsidentialrat mit rotierendem Vorsitz bilden. Auch auf diese Forderung verzichteten sie schließlich. Die Zugeständnisse des ANC blieben unterhalb der Verfassungsebene, waren gleichwohl substantiell: ein Proporzwahlrecht, das ethnischen oder politischen Minderheiten weit bessere Chancen gibt als ein Mehrheitswahlrecht, und, für eine Übergangsperiode von fünf Jahren, eine Regierung der nationalen Einheit.

Regierung und NP, aber auch die Inkatha Freedom Party Buthelezis sowie eine Anzahl von Parteien der *homelands,* hatten anfänglich eine bundesstaatliche Verfassung gefordert. Gegen den Protest der IFP und anderer *homeland*-Parteien einigten sich NP und ANC auf den Kompromiß einer politischen Dezentralisierung. Südafrika hat künftig neun Provinzen mit gewählten Parlamenten und Regierungen, aber begrenzter Steuerhoheit und Kompetenzen – eine hybride Lösung zwischen Einheits- und Bundesstaat.

Regierung und NP wollten anfänglich eine Einigung über die zukünftige Verfassung vor allgemeinen Wahlen, während der ANC die Wahl einer souveränen verfassungsgebenden Versammlung forderte. Man einigte sich auf einen umfassenden Grundrechtskatalog und auf eine Liste von Verfassungsprinzipien, die zukünftig nicht mehr in Frage gestellt werden sollen. Das zu wählende neue Parlament, gleichzeitig verfassungsgebende Versammlung, muß den Grundrechtskatalog und die Verfassungsprinzipien voll übernehmen und kann sie nur im Einzelnen ausgestalten. Die Entscheidung in den Verhandlungen fielen im Juli/August 1993.

Der „historische Kompromiß" von ANC und NP bzw. Regierung wurde freilich von einer Anzahl politischer Gruppierungen aus unterschiedlichen und auch gegensätzlichen Gründen nicht mitgetragen: von der weißen konservativen bis reaktionären Rechten, von der IFP und von verschiedenen anderen *homeland*-Parteien. Ob sie an allgemeinen Wahlen unter den ausgehandelten Bedingungen teilnehmen würden, blieb zunächst offen.

2. Die Institutionen des Übergangs: Independent

Für die Gesetzgebung in der Zeit des Übergangs fanden Regierung und ANC bemerkenswerte Kompromisse. Die alte Regierung und das alte Drei-Kammer-Parlament blieben zunächst im Amt. Neue gesetzliche Regelungen aber bedurften der Zustimmung des Transitional Executive Council (TEC), eines Allparteiengremiums, in dem de facto kein Beschluß gegen den Willen des ANC gefaßt werden konnte. Kam im TEC eine Einigung zustande, so wurde sie vom alten Parlament verabschiedet. Darüber hinaus wurden alle Maßnahmen der Regierung an die Zustimmung von Fachkommissionen des TEC gebunden.

Frühere Wahlen waren vom Innenministerium organisiert worden, dem die schwarze Bevölkerung aufgrund jahrzehntelanger schmerzlicher Erfahrungen mit tiefem Mißtrauen gegenüberstand. Daher wurde nunmehr für die Durchführung der Wahlen eine völlig neue Institution geschaffen, die Independent Electoral Commission (IEC). An ihrer Spitze standen 11 *commissioners,* zusammengesetzt aus von allen politischen Kräften akzeptierten angesehenen Persönlichkeiten. Ihr Vorsitzender wurde der Richter Johann Kriegler, sein Stellvertreter der bekannte, dem PAC nahestehende Rechtsanwalt Ernest Moseneke. Die IEC erhielt zwei Aufgaben zugewiesen, die von unterschiedlichen Abteilungen wahrgenommen wurden: einerseits die Organisation und Durchführung der Wahlen, andererseits deren Überwachung und das Urteil darüber, ob sie „*frei und fair*" verlaufen sein würden.

Diese Koppelung unterschiedlicher Aufgaben hat sich als wenig glücklich erwiesen. Man kann bezweifeln, ob es sinnvoll ist, eine Behörde mit der Kontrolle und Beurteilung ihrer eigenen

Tätigkeit zu betrauen. Darüber hinaus ließ die IEC schnell eine institutionelle „Schlagseite" erkennen. Die *commissioners* verstanden ihre Aufgabe in erster Linie als die von Schiedsrichtern, verantwortlich für die genaue Einhaltung der Spielregeln. Die Bedeutung und Schwierigkeit der organisatorischen Durchführung von Wahlen wurde längere Zeit unterschätzt. So befaßte sich die IEC erst wenige Wochen vor den Wahlen erstmals mit deren Sicherheitsaspekten. Ein weiteres Problem stellte die Rekrutierung des Personals dar. Innerhalb weniger Wochen mußte eine völlig neue Behörde mit einem Stellenplan von ca. 200 000 Personen eingerichtet und in einer politisch akzeptablen Weise besetzt werden. Das Ergebnis war ein ziemlich junges, äußerst einsatzbereites und begeisterungsfähiges, aber nicht immer kompetentes Personal. „Eine der kreativsten und improvisationsfähigsten, aber auch chaotischsten Behörden, die ich je gesehen habe", urteilte eine erfahrene UN-Expertin.

Die verhandelnden Parteien hatten sich im Juli 1993 dazu entschlossen, sich selbst unter Druck zu setzen, indem sie den 27. April 1994 als Datum für die Wahlen festlegten. Vor allem in der schwarzen Bevölkerung verbanden sich mit diesem Datum, einmal verkündet, hohe Hoffnungen und Erwartungen. Um die Details der Übergangsregelung wurde hart gerungen. Ende September 1993 wurde das TEC-, Ende Oktober das IEC-Gesetz und Mitte November die Übergangsverfassung verabschiedet. Im Dezember nahmen TEC und IEC ihre Arbeit auf, und Mitte Januar kam das Wahlgesetz zustande. Nur knapp vier Monate standen für die Vorbereitung der Wahlen zur Verfügung. In einer so kurzen Zeit war die Erstellung eines Wählerverzeichnisses unmöglich. Wahlberechtigt waren alle Südafrikaner über 18 Jahren im In- und Ausland, außerdem ständig im Land ansässige Ausländer. Die letzte Volkszählung hatte 1981 stattgefunden und war später nur aufgrund von Stichprobenerhebungen fortgeschrieben worden. Überdies waren dabei die Bewohner der *homelands* nicht erfaßt worden. Daher konnte die Gesamtzahl der Wahlberechtigten nur geschätzt werden – man ging von ca. 22,5 Millionen aus. Als Nachweis der Wahlberechtigung wurden südafrikanische Personalausweise wie solche der *homelands* und auch die in früheren Jahren zu Zwecken der Zuwanderungskontrolle eingeführten *reference books* akzeptiert. Wer keines dieser Dokumente besaß, konnte sich aufgrund von Taufzeugnissen oder der Aussage von Zeugen eine *temporary voter card* ausstellen lassen. Jeder Wähler war berechtigt, seine Stimme an einem Ort und in einem Wahllokal seiner Wahl abzugeben. Unter diesen Umständen war es schwierig, die erforderliche Anzahl von Stimmlokalen zu ermitteln und zu entscheiden, wo sie eingerichtet werden sollten. Die Polizei drängte auf eine möglichst kleine Anzahl von Lokalen, um die Sicherheit gewährleisten zu können. Die IEC wollte möglichst viele, um den Wählern übermäßig lange Anmarschwege oder allzulanges Warten zu ersparen. Man einigte sich schließlich auf rund 9500 Stimmlokale, von denen mehr als 200 mobile Lokale für dünn besiedelte Landesteile waren. Auf erhebliche Schwierigkeiten stieß – vor allem in den infrastrukturell unterentwickelten homelands – die Suche nach geeigneten Gebäuden mit den erforderlichen Sanitär- und Kommunikationseinrichtungen. Erst wenige Tage vor dem Wahltermin kam die endgültige Liste von Wahllokalen zustande.

3. Eine Nation von Erstwählern

In früheren Wahlen hatten vor allem Weiße ihre Stimme abgegeben. Das weiße Parlament machte die Gesetze, und Wahlbeteiligung war folglich sinnvoll. In jüngster Zeit konnten auch *Coloureds* und Südafrikaner asiatischer Herkunft eigene Parlamente wählen. Die Mehrzahl von ihnen weigerte sich allerdings, das leicht modernisierte Apartheidsystem der Drei-Kammer-Verfassung durch Stimmabgabe zu legitimieren. Das gleiche galt für die Schwarzen, die für *homeland*-Parlamente oder Stadträte wahlberechtigt waren. Kurz: es gab mehr Südafrikaner, die Erfahrungen im Boykott von Wahlen hatten als solche, die schon einmal gewählt hatten. Darüber hinaus gab es einige Millionen von Schwarzen, Bewohner sogenannter weißer Gebiete, die nicht einmal die Chance gehabt hatten, Wahlen irgendwelcher Art zu boykottieren. In den ersten Wahlen mit allgemeinem und nicht eingeschränktem Wahlrecht bestand daher die Mehrzahl der Wahlberechtigten aus Erstwählern. Daraus ergab sich ein gewaltiger Informationsbedarf – und zwar nicht nur für die Erstwähler. Auch wer schon einmal an Wahlen teilgenommen hatte, fand sich mit einem neuen Regierungs- und Wahlsystem konfrontiert. Nach der neuen Verfassung war nicht nur ein nationales Parlament zu wählen, sondern auch Parlamente für die neun – statt bisher vier – Provinzen. An die Stelle des Westminster-Wahlsystems – in jedem Wahlkreis ist der Kandidat mit den meisten Stimmen gewählt – trat ein reines Proporzsystem.

Die erste Initiative zu einer Information der Wähler über Wesen und Institutionen der Demokratie, über die Bedeutung und das Verfahren von Wahlen ging von der Katholischen Bischofskonferenz aus. Sie stand Pate bei der Gründung des *Independent Forum for Electoral Education (IFEE),* einem Zusammenschluß von 32 Nicht-Regierungsorganisationen. In Zusammenarbeit zwischen IFEE und dem staatlichen Rundfunk SABC entstand die *Democratic Education Broadcasting Initiative (DEBI),* die sich der Wählerinformation durch Radio und Fernsehen annahm. Die Wählerbildung wurde früh und großzügig unterstützt. Die Europäische Gemeinschaft hatte der Medienkommission der IFEE bereits 1992 10 Millionen ECU zur Verfügung gestellt. Die Bundesrepublik Deutschland, die USA, Japan, die Niederlande und die skandinavischen Staaten zahlten ebenfalls substantielle Beträge. Fernsehspots und Straßentheater, Poster und Comics entstanden. Hunderte von freiwilligen oder spärlich besoldeten Mitarbeitern von Erwachsenenbildungs-, Frauen-, Gewerkschafts- und Kirchenorganisationen organisierten über ein Jahr lang jedes Wochenende *workshops* für Wählerbildung. Wenige Wochen vor den Wahlen entschloß sich auch die Geschäftswelt, mittels eines *Business Election Fund* an dieser Informationskampagne teilzunehmen.

Dennoch zeigten Meinungsbefragungen Ende 1993, daß größere Teile der Wählerschaft noch ungenügend über ihre Rechte informiert waren. Vor allem Menschen aus ländlichen Gebieten, Ältere und Frauen sowie afrikaanssprachige *Coloureds* aus dem Hinterland der drei Kap-Provinzen zeigten sich wenig informiert. Dies lag nicht zuletzt am Fernsehen. Fernsehen ist ein äußerst wirksames Medium, vorausgesetzt, man hat zu ihm Zugang. In Südafrika ist das für etwa die Hälfte der Bevölkerung der Fall. Im März und April 1994 versuchte die IEC, mit Beratung und zusätzlicher finanzieller Hilfe der *European Union Election Unit* „die Wählerinformationslücken zu stopfen". Nicht-Regierungsorganisationen mit personeller Infrastruktur in ländlichen Gebieten und mit Zugang zu den bislang benachteiligten Gruppen wurden ermuntert, sich dieser anzunehmen. Darüber hinaus wurde ein Radioprogramm initiiert, das sich – in allen Sprachen Südafrikas – während der letzten beiden Wochen mit einer Anzahl von weit verbreiteten Gerüchten auseinandersetzte, die geeignet waren, die Wahlteilnahme zu verringern (die Wahl sei nicht wirklich geheim; der zweite Stimmzettel sei für die Partei der zweiten Wahl u. ä. m.). Da fast 85 % aller Südafrikaner Radio hören und Sendungen in afrikanischen Sprachen vor allem von Landbewohnern, Älteren und Frauen gehört werden, kam dieser Information „der letzten Minute" besondere Bedeutung zu. Im Endstadium des Wahlkampfes wurde auch den Parteien zunehmend deutlich, daß es nicht genügt, den Wähler zu überzeugen, für sie zu stimmen, solange diese Wähler nicht wissen, wie man wählt. Daher legten sie zunehmend Wert darauf, bei ihren Wahlversammlungen alle Prozeduren sorgfältig zu erklären und „Probewahlen" – natürlich mit dem Kreuz an der jeweils „richtigen" Stelle – durchzuführen. Nach dem Urteil der Beobachter der Europäischen Union waren die Informationskampagnen insgesamt zufriedenstellend.

Trotz aller Bemühungen kann jedoch kein Zweifel daran bestehen, daß erhebliche regionale Ungleichgewichte verblieben. Im Ostkap gab es enorme Unterschiede zwischen Transkei und Ciskei einerseits, wo die Wählerbildung sehr spät begonnen hatte, und den übrigen Teilen der Provinz andererseits. Im Nordkap, besonders in den Farmgebieten des Oranjeflusses und in den kleinen Ortschaften der Karoo, wurde die Farmarbeiterschaft nur unzureichend erfaßt. In der Nord-West-Provinz war vor allem die Bevölkerung von Bophutatswana benachteiligt. Sie konnte erst nach dem Zusammenbruch des *homeland*-Systems informiert werden. Im Nord-Transvaal kamen die *homeland*-Gebiete von Venda und Gazankulu zu kurz. Ein Sonderfall war Natal. Am Anfang des Wahlkampfes gab es intensive Bemühungen um Wählerbildung, sowohl durch unabhängige Organisationen wie durch ANC und IFP. In einer zweiten Phase, als die IFP mit Wahlboykott drohte, gab es schwere Rückschläge. In Creighton wurden siebzehn junge Leute bei einem *Voter Education Camp* ermordet. Diese regionalen Ungleichheiten sollten dennoch nicht überschätzt werden. Südafrika ist ein Land mit hoher geographischer Mobilität. Nahezu jede Familie hat ein Mitglied, das in einem städtischen Gebiet lebt. Die Tradition der mündlichen Kommunikation ist ungebrochen: Wer Wichtiges erfährt, teilt es anderen Familienmitgliedern mit. Daher hat mit hoher Wahrscheinlichkeit die große Mehrheit der Südafrikaner direkt oder indirekt erfahren können, warum und wie man wählt.

4. *Wahlprogramme und Wahlpartizipation*

Bei Wahlen geht es um Mehrheiten und um das, was welche Mehrheit an Macht bewirkt. Der südafrikanische historische Kompromiß hatte freilich die möglichen Auswirkungen des Wahlergebnisses beträchtlich vermindert: die Verfassungsprinzipien standen fest, ebenso die Machtteilung in einer Regierung der Nationalen Einheit für fünf Jahre. Für die beiden großen Parteien, ANC und NP, ging es daher um die jeweiligen Anteile an der Macht. Eine Zwei-Drittelmehrheit hätte den ANC in die Lage versetzt, die Verfassungsprinzipien nach seinen Vorstellungen zu interpretieren und in der endgültigen Verfassung diese Interpretation festzuschreiben. Der ANC hatte darauf verzichtet, im Wahlgesetz eine 5%- oder auch nur eine 3%-Klausel zu verankern. Bei einer 5%-Klausel hätte er die Zwei-Drittel-Mehrheit der Parlamentssitze bereits mit einem Stimmenanteil von 63–64% erreicht. Ohne eine solche Klausel brauchte er die volle Zwei-Drittel der Stimmen. Jede Partei, die 5% der Stimmen erreichte, sollte an der Regierung der nationalen Einheit beteiligt werden. Daß der Nationalen Partei dies gelingen würde, stand außer Zweifel. Fraglich war lediglich, ob sie einen genügend großen Stimmenanteil erhalten würde, um einen der beiden Vize-Präsidenten stellen zu können.

Auf diesem Hintergrund entwickelten sich zwei völlig unterschiedliche Formen von Wahlkampf. ANC und NP, aber auch die liberale Demokratische Partei (DP) führten unterschiedliche Programme ins Feld, um Stimmen zu maximieren. Eine Anzahl von anderen politischen Gruppierungen, die sich keine Hoffnungen auf eine Mehrheit noch auf einen substantiellen Anteil an der Macht in einer Regierung der nationalen Einheit machen konnten, versuchten, ihre schiere Teilnahme an der Wahl durch vorhergehende politische Konzessionen zu erkaufen.

Der programmatische Wahlkampf zwischen den Parteien des „historischen Kompromisses" war nicht sehr aufregend. Das Programm des ANC war präzise an den empirischen Untersuchungen über die Erwartungen der schwarzen Bevölkerung orientiert. Das detaillierte *Reconstruction and Development Programme (RDP)* konzentrierte sich auf Wohnungsbau, Erziehung und Gesundheit. Die NP versprach nur etwas weniger vom selben – 9 Jahre Schulpflicht statt 10 Jahren im ANC-Programm –, versuchte aber, die Wahlversprechungen des ANC als illusionär, weil nicht vernünftig finanzierbar darzustellen. Die DP propagierte recht aggressiv die Ideen einer liberalen Gesellschaft und des freien Marktes. Kurz: ANC, NP und DP unterschieden sich kaum in ihren Zielen.

Der sehr viel härtere und stärker kontroverse Wahlkampf ging hingegen um die Frage, wer unter welchen Bedingungen bereit war, sich überhaupt an Wahlen zu beteiligen – oder wer es für in seinem Interesse sinnvoller hielt, die Wahlen zu sabotieren. Im Januar 1994 war die politische Landschaft Südafrikas scharf geschieden zwischen zwei Lagern: denen, die die Übergangsverfassung akzeptierten und sich am TEC beteiligten, und denen, die den gesamten Übergangsprozeß und seine verfassungsmäßigen Folgen ablehnten. Letztere schlossen sich zur *Freedom Alliance* zusammen, die die *homeland*-Regierungen der Ciskei und Bophutatswanas, die Inkatha Freedom Party und die Allianz der weißen Rechten, die sich Afrikaner Volksfront (AVF) nannte, umfaßte. Gemeinsam war den Organisationen der *Freedom Alliance* die Forderung nach Anerkennung regionaler Partikularismen, wenngleich in unterschiedlichem Maße. Die beiden homelands wollten an ihrer „Unabhängigkeit" festhalten, die IFP forderte Autonomie für die Region KwaZulu/Natal und die AVF einen souveränen „Volksstaat" der Buren, dessen Lage und Grenzen sie freilich nie definierte.

Regierung und ANC verhandelten mit der *Freedom Alliance* insgesamt sowie mit IFP und AVF bilateral. Kompromisse wurden angekündigt und wieder verworfen, während einige Teile des Landes immer tiefer in Gewalt versanken. In KwaZulu-Natal forderten die seit Mitte der achtziger Jahre andauernden bewaffneten Auseinandersetzungen zwischen IFP und ANC um die Kontrolle schwarzer Wohnviertel eine ständig wachsende Zahl von Opfern. Aber auch in einigen *townships* der Ost-Rand-Region bekämpften sich Anhänger der beiden Parteien. Die IFP erhob die Forderung, den Wahltermin zu verschieben, solange kein Einvernehmen über eine stärkere Autonomie der Regionen erzielt worden sei. Regierung und ANC waren zu weiteren Verhandlungen bereit, weigerten sich jedoch strikt, eine Verschiebung der Wahlen auch nur zu erörtern.

Die Gruppen der *Freedom Alliance* reagierten zunehmend hektischer, je näher der Wahltermin heranrückte. Sie waren jedoch nicht in der Lage, die Kraftprobe mit Regierung und ANC durchzuhalten. In der letzten Januarwoche zeigten sich die ersten Risse im Verweigerungsbündnis. In der Ciskei entstand Unruhe in der Beamtenschaft: was würde mit ihr geschehen, wer würde ihre Gehälter zahlen, wenn das *homeland* sich der Teilnahme an den Wahlen verweigern würde? „Präsident" Oupa Gqozo beugte sich dem Druck seiner Beamten. Die Ciskei schied aus der *Freedom Alliance* aus und trat dem TEC bei. Eine Kettenreaktion in anderen *homelands* war die Folge. In Lebowa und Gazankulu trat die Beamtenschaft einschließlich der Polizei in Streik, obwohl die Wahlteilnahme dieser Territorien nicht in Frage stand. Die Beamten forderten Zusicherungen von TEC – und ANC –, daß sie von der zukünftigen Regierung weiterbeschäftigt würden. Anfang März erreichte die Bewegung Bophutatswana, dessen Führer Lucas Mangope mit großer Beharrlichkeit an einer weitgehenden Autonomie, wenn nicht an der „Unabhängigkeit" festhielt. Tausende Beamte und andere Bürger demonstrierten gegen die separatistische Politik ihres Präsidenten. Bewaffnete Anhänger der rechtsradikalen Afrikaaner Weerstandsbeweging (AWB) drangen nach Bophutatswana ein, um Mangope zu unterstützen. Nachdem sie wahllos Dutzende tatsächlicher oder vermeintlicher Demonstranten erschossen hatten, gingen Soldaten der Streitkräfte von Bophutatswana gegen den AWB vor. Die undisziplinierten AWB-„Kommandos" hatten keine Chance. Nach blutigen Verlusten flohen sie aus Bophutatswana. Um die Unruhen zu beenden, beschloß der TEC, die südafrikanische Armee zu entsenden, Mangope abzusetzen und Bophutatswana wieder in die Republik Südafrika einzugliedern. Die Verweigerungsallianz hatte ein weiteres Mitglied verloren. Das ruhmlose Abenteuer des AWB hatte Folgen für den Zusammenhalt der weißen Rechten. Während der AWB und andere radikale Gruppen verkündeten, nunmehr bleibe erst recht keine andere Wahl als bewaffneter Widerstand, kam General Viljoen zu dem Schluß, eine Teilnahme an den Wahlen sei der beste Weg, die Unterstützung der Buren für einen eigenen Volksstaat nachzuweisen. Er verließ die AVF und gründete eine eigene Organisation, die *Freedom Front,* und ließ diese für die Wahlen registrieren.

Damit war die *Freedom Alliance* am Ende. Buthelezi und seine IFP standen nun allein in ihrer Opposition gegen die Wahlen. Buthelezi änderte seine Strategie. Er forderte nunmehr nicht nur ein Mehr an Föderalismus, sondern die verfassungsmäßige Anerkennung der traditionellen Zulu-Monarchie. Für diese Forderung fand er die volle Unterstützung des Königs Goodwill Zwetilini. Klarer denn je zuvor setzte die IFP auf den Appell an die Tradition und den ethnischen Nationalismus der Zulu. Bemüht, das verbleibende größte Hindernis für eine Beteiligung aller politischer Kräfte aus dem Weg zu räumen, akzeptierten Regierung und ANC, mit dem Zulu-Monarchen und Buthelezi über deren neue Forderungen zu verhandeln. Mehrere Gesprächsrunden endeten jedoch ohne Ergebnis. Vier Wochen vor dem Wahltermin mußte damit gerechnet werden, daß ohne – und gegen – die IFP gewählt werden müsse.

Am 28. März kam es zu einem schweren Zwischenfall in Johannesburg. Zehntausende von Zulus marschierten durch die Innenstadt, um für die Rechte ihres Königs zu demonstrieren. An zwei Stellen wurde geschossen. 31 Personen wurden erschossen, Hunderte verletzt. ANC und IFP beschuldigten sich gegenseitig, die Konfrontation provoziert zu haben. Die IFP zeigte sich besonders erbittert über das ihrer Auffassung nach parteiische Verhalten der Polizei, die nach einer Intervention Mandelas darauf verzichtete, die Büros des ANC, von denen aus nach einigen Augenzeugen auf die Demonstranten geschossen worden war, zu untersuchen. Auch ein „Gipfeltreffen" zwischen de Klerk, Mandela, Buthelezi und König Zwelithini konnte die Spannung nicht mindern. Schließlich erklärte de Klerk den Ausnahmezustand in KwaZulu-Natal und entsandte Einheiten der Armee in die Provinz.

Anfang April rechnete die IEC damit, daß die Wahlen in einigen Landesteilen wegen fortwährender gewaltsamer Konflikte sehr schwierig durchzuführen sein würden – im Inkatha-dominierten KwaZulu vielleicht gar nicht. Als ein Versuch internationaler Vermittler unter Vorsitz von Henry Kissinger und Lord Carrington nach wenigen Stunden scheiterte – ANC und IFP konnten sich nicht einmal auf die Tagesordnung einigen, – mußte mit einer dramatischen Verschärfung der Lage gerechnet werden. Am 20. April lenkte Buthelezi völlig unerwartet ein. Er akzeptierte ein Angebot von Regierung und ANC, eine verfassungsmäßig gesicherte Stellung für den Zulukönig im Rahmen der Provinz Natal zu schaffen, ergänzt um einige weitere Kompetenzen für die Provinzregierung. Das Drei-Kammer-Parlament wurde ein letztesmal zusammengerufen, um die erforderlichen Verfassungsänderungen zu beschließen. Gleichzeitig begann die IFP eine offensichtlich bereits seit langer Zeit vorbereitete, intensive Wahlkampagne. Von allen ursprünglichen Gegnern der Wahlen hatte Buthelezi seine Verweigerung am längsten durchgehalten und damit Regierung und ANC die meisten

Konzessionen abgerungen. Als er nach dem Scheitern der internationalen Vermittlung einsehen mußte, daß seine Möglichkeiten ausgereizt und weitere Veränderungen des zukünftigen politischen Systems zu seinen Gunsten nicht mehr zu erreichen waren, machte er weder seine Wahlboykottdrohung wahr noch ließ er sich auf ein – mehrfach angedeutetes – sezessionistisches Abenteuer ein, sondern bemühte sich mit allen Kräften, sich innerhalb des neuen Systems einen Platz zu sichern.

Die Schlacht um die Wahlteilnahme war damit beendet, aber sie hatte ihre Spuren im Lande hinterlassen. Zwar akzeptierten letztlich alle wichtigen politischen Gruppen die demokratischen Spielregeln, aber nicht überall im Lande. Jahrelange Gewalt oder Androhung von Gewalt hatten eine Art von politischem Territorialismus entstehen lassen: es gab Gebiete, die eindeutig von einer Partei oder politischen Tendenz kontrolliert wurden und die für andere Parteien zu *no-go areas* geworden waren. Am ausgeprägtesten war dieser Territorialismus in KwaZulu-Natal. Aber auch in anderen Provinzen gab es zahlreiche Gebiete, in denen sich die politische Intoleranz einer Partei durchgesetzt hatte. Es handelte sich zum Teil um schwarze *townships,* in denen sich nach langdauernden gewaltsamen Auseinandersetzungen eine Partei durchgesetzt und eine Art „politische Säuberung" durchgeführt hatte. In zahlreichen weißen Kleinstädten des Nordkaps und des Transvaal, die von Rechtsextremisten zum „Volksstaat-Territorium" erklärt worden waren, wurde der ANC durch Drohungen davon abgehalten, öffentlich in Erscheinung zu treten. Zahlreiche Gebiete waren politisch so einfarbig, daß andere Parteien es schlicht für sinnlos und überflüssig hielten, dort überhaupt um Stimmen zu werben.

Es gab jedoch auch Gebiete, in denen alle Parteien frei und intensiv miteinander konkurrierten: die früheren „weißen" Gebiete der Großstädte. Sie wurden von keiner Partei kontrolliert, so daß sich hier während der Wahlkampagne eine offene, nichtrassische und bemerkenswert tolerante Kultur des politischen Wettbewerbs entwickeln konnte. Das gleiche galt für die Medien, Radio und Fernsehen, einst Propagandainstrument der Regierung, waren seit der Einrichtung einer unabhängigen Medienkommission, auf die sich die Parteien im Dezember 1993 geeinigt hatten, zu Quellen unparteiischer Information und zur Plattform aller politischen Meinungen geworden. Bis zum Beginn der Wahlen aber stiegen die Befürchtungen, daß der Wahlverlauf durch Gewaltakte ernsthaft gestört werden könnte. In Natal und am Ostrand kam es zu weiteren Zusammenstößen und Morden. Die Rechtsextremisten machten ihre Drohungen wahr und begingen eine Serie von Bombenanschlägen. Noch am Morgen des 27. April explodierte eine Bombe im Jan-Smuts-Flughafen. Der Polizei gelang es jedoch überraschend schnell, 31 Terroristen festzunehmen. Noch überraschender war, daß damit der Rechtsextremismus offensichtlich am Ende war. Es ereigneten sich keine weiteren Attentate mehr.

5. Der Wahlgang: Friedensmanifestation und organisatorisches Desaster

Das gewaltsame Vorspiel zu den Wahlen blieb ein Vorspiel. Die Südafrikaner gingen völlig friedlich zu den Urnen und stellten sich selbst ein politisches Reifezeugnis aus. Die Atmosphäre in den Stimmlokalen war ruhig und freudig „wie beim Gang frommer Christen zum Ostergottesdienst", so ein Beobachter. Der politische Territorialismus schien aufgehoben: Anhänger aller Parteien konnten ungehindert ihre Stimme abgeben, wo auch immer im Lande sie wollten. Die Wähler waren außerordentlich geduldig – und sie brauchten diese Geduld. Zahlreiche Stimmlokale wurden erst mit großer Verspätung geöffnet, weil es an Urnen, Stimmzetteln, unsichtbarer Tinte oder Kontrollgeräten für diese fehlte. In anderen Lokalen mußte der Wahlvorgang unterbrochen werden, weil das vorhandene Material nicht ausreichte. Vielerorts bildeten sich Schlangen von mehreren Kilometern Länge; viele Wähler, die bereits stundenlange Anmarschwege zurückgelegt hatten, mußten nochmals Stunden warten – nicht wenige warteten mehr als einen Tag. Die Wahlorganisation war in vielen Landesteilen unzureichend. Vor allem in den vormaligen *homeland*-Gebieten massierten sich die Probleme: Es fehlte an Telephonen und Fernschreibern, an Transportmitteln und oft auch an der Fähigkeit des von der IEC vor Ort rekrutierten Personals, mit unerwarteten Schwierigkeiten fertigzuwerden.

Die IEC reagierte auf diese Probleme, indem es die Vorschriften änderte. Wenn es keine Metallurnen gab, durften Postsäcke und Kartons benutzt werden. Wenn die unsichtbare Tinte oder die Kontrollgeräte fehlten, wurde normale Tinte benutzt oder die Ausweispapiere gestempelt. Waren keine offiziellen Siegel für die Urnen vorhanden, wurden Wachssiegel zugelassen. Anstelle eines Stempels für die Begleitdokumente wurde auch die Unterschrift des Wahlvorstehers akzeptiert. Ein Materialproblem erwies sich als politisch besonders brisant: vielerorts fehlten auf den Stimmzetteln die IFP-Aufkleber, ohne welche diese Partei nicht gewählt werden konnte. Die IEC gab am 27. April Anweisung, die Stimmzettel handschriftlich um die IFP zu ergänzen.

Änderungen der Vorschriften aber konnten das organisatorische Hauptproblem nicht lösen: In KwaZulu und in der Transkei konnten zahlreiche Stimmlokale überhaupt nicht geöffnet werden, weil Stimmzettel fehlten. Es war nicht auszuschließen, daß Millionen von Wahlberechtigten nicht in der Lage sein würden, ihre Stimme abzugeben. Mandela und Buthelezi forderten, die Wahl um einen Tag zu verlängern. De Klerk verfügte daraufhin, daß in Ciskei, Gazankulu, KwaZulu-Natal, Lebowa, Transkei und Venda auch noch am 29. April gewählt werden dürfe. Fünf Millionen neuer Stimmzettel wurden gedruckt, die Armee übernahm die Verteilung. Angesichts der organisatorischen Probleme verblaßten andere Unregelmäßigkeiten. Die Beobachter der Europäischen Union meldeten, daß in 10 % der von ihnen besuchten Wahllokale die prozeduralen Vorschriften nicht in allen Details korrekt befolgt worden seien – in KwaZulu-Natal war dies in 18 % der Lokale der Fall. In KwaZulu richteten manche lokalen Behörden zusätzliche Wahllokale ohne Zustimmung der IEC ein. ANC und IEC beschuldigten sich gegenseitig, Jugendlichen unter 18 Jahren Wählerkarten ausgestellt zu haben. Im Unterschied zu einigen Presseberichten kamen die Beobachtermissionen jedoch zu dem Schluß, daß diese Unregelmäßigkeiten den Ausgang der Wahl nicht substantiell beeinflußt hätten. Als die Wahllokale am Abend des 29. April geschlossen wurden, war das Desaster der Wahlorganisation weitgehend behoben. Ihm sollten aber weitere Desaster folgen.

Sobald die Stimmenauszählung begann, berichtete das südafrikanische Fernsehen nahezu ununterbrochen – aber auf abenteuerliche Weise unprofessionell. Kaum waren in einer Provinz einige Tausend Stimmen ausgezählt, wurden „Hochrechnungen" für die Provinz wie für die gesamte Republik vorgenommen. Oft war die geographische Herkunft der Teilauszählungen unbekannt, so daß seriöse Trendanalysen unmöglich waren. Dessen ungeachtet diskutierten angesehene Journalisten stundenlang diese Informationsbruchstücke – sie hätten genauso gut eine Kristallkugel benutzen können. Am 2. Mai wurde jede weitere Verkündung von Zwischenergebnissen und jegliche Fernsehberichterstattung eingestellt. Dies geschah vor allem deshalb, weil sich bei der Stimmenauszählung ein organisatorisches Chaos abzeichnete, welches die Mängel der Wahldurchführung bei weitem übertraf und eine dramatische politische Krise entstehen ließ: Die Anerkennung der Stimmenauszählung durch alle politischen Kräfte schien ernsthaft in Gefahr.

Die Berichte der internationalen Beobachter ließen gravierende Mängel bei der Stimmenauszählung erkennen: landesweit reichten in 13 % der Zählstellen das Personal oder das Material nicht aus, um eine Auszählung ohne Unterbrechung zu garantieren; die *reconciliation,* d. h. die Überprüfung der Übereinstimmung von Urnen und Begleitpapieren der örtlichen Wahllokale, konnte in 15 % der Fälle nicht stattfinden; in 11 % der Fälle wurden die vorgeschriebenen Prozeduren nicht korrekt befolgt. Zu den Unregelmäßigkeiten, die sich ziemlich eindeutig auf die Zustände in den ehemaligen *homelands* zurückführen lassen, traten jedoch bei der Auszählung andere hinzu, die sich dadurch nicht erklären lassen: das Chaos in einigen sehr großen Zählstationen in Großstadtgebieten. Erfahrungen aus vielen Ländern zeigen, daß man die Stimmenauszählung am besten in den Wahlstationen oder in nicht allzu großer Entfernung von diesen vornimmt. Diese Erfahrungen wurden bei den südafrikanischen Wahlen nicht berücksichtigt. Die Folgen zeigten sich vor allem in zwei riesigen Zählstationen: in Johannesburg (NASREC) und Durban. Hier stapelten sich Wahlurnen, deren Herkunft nicht feststellbar war. Häufig stimmte die Anzahl der Stimmzettel in identifizierbaren Urnen nicht mit der in den Berichten der Herkunftswahllokale genannten Anzahl überein. Wie der Wahlvorgang selbst litt auch die Stimmenauszählung vielerorts an Materialmangel. Zahlreiche Urnen waren nicht versiegelt, andere waren mit IFP-Aufklebern „versiegelt" – an denen es während der Wahltage so gemangelt hatte. Die Anzahl der Anfechtungen stieg schnell an: Stimmzettel ohne IFP-Aufkleber, mehr Stimmzettel in Urnen als in den Begleitpapieren angezeigt, Urnen ohne identifizierbare Herkunft, Urnen von Stimmlokalen, die nicht in der offiziellen Liste enthalten waren.

Als am 2. Mai die IEC aufhörte, Zwischergebnisse zu veröffentlichen und das Fernsehen seine Wahlsendungen einstellte, begannen Vertreter der Parteien, über die umstrittenen und angefochtenen Stimmen zu verhandeln. Dies entsprach durchaus den Vorschriften des Wahlgesetzes. Kein internationaler Beobachter war bei den Verhandlungen anwesend, und diese Verhandlungen dauerten lange. So ist es nicht verwunderlich, daß Gerüchte entstanden. Als schließlich am 6. Mai 1994 die IEC die endgültigen Wahlergebnisse bekannt gab und die Wahl als *substantially free and fair* erklärte, gab es eine Anzahl von Kommentatoren, die das Ergebnis nicht als ein korrektes Wahlresultat, sondern als *deal,* d. h. als Produkt eines Kuhhandels zwischen den Parteien, bezeichneten. Es gibt freilich nicht den geringsten Beweis für diese Interpretation. Die IEC wies vehement den Vorwurf zurück, man habe einen Kuhhandel abgeschlossen. Helen Suzman fragte, ob wirklich jemand glauben könne, daß sie sich nach drei Jahrzehnten parlamentarischer Bemühungen um allgemeine und freie Wahlen dazu hätte bereit finden können, einen Kuhhandel zu decken und mitzuverantworten. Was sich tatsächlich abgespielt hat, ist mit hoher Wahrscheinlichkeit weitaus prosaischer: Nachdem sowohl die nicht angefochtenen wie auch die aus verschiedenen Gründen angefochtenen Stimmen getrennt ausgezählt worden waren, konnten die Parteien feststellen, daß sie mit dem Gesamtergebnis – angefochtene und nicht angefochtene Stimmen zusammen – durchaus leben konnten. Sie zogen ihre wechselseitigen Einsprüche zurück, so daß nur eine sehr niedrige Zahl, nämlich knapp 1%, von ungültigen Stimmen übrig blieb. Das Resultat der Wahlen wurde von allen politischen Parteien anerkannt. Die internationalen Beobachtermissionen, wenig glücklich mit den trotz ihrer Warnungen und Hilfen nicht zureichenden Leistungen der IEC, einigten sich auf die Formel, das Wahlergebnis entspräche „dem politischen Willen des südafrikanischen Volkes".

Von den als gültig anerkannten Stimmen erhielten bei der Wahl zur Nationalversammlung

ANC	62,65%
NP	20,39%
IFP	10,51%
FF	2,17%
DP	1,73%
PAC	1,25%.

Alle anderen Parteien erhielten weniger als ein halbes Prozent. Die Wahlen zu den neuen Provinzparlamenten gewann der ANC in fünf Provinzen mit weit über zwei Dritteln liegenden Mehrheiten: 91% im Nord-Transvaal, 84% im Ostkap, 81% im Ost-Transvaal und 77% im Oranje-Freistaat. In der Region Pretoria-Witwatersrand-Vereeniging, die über ein Fünftel aller Wähler stellt, war die ANC-Mehrheit mit 59% deutlich, wenn auch nicht überragend; die NP kam hier auf ein knappes Viertel und die DP auf über 5% der Stimmen. In der bevölkerungsmäßig kleinen Nord-Kapprovinz blieb der ANC knapp unter der Hälfte der Stimmen, während die NP hier fast 40% und die *Freedom Front* fast 6% erzielten. In zwei Provinzen erhielt der ANC hingegen nur ein Drittel der Stimmen, In KwaZulu-Natal wurde die IFP mit 50,32% stärkste Partei in der Provinzversammlung, im Westkap die Nationale Partei mit 53,25% – hier erzielte auch die DP mit 6,64% ihr landesweit bestes Ergebnis.

Was ließ diesen Wahlausgang zahlreichen Südafrikanern als „Traumergebnis" erscheinen? Der ANC erzielte eine satte Mehrheit, welche die zukünftige Führungsrolle dieser historischen Freiheitsbewegung klar bestätigte; andererseits blieb ihm, wenn auch nur knapp, die Zwei-Drittel-Mehrheit verwehrt, die ihn bei der Ausarbeitung der endgültigen Verfassung der Notwendigkeit enthoben hätte, Konsens mit anderen Parteien zu suchen. Die NP konnte knapp die 20 %-Grenze überschreiten und damit ihr Anrecht auf die Position des zweiten Vizepräsidenten wahren; in der künftigen Regierung zwar eindeutig Junior-Partner des ANC, wird sie dies jedoch nicht aufgrund großmütiger Kooptation des ersten Siegers, sondern gestützt auf einen soliden Wähleranteil sein können. Die IFP behauptete sich nicht nur als stärkste Partei in ihrer Stammprovinz KwaZulu-Natal, sondern kann mit ihren 10 % auch in der Regierung der nationalen Einheit eine Rolle spielen. Daß NP und IFP in je einer Provinz die Führungsrolle errangen, kann zu einem besseren Machtgleichgewicht beitragen; nicht überall Minderheit zu sein, dürfte es der NP erleichtern, sich mit dem Verzicht auf die bisher ausschließliche Macht abzufinden. Diese positive Würdigung des Wahlergebnisses, die in Südafrika überwiegt, bedarf jedoch der Qualifizierung. Sehr unzufrieden mit ihm war ein erheblicher Teil des ANC in Natal; nur durch starken Druck der nationalen ANC-Führung konnte er davon abgebracht werden, das Wahlergebnis in der Provinz vor dem Obersten Gerichtshof anzufechten. In den letzten Monaten vor der Wahl hatten zahlreiche Meinungsbefragungen der IFP in Natal keine Mehrheit mehr gegeben; landesweit war Inkatha auf 4–5 % abgesunken. Während der Wahlausgang im Falle aller anderen Parteien die Prognosen bestätigte, schnitt die IFP erheblich besser ab als erwartet. Der mittlere Flügel des ANC in Natal schreibt dies Wahlfälschungen zu. Andere Erklärungen sind eine südafrikanische Variante der „Schweigespirale" oder Stichprobenmängel. Eine plausiblere Erklärung ist der außerordentliche Mobilisierungsgrad der IFP-Anhängerschaft, den Buthelezi gerade durch seine lang durchgehaltene Verweigerungspolitik erreichte: monatelang konnte er sich einer hohen Beachtung durch die

Medien erfreuen; durch seinen Appell sowohl an ethnischen Stolz wie ethnische Zukunftsangst der Zulus gelang es ihm, auch weitgehend unpolitische Wähler an die Urnen zu bringen. Was immer die Gründe: ein Zehntel der Wählerschaft hat für eine Partei optiert, die eindeutig ethnisch geprägt ist. Die andere Partei, welche unverblümt an ethnische Gefühle appellierte, nämlich die burische *FF* General Viljoens, brachte es hingegen mit 2,17% auf ein nur mageres Resultat. In den Provinzwahlen schnitt sie zwar besser ab, blieb aber unterhalb des selbstgesteckten Ziels, 35–40% der Buren für sich zu gewinnen. In die ihr zugesagten Verhandlungen über einen „Volksstaat" wird sie geschwächt hineingehen.

Die Nationale Partei hatte zwar erhebliche Anstrengungen unternommen, sich von ihrer Vergangenheit zu distanzieren und als „Neue Nationale Partei" für Angehörige aller Volksgruppen wählbar zu werden. Erfolg hatte sie mit diesen Bemühungen jedoch in erster Linie bei den *Coloureds* im Westkap. Die Abschaffung der Apartheid-Schranken ließ die Mehrheit dieser Gruppe die vergangene Diskriminierung vergessen und sich den Buren, mit denen sie Afrikaans als Sprache, die kalvinistische Religion – und Angst vor der schwarzen Bevölkerungsmehrheit – verbindet, politisch anschließen. Nicht aus dem Wahlresultat, jedoch aus Befragungsergebnissen ist eindeutig abzulesen, daß die NP auch bei der indischstämmigen Minderheit erhebliche Erfolge erzielte. Hingegen konnte sie nur einen kleinen Bruchteil der schwarzen Bevölkerung für sich gewinnen. Die Neue NP unterscheidet sich von der alten in erster Linie dadurch, daß sie von einer Burenpartei über eine Partei der Weißen zur Partei der Mehrheit in der nicht-schwarzen Minderheit geworden ist. Dem ANC, der nach Programm und jahrzehntelanger politischer Praxis glaubwürdigsten nichtrassischen und nichtethnischen Partei, ist es nur in begrenztem Maße gelungen, die Grenzen der schwarzen Wählerschaft zu überschreiten. Weniger als 1% der weißen Wähler dürften für ihn gestimmt haben. Die unterschiedliche Rekrutierungsbasis von NP und ANC, wie sie sich in Befragungen wie Wahlen gezeigt hat, spiegelt nicht notwendigerweise ein auf Ethnizismus *per se* beruhendes politisches Bewußtsein wider; sie zeigt jedoch, daß die große Mehrheit der Wähler ihre Interessen weiterhin mit denen der jeweiligen Gruppe identifiziert – was angesichts der unter dem Apartheidsystem geschaffenen massiven Besitz- und Einkommensunterschiede auch eine realistische Form der Interessenwahrnehmung sein dürfte. Für eine solche Deutung des Wählerverhaltens spricht auch das extrem schlechte Abschneiden der liberalen Demokratischen Partei. Viele ihrer früheren weißen Wähler sahen ihre Interessen besser bei einer starken, reformierten NP aufgehoben, während die schwarze Bevölkerung, für deren Rechte die DP bzw. ihre Vorgängerparteien PFP und PP sich jahrzehntelang eingesetzt hatten, nicht davon zu überzeugen war, daß ihre Interesen von einer nicht nur politisch, sondern auch wirtschaftsliberalen Partei effektiv vertreten werden könnten. Letztlich wurde der ANC als die Partei wahrgenommen, die einen möglichst schnellen Fortschritt der schwarzen Bevölkerung herbeiführen will, und die NP als ein politischer Interessenverband derjenigen, die zwar nicht gegen einen solchen Fortschritt sind, aber nicht allzuviel dafür bezahlen möchten.

Es bedarf nur geringer Phantasie, um sich für einen stabilen Übergang zum neuen Südafrika ungünstigere Resultate vorzustellen: eine Zwei-Drittel-Mehrheit des ANC hätte die weiße Minderheit in Schrecken versetzen, eine nur knappe Mehrheit eine enttäuschte schwarze Mehrheitsbevölkerung am Sinn demokratischer Wahlen zweifeln, eine schwere Niederlage der IFP Natal in Sezessionsversuche und Bürgerkrieg stürzen lassen können. Verglichen mit diesen Szenarien hat die Wahl tatsächlich ein „Traumergebnis" gebracht. Es läßt sich jedoch nicht übersehen, daß die Mehrzahl der Wähler – sei es aus alten ideologischen Reflexen, sei es aus rationalem Interessenkalkül – „ethnisch" gewählt hat. Eine Re-Ethnizierung der südafrikanischen Politik im Falle einer Verschärfung von Interessengegensätzen bleibt daher ein Alptraum-Szenario.

6. Neue Konflikte in Sicht

Mandela hatte nach gewonnener Wahl die Hände frei bei der Besetzung der dem ANC zustehenden Positionen – und bei der Zuteilung der Portefeuilles auf die zur Regierungsbeteiligung berechtigten Parteien. NP und IFP überließ er drei Schlüsselministerien: Wirtschaftsminister blieb der bisherige Amtsinhaber Derek Keys, Minister für Provinzangelegenheiten und Verfassungsentwicklung wurde Roelf Meyer, der Chefunterhändler der NP während der letzten Jahre, und Innenminister wurde niemand anders als Mangosuthu Buthelezi. Zum ersten Vizepräsidenten ernannte er Thabo Mbeki, dem Außenpolitiker des früheren Exil-ANC; Cyril Ramaphosa, konkurrierender Kandidat für dieses Amt – und ebenfalls Konkurrent Mbekis für die Nachfolge Mandelas –, entschloß sich daraufhin, als Generalsekretär des ANC außerhalb der Regierung zu verbleiben. Auch bei der Auswahl der ANC-Minister gab Mandela alten Kampfgenossen aus Gefängnis und Exil den Vorzug gegenüber den Führern der ANC-nahen internen Opposition der achtziger Jahre, von denen einige freilich Provinz-Ministerpräsidenten wurden. Charakteristisch für die Ernennung der ANC-Minister ist, daß ethnische Herkunft keine Rolle spielte: acht von insgesamt achtzehn sind keine Schwarzafrikaner. Mit besonders schwierigen Aufgaben wurden Mitglieder der kommunistischen Partei betraut: Sydney Mafumadi übernahm das Ministerium für Sicherheit (Polizei) und Joe Slovo das Wohnungsbauministerium; von ihnen erhofft sich Mandela offensichtlich sowohl das Geschick wie das notwendige politische Gewicht beim Umgang mit hochgespannten Erwartungen wie beim Finden der notwendigen Kompromisse. Welches Gewicht dem zweiten Vizepräsidenten de Klerk in den laufenden Regierungsgeschäften zukommen wird, ist in der Jahresmitte 1994 noch schwer einzuschätzen. Mandela hat ihn stets als Partner dargestellt, mit dem zusammenarbeiten er stolz sei. In der ersten Haushaltsdebatte des neuen Parlaments nahm die gesamte Regierung eine geschlossene Position ein. Die Regierung der nationalen Einheit wird voraussichtlich erst in zukünftigen sozialen Konflikten auf die Probe ihres Zusammenhalts gestellt werden.

Die neue Regierung steht jedoch unter dem äußerst starken Druck der Erwartung, die wirtschaftliche Lage der schwarzen Bevölkerung rasch zu verbessern, und dies, wenn nicht anders möglich, durch radikale Umverteilung zu Lasten der bisher privilegierten Minderheit. Umverteilung aus dem gegenwärtigen Besitzstand könnte zu Kapitalflucht, *brain drain* und, in der Folge, zu einer verschärften Wirtschaftskrise führen. Sollte dem so sein, so dürften harte wirtschaftliche Verteilungskämpfe die demokratische Stabilität auf eine schwierige Probe stellen. Ist eine relativ schmerzlose Umverteilung aus wirtschaftlichem Zuwachs denkbar?

Seit dem Ende des Kalten Krieges hat Südafrika in der Perspektive westlicher Interessen an Bedeutung verloren. Strategische Interessen, falls sie je relevant waren, bestehen nicht mehr. Südafrikas strategische Rohstoffe waren nur solange von Bedeutung, wie die Lieferung derselben Rohstoffe durch die frühere Sowjetunion gefährdet war. Die Attraktivität Südafrikas als Ziel von Investitionen und Exporten hat durch die Vermehrung von Investitionsmöglichkeiten und Märkten in anderen Weltteilen abgenommen. Mit dem Ende der Apartheid nimmt auch das politische Interesse an Südafrika ab, wenn dies auch ungerecht und bedauerlich sein mag. Es ist wenig wahrscheinlich, daß das moralisch begründete Interesse an Südafrika dieses Ende lange überdauern wird. Als ein Land mit scharfen Besitz- und Einkommensunterschieden zwischen verschiedenen Einkommensgruppen, die nicht mehr mittels rassistischer Gesetze aufrechterhalten werden, wird Südafrika nur ein Fall unter vielen sein. Westliche Hoffnungen, ein politisch stabilisiertes und wirtschaftlich gesundetes Südafrika könnte zum Motor der Entwicklung im gesamten Südafrika werden und damit westlichen Staaten Entwicklungs- und Ordnungsaufgaben in dieser Region abnehmen, dürften sich als bestenfalls verfrüht erweisen: das Land dürfte für die voraussehbare Zukunft noch hinlänglich mit seinen eigenen Problemen beschäftigt sein. Internationale wie bilaterale Entwicklungshilfe, die Südafrika in ähnlichen Dimensionen wie vergleichbaren Schwellenländern zugesagt worden ist, kann hilfreich sein, aber nur einen kleinen Teil seines Kapitalbedarfs befriedigen. Ob aber auswärtiges Kapital das neue Südafrika als attraktiv betrachten wird, dürfte vor allem von seiner politischen Stabilität abhängen, und diese in erster Linie von seiner wirtschaftlichen Erholung zunächst aus eigener Kraft.

1993 zeigte die südafrikanische Wirtschaft Anzeichen der Stabilisierung auf niedrigem Niveau. Die Produktion nahm zum erstenmal seit Jahren wieder zu, freilich nur im Bergbau und in der Landwirtschaft, wobei letzteres auf das Ende einer langen Dürreperiode zurückzuführen ist. Die Inflation ist gesunken, der Außenwert des Rand aber weiter verfallen, die Importpreise weiter gestiegen. Das Haushaltsdefizit von ca. 40% ist im neuen Haushalt gleich geblieben. Die Talfahrt der Wirtschaft erscheint gebremst, ein neuer Aufschwung jedoch weiterhin fraglich. Externe Faktoren der Wirtschaftsentwicklung sind schwer zu prognostizieren. Wenig spricht für eine substantielle Erholung des Goldpreises. Die industrielle Produktion ist nach Jahren der Abschottung durch Sanktionen und „Belagerungsökonomie" auf dem offenen Weltmarkt kaum konkurrenzfähig. Die Aufhebung der internationalen Sanktionen hat die südafrikanische Wirtschaft dennoch relativ optimistisch gestimmt, ebenso wie die vorsichtig-konservative Haushalts- und Wirtschaftspolitik der neuen Regierung. Dessen ungeachtet sind die Auswirkungen der wirtschaftlichen Entwicklung der letzten Jahre auf die Gesellschaft unübersehbar bedrohlich. Etwa die Hälfte der Arbeitskräfte findet keine Beschäftigung in der formalen Wirtschaft. Die Einkommensunterschiede zwischen schwarzer und weißer Bevölkerung haben zwar abgenommen – 1975 verdiente ein Schwarzer durchschnittlich ein Fünftel, 1990 hingegen ein Drittel dessen, was ein Weißer verdient – sind aber weiterhin beträchtlich. Die Verminderung der Ungleichheit erfolgte kaum durch Schaffung neuer Arbeitsplätze, vielmehr durch Umverteilung bereits vorhandener Arbeitsplätze: Schwarze übernehmen vormals „weiße" Jobs, nicht selten übrigens zu niedrigeren Gehältern. Die Folgen sind eine Zunahme wirtschaftlicher Existenzangst bei den weniger qualifizierten Schichten der Weißen, während bei den besser qualifizierten Schwarzen Unzufriedenheit und Ungeduld zunimmt. Die Forderung nach *affirmative action*, d. h. nach positiver Diskriminierung zugunsten der Schwarzen, hat bei diesen rasch an Popularität und Nachdruck gewonnen. Sie erstreckt sich nicht nur auf Arbeitsplätze im öffentlichen Dienst, wie nach jedem Machtwechsel zu erwarten, sondern auch auf die Privatwirtschaft. Die ersten „Ali-Baba-Betriebe" – so nennt man in Malaysia chinesische Unternehmen, die aus politischen Gründen Malaien als Teilhaber gewinnen – entstehen bereits in Südafrika unter der Bezeichnung *joint ventures*. Wie bei allen Formen positiver Diskriminierung besteht auch hier das Problem, daß ein Zugewinn an sozialer Gerechtigkeit mit – zumindest vorübergehenden – Effizienzverlusten erkauft werden muß.

Eine weitere Belastung der Wirtschaft ergibt sich aus dem nahezu unvermeidlichen Wachstum der staatlichen Verwaltung. Aus politischen Gründen ist der bisherigen Bürokratie eine Garantie der Besitzstandswahrung gegeben worden – während des Wahlkampfes auch der der früheren *homelands*. Die neue Regierung muß aber auch ihre Anhänger zufriedenstellen. Die Anzahl der Anwärter auf Beamtenpositionen und vergleichbare Stellen hat gewaltig zugenommen. Wie Befragungen zeigen, erwartet eine Mehrheit der Schwarzen mit höherer Schulbildung sozialen Aufstieg eher auf diesem Wege als durch privatwirtschaftliche Betätigung – eine, wie zahlreiche vergleichbare Fälle zeigen, durchaus realistische Annahme. Je mehr die neue Regierung diesen Anwärtern nachgeben und entsprechend den Staatshaushalt belasten wird, um so mehr werden sich die Chancen auf schnelle wirtschaftliche Gesundung mindern. Zu erwarten ist in jedem Falle, daß alle diejenigen, deren Erwartungen dabei zu kurz kommen – und diese werden zwangsläufig zahlreich sein – einen sozialen Unruheherd darstellen werden. Dieser dürfte noch gewichtiger sein als der der aufgrund der positiven Diskriminierung zum Abstieg verurteilten Weißen. Er könnte zum Ausgangspunkt einer Opposition gegen die neue Regierung werden.

Soziale Spannungen aber sind nicht nur innerhalb der schwarzen Eliten, sondern auch zwischen Großgruppen der schwarzen Bevölkerung zu erwarten. Die Interessen der Inhaber von Arbeitsplätzen im formalen Wirtschaftssektor und derer, die in diesem keine Stelle finden, werden auseinanderfallen. Erstere, vertreten durch die schlagkräftigen Gewerkschaften, sind mehr an höheren Löhnen und besseren Arbeitsbedingungen als an der Schaffung zusätzlicher Arbeitskräfte interessiert. Letztere haben hingegen keine effiziente Interessenvertretung; ihre Zahl wird durch Landflucht und illegale Einwanderung in den städtischen Gebieten aber beträchtlich zunehmen. Kurz: nach dem Machtwechsel ist die südafrikanische Gesellschaft zwar anders, aber ebenso stark geschichtet wie zuvor und von großen sozialen Spannungen geprägt.

Neue soziale Koalitionen sind denkbar. Die Interessen der neuen schwarzen Staatsbourgoisie und die der im formalen Wirtschaftssektor sind zwar keineswegs identisch, wie die jüngsten Streiks zeigen, könnten sich aber mittelfristig als komplementär erweisen: beiden ist an einer funktionierenden Wirtschaft gelegen. Beide Gruppen sind daran interessiert, ihre Lage auf Kosten der bisher privilegierten Weißen zu verbessern. Aber beide wollen zumindest so viele und diejenigen Weißen im Lande halten, wie zum Funktionieren der Wirtschaft erforderlich sind und erstreben daher Kompromisse mit der weißen Minderheit. Umgekehrt wird der begütertere und besser gebildete Teil dieser Minderheit, soweit für ihn nicht Auswanderung attraktiver erscheint, an einer neuen Arbeitsteilung mit der schwarzen Staatsbourgoisie und der organisierten Arbeiterschaft des formellen Sektors interessiert sein.

Diese neue Koalition könnte bedroht werden von einem anderen Interessenbündnis: dem der beim Aufstieg in die Staatsbourgoisie zu kurz Gekommenen und den Massen der wirtschaftlich Marginalisierten, die zum modernen Sektor keinen Zugang finden. Dieses Bündnis kann sich erst dann konkretisieren, wenn die Benefizien des Machtwechsels endgültig verteilt sind und damit feststeht, wer bei der Verteilung unterlegen ist. Auch dürfte es beträchtlicher Energie und politischen Geschicks bedürfen, um marginalisierte Massen politisch zu organisieren. Angesichts des quantitativen Mißverhältnisses zwischen Aspiranten auf Führungspositionen und der – selbst über Bedarf vermehrten – Zahl letzterer ist mit einiger Wahrscheinlichkeit damit zu rechnen, daß sich eine oppositionelle Führung finden wird. Schließlich wird sich die Kritik an der Verbindung alter – weißer und neuer – schwarzer Privilegien vorzüglich zur Mobilisierung derer eignen, an deren tristen Lebensbedingungen sich wenig geändert haben wird.

Literaturhinweise

Adam, Heribert/Moodley, Kogila, The negotiated revolution. Society and Politics in Post-Apartheid South Africa, Johannisburg 1993.
Engel, Ulf, Südafrika (Länderartikel). In: Institut für Afrika-Kunde/Rolf Hofmeier (Hg.): Afrika Jahrbuch 1989–1993, Opladen 1990–1994.
Friedman, Steven (Hg.), The long journey. South Africa's quest for a negotiated settlement, Johannisburg 1993.
Piazolo, Marc, Südafrikas Wirtschaft am Tage der politischen Machtübergabe. In: Afrika spectrum 29 (1994) 1, S. 15–46.

Andreas Mehler
Stammeskriege in Burundi und Ruanda?

Bilder namenlosen Schreckens erreichten uns im April 1994 aus Ruanda. Der ruandische Präsident Juvénal Habyarimana war, zusammen mit seinem burundischen Kollegen Cyprien Ntariamyra, einem Attentat zum Opfer gefallen. Es folgten Massaker unerhörten Ausmaßes. Aus Burundi wurde so gut wie nicht berichtet. Weil dort kein Bürgerkrieg herrscht? Nein, weil Burundi sein Menetekel bereits hinter sich hatte. Am 22. Oktober 1993 wurde Melchior Ndadaye, der erste frei gewählte Präsident des Landes, bei einem Putschversuch ermordet. Aus Burundi wurde auch damals wenig berichtet. Weil es weniger Tote gab? Kaum. Die Zahl der Toten steht nicht fest, vielleicht waren es „nur" 50 000 und keine 500 000–1 Mio. wie in Ruanda. Burundi lag schon immer im Windschatten journalistischer Aufmerksamkeit. Aber die Erklärungsmuster waren hier wie dort die gleichen. Angehörige der jeweils anderen ethnischen Gruppe und Anhänger anderer Parteien wurden scheinbar wahllos abgeschlachtet – ein Phänomen, das sich wahrscheinlich dem Sozialpsychologen eher erschließt als dem Politologen. Aber dieser kann auf den inneren Zusammenhang zwischen der burundischen und der ruandischen Katastrophe verweisen. Dieser reduziert sich keineswegs auf die „jahrhundertealten Stammeskämpfe". Auch die gravierenden Unterschiede der politischen Entwicklung beider Länder drohen aus der simplistischen Perspektive verlorenzugehen: Am Ende schlagen sich Hutu und Tutsi eben die Köpfe ein. Es wäre wenig hilfreich, den Gegensatz zwischen Hutu und Tutsi zu leugnen, dennoch handelte es sich bei ihm (zumindest anfänglich) eher um das Symptom als um die Ursache. Im folgenden soll deutlich werden, warum andere Zusammenhänge für die tödliche Frontstellung verantwortlich gemacht werden müssen: die Logik einer „self-fulfilling prophecy", eine jahrzehntelange Rivalität und die gegenseitige Bedrohung der Regime in Burundi und

Ruanda, vor allem aber die Armut und dichte Besiedlung beider Staaten, die Flüchtlingspolitik und schließlich auch die Risiken einer „gelenkten" Demokratisierung.

1. Das Stammeskrieg-Argument

Seit „Jahrhunderten" sollen sich Hutu und Tutsi also bekriegen, wir haben es oft genug vernommen. Zur historischen Wahrheit wird dieses Diktum indes durch Wiederholung nicht. Historiker streiten sich bis heute darüber, wann und wo die Wanderungen einsetzten, in deren Verlauf das Bantu-Volk der Hutu (heute 85–90 % der Bevölkerung) die pygmoiden Urbewohner der Twa (1 %) verdrängte, ehe es selbst von den Tutsi (9–14 %; kuschitischer oder nilotischer Herkunft) in Abhängigkeit gezwungen wurde. Wahrscheinlich ging dieser Prozeß sehr viel schleppender vor sich, als lange angenommen. Das Resultat war eine hierarchisch strukturierte, elitär orientierte Gesellschaft. Ohne Konflikte werden diese Verdrängungs- und Dominierungsversuche nicht abgegangen sein. Aber statt Versuchen „ethnischer Säuberung" herrschten in den beiden einmal etablierten Königreichen vergleichsweise friedliche Zustände. Obwohl die Tutsi Viehzucht und die numerisch stark überlegenen Hutu Ackerbau betrieben, standen sie über Klientelbeziehungen in engem Kontakt. So konnte der Klient (zumeist ein Hutu) vom Patron (zumeist ein Tutsi) gegen bestimmte Dienstleistungen Nutzungsrechte an Rindern und Weiden erwerben. Die scheinbar so dominanten Tutsi übernahmen die Sprache der „Unterworfenen": in Ruanda das Kinyarwanda, in Burundi das verwandte Kirundi.

Folgenschwer war eine Reform in Ruanda, die die Dreiteilung der Macht auf lokaler Ebene (in Armee-, Land- und Viehchef) aufhob. Damit war das hergebrachte Kräftegleichgewicht aufgehoben. Der stattdessen eingesetzte, nun konkurrenzlose lokale Chef wurde auch gegenüber dem König (Mwami) aufgewertet und pflegte gegenüber seinen Untertanen eine wesentlich autokratischere Herrschaftsausübung.

Stärker als dies bereits die Deutschen getan hatten, stützten sich die belgischen Kolonialadministratoren auf die katholische

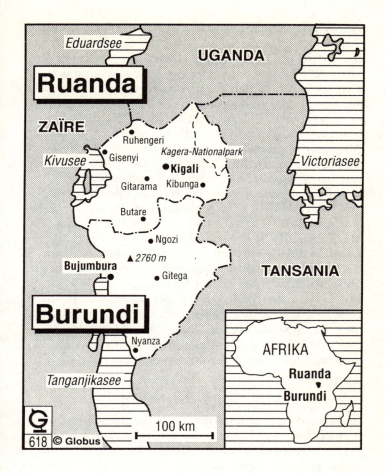

Kirche und ihre Institutionen. Eine Veränderung der offiziellen Haltung gegenüber dem Tutsi-König Ruandas und seiner Aristokratie ergab sich beinahe zwangsläufig durch die Veränderung des sozialen Hintergrunds der weißen Priester. Zunehmend wurden (politisch bewußte) Angehörige des „petit clergé" in Ruanda tätig. Diese unterstützten die Emanzipation der Bevölkerungsmehrheit der Hutu – durch Bevorzugung im kirchlichen Ausbildungswesen, aber auch durch die Redaktion von Petitionen an die UNO. Mit Hilfe der Kirche entstand eine zunehmend selbstbewußte Hutu-Elite vor allem im Zentrum und im Süden des Landes. Im Norden machte sich eine Hutu-Gruppierung mit einem Sonderbewußtsein bemerkbar: die Kiga-Hutu. In Nordruanda hatte sich im 19. Jahrhundert ein messianischer Kult entwickelt, der sich gegen alle Formen von Autorität, also auch gegen die Kolonialherrschaft richtete. Als Antwort gestattete die Kolonialverwaltung den dort willkürlich eingesetzten Tutsi-Chefs ein größeres Maß an Gewaltanwendung, was die Bereitschaft zur Rebellion förderte.

In Burundi hatten die Kolonialadministratoren andere Sorgen. Nach zahlreichen anti-aristokratischen Reformen wandten sich die lokalen Ganwa-Prinzen sehr viel offener gegen die Mandatsverwaltung und entwickelten einen elitären Nationalismus. Dies äußerte sich auch in von den Belgiern wenig geschätzten Forderungen nach Unabhängigkeit. Gegensätze zwischen Hutu und Tutsi traten bis zur Unabhängigkeit kaum auf den Plan. Dies änderte sich erst mit der Revolution in Ruanda (1959), die erheblich zur Bildung eines ethnischen (Selbst-)Bewußtseins in Burundi beitrug. Dennoch konnte die dem Königtum verpflichtete „neo-traditionalistische" Partei UPRONA zunächst Angehörige beider Ethnien vereinen.

2. *Self-fulfilling prophecy*

Im November 1959 begann die ruandische „Revolution" mit einem Bauernaufstand gegen ungerechte Chefs, um als lokale Rebellion in eine soziale Revolution gegen Tutsi und Königtum zu enden. Im Süden und im Zentrum wurde der Aufstand von progressiv orientierten Hutu-Eliten getragen, im Norden von den konservativ-xenophoben Kiga. Die belgische Verwaltung tat wenig, um den dabei begangenen Gewalttaten an den Tutsi (vor allem im Norden) ein Ende zu bereiten. Darum kümmerten sich diese selbst, zunächst mittels sehr effektiver Repression durch den Sicherheitsapparat des Königs, dann mittels terroristischer Akte. Das Ergebnis war eine erste Flüchtlingswelle

(22 000, davon 1500 ins Ausland) und eine zunehmende ethnische Polarisierung.

In ihren Kolonialgebieten erwies sich die belgische Regierung mit den Anforderungen der Zeit – das hieß: Vorbereitung auf Dekolonisierung – überfordert. Sie organisierte erst im Sommer 1960 Kommunalwahlen, als erste demokratische Übung überhaupt. Parteien entstanden, darunter die MDR-PARMEHUTU (Mouvement Démocratique Rwandais-Parti du Mouvement de l'Emancipation Hutu) von Grégoire Kayibanda. Die Kolonialverwaltung unterstützte die Parteien der aufstrebenden Hutu-Elite. Das Wahlergebnis war eindeutig, wenn auch durch den Terror im Vorfeld überschattet: von 3125 Gemeinderatsmitgliedern stellte die PARMEHUTU 2390. Der größte Teil der restlichen Mandate ging an zwei kleinere Hutu-Parteien. Die Monarchisten erhielten 56 Mandate. 210 von 229 Bürgermeisterstellen fielen an die Hutu, so daß auf lokaler Ebene die Macht von den Tutsi-Chefs auf die Hutu-Bürgermeister überging. Am 28. Januar 1961 fand eine Versammlung der neugewählten Bürgermeister und Gemeinderäte statt, die – mit belgischer Zustimmung – die Republik ausrief und Kayibanda zum Regierungschef bestimmte. Im September fanden dann zeitgleich Parlamentswahlen und ein Referendum über die Abschaffung des Königtums statt. Beide Abstimmungen wurden von der PARMEHUTU deutlich gewonnen. Das Ergebnis der Revolution war mithin die vollständige Entfernung der Tutsi aus den politischen Institutionen des Landes. Ende 1963 lebten 130 000 geflüchtete Tutsi außerhalb Ruandas. Aus ihren Reihen rekrutierten sich die Inyenzi genannten Guerilleros, deren sporadische Angriffe dem ruandischen Regime erst seine innere Kohärenz verleihen sollten.

Mit dem Putsch vom 3.7. 1973 löste der aus Nordruanda stammende Juvénal Habyarimana den aus dem Süden stammenden Kayibanda ab. Es folgte eine Repressionswelle, die sich gegen die Anhänger des gestürzten Präsidenten richtete. Habyarimana führte ein System der ethnischen Quoten ein. Den Tutsi wurde ein ihrem angeblichen Bevölkerungsanteil von 9 % entsprechender Anteil an öffentlichen Ämtern zugesprochen. Als

Minderheitenschutz ausgegeben, konnte diese Maßnahme zu einer kurzfristigen Stabilisierung beitragen. Allerdings wurde in den Personalausweisen die ethnische Herkunft eingetragen, was von der Tutsi-Minderheit als Diskriminierung empfunden werden mußte. Habyarimana galt nichtsdestotrotz in seinen Anfangsjahren als moderat. Unter seiner Präsidentschaft zog Ruanda zahlreiche Entwicklungshilfegelder an. Nach einer Hungersnot 1988/89 (mehrere Hundert Tote; 20 000 Flüchtlinge nach Burundi und Tanzania) und dem Verfall der Kaffeepreise auf dem Weltmarkt geriet das Regime am Ende der 1980er Jahre in eine tiefe Krise.

In Burundi spielten die ethnischen Konflikte zwischen Hutu und Tutsi zunächst kaum eine Rolle. Erst nach den Parlamentswahlen vom 18. September 1961 bildeten sich 1962 zwei ethnische Fraktionen. Die Parlamentswahlen 1965 wurden von „den" Hutu – verschiedener Parteizugehörigkeit – gewonnen. Doch der König ernannte einen Tutsi zum Premierminister. Ein erster Umsturzversuch von (Hutu-) Offizieren der Gendarmerie scheiterte am 18. Oktober 1965. In Bujumbura konnte die Ruhe schnell wieder hergestellt werden, nicht aber im Landesinneren. Die äußerst blutige „Säuberung" im Anschluß (2500–5000 Tote, darunter die herausragenden Köpfe der Hutu-Elite) führte zu einer ersten deutlichen Entfremdung der beiden Volksgruppen. Wenige Monate später übernahm ein Sohn des geflüchteten Mwami als Ntare V. die Königswürde. Er ernannte mit Hauptmann Michel Micombero einen Premierminister aus einer scheinbar beispielhaft intakten Institution, der Armee. Doch Micombero stürzte den König, rief die Republik aus und erklärte die Parti de l'Unité pour le Progrès national (UPRONA) zur Einheitspartei. Micombero gehörte den Tutsi-Hima an, einer bis dahin eher geschmähten Untergruppe aus dem Süden des Landes. Mit Intrigen und einer Politik der harten Hand beseitigte er die verbleibende Opposition: zunächst erneut ca. 100 Hutu (Beamte und Militärs), dann 1971 die monarchistische Tutsi-Opposition. In das Offizierscorps wurden ausschließlich Tutsi übernommen, die Bildungschancen für Hutu wurden eingeschränkt. Schließlich kulminierte die Repression im Jahr 1972: Eine Erhebung der Hutu in den Südprovinzen und Bujumbura kostete mehreren Tausend Tutsi das Leben. Noch viel schlimmer war der Gegenschlag: Mit System wurden alle Hutu, die ein höheres Amt bekleideten, und Hutuschüler weiterführender Einrichtungen getötet oder zur Flucht gezwungen. Schätzungen gehen von über 100 000 Opfern dieser „Säuberungen" aus, die auch als „selektiver Völkermord" bezeichnet wurden. Nun war das Werk vollendet: Beinahe eine Generation lang bestand keine nennenswerte Hutu-Elite. Darüber hinaus nutzte das Regime die Gunst der Stunde, um den überraschend zurückgekehrten König Ntare V. am 29.4.1972 wegen angeblicher Kollaboration mit den Aufständischen zu exekutieren. Ausschlaggebend für die Eskalation des Konfliktes dürfte die in beiden Volksgruppen grassierende Idee der „präventiven Gewalt" gewesen sein: Bevor „die anderen" uns töten oder unterwerfen, müssen „wir" sie eliminieren.

Am 1.11.1976 putschte ein weiterer Hima-Offizier, Jean-Baptiste Bagaza. Eine relative Ruhe kennzeichnete die „II. Republik", allerdings unter Zunahme von „alltäglichen" Menschenrechtsverletzungen.

3. Wachsende Spannungen

Die Regime in Burundi und Ruanda lebten seit der Unabhängigkeit in einer ausgeprägten Rivalität, die mitunter in unverhohlene Feindschaft umschlug. Eine schon fast logische Folge war die Orientierung an zwei unterschiedlichen Blöcken im Zeichen des Kalten Krieges. Kurioserweise unterstützte vor allem die Volksrepublik China die burundische Regierung (und auch die ruandischen Tutsi-Rebellen), während das westliche Lager auf das „revolutionäre" Regime in Ruanda setzte.

Insbesondere die Flüchtlingsfrage stellte eine ungeheure Hypothek für beide Länder dar. Flüchtlingswellen nach Repressionsakten oder Hungersnöten führten zu einem guten Teil in das Nachbarland, so daß zahlreiche ruandische Tutsi-Flüchtlinge in Burundi und burundische Hutu-Flüchtlinge in Ruanda (aber auch Massen in Tanzania, Zaire und Uganda) Aufnahme

Tabelle 1: Wechselseitige Beeinflussung Ruandas und Burundis

Land/Jahr	Ereignis	Flüchtlinge ins Nachbarland/Auswirkungen
Ruanda 1959/60	„Revolution", Entmachtung der Tutsi (1500 Flüchtlinge)	Unruhe in den burundischen Nordprovinzen
Ruanda 1962	Inyenzi-Überfälle, Repression (1000–2000 Tote)	45 000 nach Burundi. Burundi wird Basis der Inyenzi
Ruanda 1963/64	Inyenzi-Überfälle, Tutsi-Pogrome (mind. 10 000 Tote; 200 000 Flüchtlinge)	8000 nach Burundi, Polarisierung, Ermordung des Hutu-Premierministers Ngendandumwe durch ruandischen Flüchtling
Burundi 1965	Gendarmerie-Komplott (Hutu), bis zu 5000 Tote	...
Burundi 1969	Hutu-Komplott-Gerücht (ca. 100 Exekutionen)	...
Burundi 1972	„selektiver Genozid" (mind. 100 000 Tote; 150 000 Flüchtlinge)	6–20 000 nach Ruanda. Die PALIPEHUTU operiert aus Ruanda (ab 1980)
Ruanda 1973	ethnische Unruhen, Putsch	...
Burundi 1988	Ntega/Marangara-Krise (5–20 000 Tote)	60 000 nach Ruanda
Ruanda 1990	FPR-Einfall, Bürgerkrieg, 500 000 displaced persons	1000 nach Burundi
Burundi 1991	Unruhen in Bubanza, Bujumbura rural (bis zu 3000 Tote, 50 000 Flüchtlinge)	10 000 nach Ruanda
Burundi 1993	Putsch, Ermordung Ndadayes, Unruhen (50 000 Tote, bis zu 700 000 Flüchtlinge)	375 000–480 000 nach Ruanda
Ruanda 1994	Ermordung Habyarimanas, Verschärfung Bürgerkrieg (bis zu 1 Mio. Tote, bis zu 2 Mio. Flüchtlinge)	50 000 nach Burundi (vorläufig)

fanden. 1965 lebten ca. 50 000 Tutsi-Flüchtlinge aus Ruanda in Burundi, was enorme innenpolitische Konsequenzen hatte.

Premierminister Burundis, Pierre Ngendandumwe, ein Hutu, wurde am 15. Januar 1965 von ruandischen Flüchtlingen ermordet. Zahlreiche Angehörige der 1972 nach Ruanda geflüchteten Hutu-Elite hatten dort wichtige Lebenserfahrungen gemacht. Zu diesen gehörte auch der spätere Staatschef Melchior Ndadaye. Für die Entwicklung einer gemäßigten Einstellung zur Politik war allerdings das Exil kein geeigneter Ort. So rekrutierte die radikale Organisation PALIPEHUTU ihre Guerilla-Kämpfer vornehmlich in Flüchtlingslagern in Ruanda. Ähnliches gilt für die Tutsi-Flüchtlinge in Burundi. Die abfällig Inyenzi (Kakerlaken) genannten Guerilleros starteten ihre sporadischen Angriffe zu einem guten Teil von Burundi aus. Die burundischen Behörden begleiteten so den lange geplanten Angriff der Inyenzi vom Dezember 1963 mit wohlwollender Neutralität. Die Grenzzwischenfälle mehrten sich. Der Terror von außen wurde von den beiden Regimen aber auch als Vorwand benutzt, um die Repression im eigenen Land zu rechtfertigen. Mitte der 1980er Jahre befanden sich über 200 000 Flüchtlinge aus Ruanda in Burundi, ca. 50 000 Burunder in Ruanda.

Schließlich blieben die beiden Regime auch für den jeweils unterdrückten Bevölkerungsteil des anderen Landes attraktiv. Über die Radiosender in Kigali und Bujumbura lieferten sich die Regime Propagandaschlachten. Auf diplomatischer Ebene hielten die Feindseligkeiten auch in den 1990er Jahren (Ausweisungen, Einführung der Visapflicht) an.

Zu den ungelösten Strukturproblemen Burundis und Ruandas zählt die extrem hohe Bevölkerungsdichte bei enormem Bevölkerungswachstum. Über Terrassenbau ist alles fruchtbare Land erschlossen, nur die unfruchtbaren Bergrücken sind nicht bebaut. Nur so ist zu verstehen, daß die von den Flüchtlingen verlassenen Höfe, Äcker und Weiden sofort von landhungrigen Nachbarn (oft anderer ethnischer Herkunft) übernommen wurden. Die Landfrage hat maßgeblich zu lokalen Massakern beigetragen. Denn schließlich erhofften sich ethnische Extremisten unter den Parteiverantwortlichen und Ver-

Tabelle 2: Bevölkerungswachstum und -dichte in Burundi, Ruanda, Zaire und Tanzania

Land	qkm	Bevölkerung	Wachstum	Bev./qkm
Burundi	27 834	5,62 Mio.	2,8 %	202
Ruanda	26 338	7,16 Mio.	3,7 %	272
Zaire	2 344 000	36,7 Mio.	3,0 %	15
Tanzania	883 749	26,7 Mio.	2,8 %	26

Quelle: Economist Intelligence Unit: Country Profile 1992/93.

waltungsbeamten von der Eliminierung einer Familie neues Land. Eine Rückführung der Flüchtlinge erschien nur in Ausnahmefällen praktikabel. Per Verfügung des ruandischen Präsidenten wurde 1966 ein Wiedererwerb verlassenen Landes ausgeschlossen.

Angesichts des anhaltenden zunehmendem Bevölkerungsdrucks verschärfte sich die Lage zusehends. Konflikte zwischen landlosen Vertriebenen und den heute fest Angesiedelten waren unvermeidlich. Die Produktionseinheiten sind sehr klein und die Gewinnmöglichkeiten der Bauern gering. Hinzu kam der Preisverfall des wichtigsten Exportgutes, Kaffee. Seit Ende der 1980er Jahre ernährt das Land seine Bewohner nicht mehr. Auch dies trug zu den aktuellen Auseinandersetzungen bei.

4. Demokratisierung „von oben": Burundi

Mit Major Pierre Buyoya hatte sich am 3. September 1987 in Bujumbura der dritte Militär an die Macht geputscht. Wie seine Vorgänger Micombero und Bagaza ist Buyoya ein Hima-Tutsi aus dem Süden des Landes. Im August 1988 kam es erneut zu ethnisch geprägten Konflikten in Nordburundi – und zwar in den beiden benachbarten Gemeinden Ntega (Provinz Kirundo) und Marangara (Provinz Ngozi). Im Verlauf der Auseinandersetzung starben zwischen 5000 und 20 000 Burunder, vornehmlich Hutu. Zwar sträubte sich das Regime gegen eine internationale Untersuchungskommission, aber Buyoya setzte eine nationale Kommission ein, deren Endbericht dann eine Politik der Öffnung empfahl. Seitdem arbeitete Buyoya konsequent an der

Umsetzung einer konservativen „Demokratisierung von oben", die mit einer Politik der „nationalen Aussöhnung" einhergehen sollte. Die lange ausgeschlossene Mehrheitsethnie der Hutu stellte nun nicht nur den Premierminister, sondern wurde auch paritätisch an der Regierung beteiligt. Ein umfangreiches Repatriierungsprogramm für Hutu-Flüchtlinge wurde eingeleitet. Eine Charta der nationalen Einheit wurde am 5. Februar 1991 per Referendum angenommen. Auf dem gleichen Wege erhielten die Burunder eine neue Verfassung, die das Mehrparteiensystem und freie Wahlen vorsah. Zwischenzeitlich erschütterte ein weiterer Gewaltausbruch (1991: 3000 Tote, 10 000 von 40 000 Flüchtlingen nach Ruanda) die Ausgleichsbemühungen. Außerdem mehrten sich Putschgerüchte gegen den reformbereiten Buyoya.

Ab Sommer 1992 wurden Oppositionsparteien zugelassen, die sich den Idealen der Charta der nationalen Einheit verpflichten mußten. Unter diesen Parteien befand sich die Front pour la Démocratie au Burundi (FRODEBU). Bis in das Frühjahr 1993 verlief die kontrollierte Demokratisierung nach dem Plan des Staatspräsidenten. Dann folgten aber die ersten freien, pluralistischen Wahlen in Burundi mit dem Sieg des Kandidaten Ndadaye über Buyoya (1. Juni 93: 64,8 %) und dem überwältigenden Triumph der FRODEBU bei den Parlamentswahlen vier Wochen später. Die erzielte $^4/_5$-Mehrheit im Parlament reichte sogar aus, um die Verfassung zu verändern. Das Regime hatte in Verkennung seiner Sympathiewerte niemals mit einer Wahlniederlage gerechnet, was wahrscheinlich einer der Gründe für die von 70 internationalen Wahlbeobachtern attestierte exemplarische Fairness des Urnenganges war. Die Übermacht des Wahlsiegers erschreckte viele Tutsi zutiefst. Zwar war die FRODEBU keineswegs eine reine Hutu-Partei, noch war die UPRONA eine reine Tutsi-Partei (sonst hätte sie nicht so gut abgeschnitten: 21,4 %), aber die Perzeption war bei den Tutsi-Extremisten und all denen, die sich unter der Diktatur die Finger schmutzig gemacht hatten, eine andere. Bei genauerem Hinsehen zeigten die Wahlergebnisse auch, daß dort, wo in den vergangenen Jahren die Gewalt am stärksten eskalierte (Kirundo,

Bubanza, Cibitoke, Bujumbura rural) die FRODEBU besonders gut abschnitt – hier war die ethnische Polarisierung am stärksten und hier wurde mit dem alten Regime abgerechnet. Die moderaten Töne von Wahlsieger, Wahlverlierer und Generalstabschef nach der Bekanntgabe des Ergebnisses nährte allerdings auch die Hoffnung, daß Burundi seine einzige Chance ergreifen würde: die einer friedlichen und schrittweisen Übernahme von zentraler Verantwortung für die Bevölkerungsmehrheit der Hutu mit demokratischen Mitteln. Die Dominanz der Armee und die Schwäche einer erst jungen „civil society" standen aber dagegen.

5. Demokratisierung „mit vorgehaltener Pistole": Ruanda

Ende der 1980er Jahre meldeten sich verstärkt neue soziale Gruppen zu Wort: vor allem die städtische Mittelschicht begann sich gegen das Regime zu regen, aber auch die Landjugend zeigte kritische Tendenzen. Hinzu kam die Erschütterung des Regimes durch zahlreiche Korruptionsgerüchte und einen ausgeprägten Regionalismus. In dieser Schwächephase startete die Front Patriotique Rwandais (FPR) ihre militärische Offensive, die zu schnellen Geländegewinnen führte. Frankreich, das prompt eine Fallschirmjägereinheit nach Kigali beorderte, spielte im weiteren Verlauf eine zweifelhafte Rolle. Zwar wurden die seitdem in Kigali stationierten Truppen offiziell nur zum Schutz der französischen Staatsangehörigen abgestellt. Dennoch müßte die Grande Nation Frankreich als Schutzherr des angeschlagenen Regimes gelten. Bei Ausbildung und Ausrüstung der sich schnell verachtfachenden (!) Armee Ruandas half Frankreich entscheidend mit. Wie andere Geber drängte aber auch Frankreich auf eine gründliche politische Reform.

Die FPR hat ihre Basis in Uganda. 1989 wurden etwa 120000 ruandische Flüchtlinge in Uganda gezählt. Teilweise lebten sie nicht mehr in Flüchtlingscamps, sondern waren von der örtlichen (ethnisch verwandten) Bevölkerung integriert, weshalb eine genaue Statistik schwer aufzustellen ist (man rechnet mit bis zu 600000 in Nachbarländern lebenden Tutsi-

Flüchtlingen aus Ruanda in erster und zweiter Generation). Der ugandische Staatspräsident Museveni hatte seine militärische Machtübernahme auch mit Hilfe ruandischer Flüchtlinge erreicht. Nun war er zumindest bereit, die „arbeitslosen" Rebellen der FPR von seinem Territorium aus operieren zu lassen. Gleichzeitig verfügten die Rebellen im Unterschied zu den Inyenzi der 1960er Jahre über Waffen und Kriegserfahrung. Als reine Tutsi-Organisation verstand sich die FPR keineswegs.

Reaktionen auf die FPR-Bedrohungen waren bald zu spüren. Lokale Anti-Tutsi-Pogrome zwischen Oktober 1990 und März 1992 kosteten mehreren Hundert Tutsi das Leben. Tutsi wurden reihenweise aus dem Staatsdienst entlassen. Gleichzeitig sah sich das Regime gezwungen, den innenpolitischen Gegnern mehr Freiräume zu verschaffen. Im Juni 1991 wurde eine neue Verfassung und ein neues Parteiengesetz verabschiedet. Neben der Partei des Präsidenten (Mouvement Républicain Nationale pour la Démocratie et le Développement, MRND) entstanden weitere Parteien, darunter vor allem die PARMEHUTU-Nachfolgepartei MDR (Mouvement Démocratique Républicain), die PL (Parti Libéral) als „bürgerliche" Partei und die Parti Social-Démocrate (PSD). Diese Parteien spiegelten regionale Gegensätze wider, aber auch die Zerrissenheit der politischen Elite, denn schließlich zählte ein großer Teil der „neuen" Parteiführer zu den ehemaligen Würdenträgern des Regimes. Der neue Parteienpluralismus brachte die Unbeliebtheit des Regimes schnell an den Tag. Zu einer Machtteilung mit den genannten Parteien fand sich das Regime notgedrungen bereit, und so wurde am 16.4. 1992 eine Mehrparteien-Übergangsregierung gebildet. Gleichzeitig ließ das Regime die radikale Hutu-Partei CDR (Coalition pour la Défense de la République) zu, deren Anhänger im Frühjahr 1994 eine traurige Reputation als Schlächter errangen. Die Menschenrechtsverletzungen nahmen aber schon seit 1991 zu. Gleichzeitig traten die Oppositionsparteien in direkte Verhandlungen mit der FPR ein. Bombenanschläge in Kigali wurden der FPR zugeschrieben, wahrscheinlich aber vom Regime initiiert, um die regimestabilisierende ethnische Polarisierung aufrechtzuerhalten. Die unter westlichem Druck und der äußeren Bedrohung eingeführte Liberalisierung entsprach keinem echten Reformwillen des Regimes und war daher zum Scheitern verdammt.

6. Die aktuelle Tragödie

Der Sieg der FRODEBU in den burundischen Wahlen hatte massive Auswirkungen für die gesamte Region. Eigentlich sollte die scheinbar geglückte „Transition" den Demokraten in Zaire und Ruanda Auftrieb geben. In der Perzeption der ruandischen Regierung hatten allerdings „die" Hutu die Wahlen gewonnen und dies versprach Rückenwind für ihre Position. Allerdings war auch für die „Falken" das Argument der allseitigen Tutsi-Bedrohung entfallen. Der Abschluß von Friedensverhandlungen in Arusha (Tanzania) mit der FPR wurde so womöglich wegen der Wahlen im Nachbarland bis zum August 1993 hinausgezögert. Von Tutsi-Extremisten in Burundi wurde die Wahl Ndadayes dagegen als bedrohlich angesehen, zumal einer von 46 Programmpunkten Ndadayes die Reform des deutlich Tutsi-dominierten Militärs war. Bereits am 3. Juli 1993 kam es zu einem ersten, dilettantisch geplanten Putschversuch. Am 21. Oktober 1993 putschten Teile der Armee erneut und ermordeten Präsident Ndadaye auf grausame Weise. Zahlreiche Minister und Schlüsselfiguren der FRODEBU wurden ebenfalls liquidiert. Der Putsch galt als gescheitert, als die Putschisten angesichts des Widerstands von (mehr oder minder) loyalen Truppen nach wenigen Tagen aufgeben mußten. Das vermutliche Hauptziel der Putschisten, die erneute Polarisierung der Volksgruppen, war allerdings erreicht. Während die Armee die Hauptstadt Bujumbura kontrollierte, gingen in der Provinz die Abrechnungen weiter. Aus Rache für die Ermordung Ndadayes wurden Tutsi wahllos umgebracht. Es folgte die Repression des Militärs, mit erneut Zehntausenden an Opfern. Schätzungen gingen von einem Minimum von 50 000 Toten und bis zu 700 000 Flüchtlingen aus. Die internationale Gemeinschaft sah dem Schauspiel tatenlos zu. Trotz zahlreicher Bemühungen zur Kanalisierung des Konflikts durch die Beteiligung kleiner radikaler Tutsi-Parteien an der Regierung blieb die Lage in Burundi instabil.

Auch in Ruanda verschärfte sich die Situation. Die Friedensbemühungen zwischen Regierung und FPR wurden praktisch eingestellt, eine Regierung unter Einschluß von FPR-Mitgliedern wurde nicht gebildet. Stattdessen fiel der auf Ausgleich mit der FPR bedachte Bauminister und PSD-Politiker Félicien Gatabazi am 21. Februar 1994 einem Attentat zum Opfer. Am nächsten Tag wurde der Präsident der CDR von einer aufgebrachten Menge gelyncht. Die FPR lancierte eine weitere Offensive. Zu Verhandlungen in einem regionalen Kontext flog Präsident Habyarimana dann nach Daressalam. Auf dem Rückweg begleitete ihn sein burundischer Kollege Ntaryamira, der als Kompromißkandidat vom burundischen Parlament zum Nachfolger Ndadayes bestimmt worden war. Kurz vor der Landung explodierte die Maschine. Ob sie von der regulären Armee oder von FPR-Raketen abgeschossen wurde, blieb unklar. Der Tod Habyarimanas hatte ähnlich katastrophale Folgen wie der Tod Ndadayes. Sofort versuchte die Präsidentengarde alle innenpolitischen Gegner und alle Tutsi zu eliminieren. Die FPR beschleunigte ihr Vorrücken auf die Hauptstadt. Massaker ungeahnten Ausmaßes folgten. Dorfbewohner führten Militärs zu den Hütten ihrer Nachbarn anderer ethnischer Herkunft oder politischer Überzeugung, im Bewußtsein, daß dies deren Tod bedeuten würde. Der Machetenterror, im Unterschied zu Burundi eingefangen von europäischen Kameraleuten, nahm seinen Lauf.

Für die Tutsi-Pogrome 1963/64 haben Beobachter eine „pathologische Verhaltensweise" konstatiert, die als blindwütige Reaktion auf ein tiefes und anhaltendes Gefühl der Unterlegenheit zurückzuführen sei. Die Beteiligung der Masse der (Hutu-) Bevölkerung sei als „kollektive Katharsis für jahrelang verschluckten Haß" zu verstehen. Die Hysterie des Massenmordes läßt sich rational kaum fassen. Für die Ereignisse in beiden Kleinstaaten in den Jahren 1993/94 mag zu den aufgezeigten tieferen Gründen die Mechanik einer Spirale der Gewalt getreten sein: Gewalt erzeugt Gegengewalt. Die Abstände zwischen den großen Massakern waren nie so groß, daß eine ganze Generation einmal ohne die Erfahrung ethnischer Bluttaten groß werden konnte. Für ein normales Zusammenleben der beiden Volksgruppen besteht zumindest für eine weitere Generation kaum Aussicht. Das Mißtrauen der Parteien untereinander ist groß, die Wirtschaft nachhaltig geschädigt – es gibt wenig Hoffnung.

Kein Ruhmesblatt war die internationale Reaktion auf die Katastrophe. Die 2500 in Ruanda stationierten UNO-Soldaten rührten sich nicht, Franzosen und Belgier retteten lediglich Europäer, und die Bereitschaft zur Entsendung von Blauhelmen war nach dem somalischen Abenteuer gering. Eine wachsende Bereitschaft, dennoch einzugreifen, deutete sich erst im Mai wieder an. Wie schon in Burundi im Oktober 1993 war die Chance zur Verhinderung von Blutvergießen aber längst verpaßt.

Literaturhinweise

Chrétien, Jean-Pierre, La crise politique rwandaise, in: Genève-Afrique [Genf] 30 (2) 1992, S. 121–140.
Ders./André Guichaoua/Gabriel Le Jeune La crise d'août 1988 au Burundi, Paris 1989.
Lemarchand, René, Burundi and Rwanda, London 1970.
Ders., Vom Völkermord zur Demokratie?, in: der überblick 3/93 [Hamburg].
Reyntjens, Filip, The Proof of the Pudding is in the Eating: the June 1993 Elections in Burundi, in: Journal of Modern African Studies [Cambridge] 31 (4) 1993), S. 563–583.

Rolf Hanisch
Indonesien: Abenddämmerung des Suharto-Regimes

1. Einführung

In Indonesien geht eine Epoche ihrem Ende entgegen. Es handelt sich um eine Zeit relativ stabiler politischer Verhältnisse im Rahmen einer autoritären politischen Ordnung unter der Führung des einstigen Generals Suharto, der seit 1965/66 an der Macht ist und damit heute zu den am längsten amtierenden Machthabern in der Welt gehört. Die fast drei Jahrzehnte des Suharto-Regimes waren gekennzeichnet durch die Drosselung und Regulierung der politischen Partizipation – notfalls durch brutale Menschenrechtsverletzungen – und eine Zentralisierung der politischen Entscheidungsfindung beim Präsidenten und im militärischen und zivilen bürokratischen Apparat. Sie war aber auch geprägt durch ein anhaltend hohes wirtschaftliches Wachstum, das weithin finanziert wurde durch internationale Renten (Erdöl, Erdgas, Entwicklungshilfe).

Die Rentenökonomie hat ihren Zenit inzwischen jedoch überschritten. Das Wachstum muß von anderen Sektoren finanziert und getragen werden. Das hohe Wachstum und der nun auch noch notwendige wirtschaftliche Strukturwandel tragen zu einer Lockerung der sozialen und gesellschaftlichen Verhältnisse bei, zu neuen Ansprüchen und auch einem größeren Selbstbewußtsein gesellschaftlicher Gruppen gegenüber dem bürokratisch-autoritären Staat. Der Staatspräsident kann zwar faktisch noch selbst über das Ende seiner Amtszeit entscheiden. Sein Alter von nunmehr 73 Jahren zwingt allerdings die Nachfolgefrage auf die politische Tagesordnung. Unverkennbar befindet sich das volkreichste islamische Land in einer Übergangsphase. Diese berührt nicht allein die Präsidentenfrage.

2. Wirtschaftsboom und Strukturwandel

Indonesien hat in den 70er bis in die Mitte der 80er Jahre sein beachtliches Wirtschaftswachstum im wesentlichen durch die Erdöl- und zunehmend Erdgasexportwirtschaft finanzieren können. Die dabei erzielten Wachstumsraten: 1971–80: 7,7%, 1981–90: 5,5% p.a.), bei einem Bevölkerungswachstum von zuletzt 1,9% p.a., waren auch im internationalen Vergleich respektabel. Seit dem Zusammenbruch der Preise 1985/86 beginnt der Erdölsektor seine Bedeutung zu verlieren, die nur begrenzt durch die Erschließung von Erdgasfeldern und höhere Wertschöpfung mittels Raffinade des Rohöls aufgewogen werden kann. Das Ende des Erdölexportsektors ist absehbar, da die relativ stagnierende Produktion in absehbarer Zeit im Lande selbst verbraucht werden wird. Der Anteil des Eigenverbrauchs an der Produktion stieg von 25% (1985) auf 46% (1991) an. Man rechnet damit, daß etwa um das Jahr 2000 Indonesien Netto-Importeur sein wird.

Der bisherige Strukturwandel ist eindrucksvoll: Während der Beitrag des Erdöl/Erdgassektors am Bruttosozialprodukt sich von ca. 22% auf 11% (1980–1991) halbierte, verdoppelte sich der Anteil des verarbeitenden Sektors in einem vergleichbaren Umfang (von 13 auf 21%). Der Anteil des Agrarsektors, der in den 70er Jahren dramatisch geschrumpft war, ging weiter zurück (auf etwa 20%, 1991). Wichtig ist jedoch, daß auch dieser Sektor in all den Jahren real weiter wuchs (meist deutlich über 3% p.a.). 1986 konnte Indonesien, einst eines der wichtigsten Importländer, erstmals sogar Reisüberschüsse produzieren.

In den 80er Jahren suchte Indonesien einen wachsenden Teil der Investitionen durch ausländische Kredite zu finanzieren. Die öffentliche Auslandsverschuldung wurde von 15 Mrd. $ (1980) auf 49 Mrd. $ (1992) ausgeweitet. Die private Auslandsverschuldung steigerte sich bis 1992 auf weitere 21 Mrd. $. Die öffentlichen Kreditnehmer konnten in erster Linie (zu 75%) auf staatliche bilaterale und multilaterale Kreditgeber zurückgreifen und damit im Schnitt günstigere und stabilere Kreditkonditionen aushandeln als viele andere Entwicklungsländer. Umschuldungen waren in dieser Zeit nicht nötig, obwohl der Schuldendienst die Devisenbilanz (Anteil an den Exporteinnahmen: 30,1 % [1991]) sowie das staatliche Budget (Anteil an den Ausgaben: 28,5 % [1991/92]) immer mehr belastet und einengt und die Abflüsse inzwischen die laufenden Zuflüsse übersteigen. Ab 1993 soll die Nettoverschuldung (1992: 61 % des BSP) kontinuierlich abgebaut werden (auf 41 % des BSP im Jahr 2000).

Die Zahlungsbilanzkrise Mitte der 80er Jahre, ausgelöst durch den dramatischen Verfall der Ölpreise, gab den Anstoß zu Reformbemühungen und der Umstrukturierung des Wirtschaftssystems. Der autoritäre Staat hatte bisher in nahezu allen Bereichen der Produktion und des Tertiärsektors versucht, sich direkt zu beteiligen. 1988 wurden beispielsweise 44 % der Wertschöpfung im verarbeitenden Sektor in Staatsbetrieben erwirtschaftet, wurden 65 % der Kredite von Staatsbanken ausgegeben. Die übrige private Wirtschaft wurde durch ein Netz von Verordnungen, Lizenzzwängen usw. weithin reguliert. Auf diese Weise wurden zahlreiche staatliche und private Monopole geschaffen, in denen ansehnliche Renten anfallen, die von einem Teil der überwiegend chinesischen Unternehmerschaft in Verbindung mit Teilen der Staatsklasse angeeignet wurden, während der Staatsapparat sich selbst vorwiegend durch die Ölrente und über Entwicklungshilfe finanzierte. So entstanden riesige Vermögen, organisiert in Mehrzweck-Konglomeraten, unter denen die Angehörigen der Suharto-Familie prominent vertreten sind. Dieses Kartell geriet unter den Druck der vom Weltmarkt ausgehenden Anpassungszwänge, deren Durchsetzung von marktwirtschaftlich orientierten Technokraten, der kleinen, aber wachsenden nicht-klientelistischen Bourgeoisie und den externen Geldgebern (IWF, Weltbank) gefordert wurden.

Die Reformergebnisse sind beachtlich, wenn auch begrenzt, und haben gewiß zum Wirtschaftsboom der letzten Jahre beigetragen. Die Umstrukturierung ist jedoch noch längst nicht abgeschlossen, inzwischen konnten die Rentenjäger in Einzelfällen wieder Boden gutmachen. Die Reformbefürworter müssen sich daher fragen, ob nicht gerade der Erfolg der bisherigen begrenzten Reformen ihre notwendige weitere Vertiefung gefährdet.

Bei der Privatisierung von Staatsunternehmen ist man bisher so gut wie gar nicht vorangekommen. Der Staat unterhält 186 Unternehmen, die den einzelnen Ministerien zugeordnet sind und die mangelnde Rentabilität, bedingt durch ineffizientes Management und politische Auflagen, im Bedarfsfall durch staatliche Zuschüsse kompensieren können.

Die Privatisierung ist schwierig. Als Käufer möchte man ausländische Unternehmen ausschließen, die von Chinesen dominierten großen indonesischen Konglomerate allerdings auch. Damit bleiben fast nur staatsnahe „primumi" (ethnische Indonesier), die sich mit den Chinesen verbinden, als kaufkräftige Interessenten übrig. So versucht man die Professionalisierung des Managements der Staatsunternehmen weiter voranzutreiben, wofür 1992 eine „Generaldirektion für die Entwicklung der Staatsunternehmen" eingerichtet wurde, und Teilbereiche, wie die staatlichen Banken, einem verstärkten Wettbewerb auszusetzen.

Anders als bei der Privatisierung wurden im Bereich der Deregulierung und Entbürokratisierung Fortschritte erzielt: Nicht-tarifäre Handelsbarrieren wurden abgebaut, der Anteil der auf den Binnenmarkt zielenden Produktion, der von diesen geschützt wird, sank von 41 % (1986) auf 22 % (1991). Die Importzölle wurden reduziert, die durchschnittlichen Zolltarife sanken von 37 % (vor 1985) auf 20 % (1991). Die Exportkontrollen, denen etwa $\frac{1}{4}$ der Produktion in der einen oder anderen Form unterliegen, wurden jedoch kaum abgebaut, in einigen Bereichen (Holz) sogar neu eingeführt. Wichtig waren Liberalisierungsmaßnahmen bei der Investitionslizensierung, im Bank- und Schiffahrtswesen sowie zwei größere Abwertungen.

Seit 1987 gibt es einen wahren Investitionsboom sowohl der indonesischen Unternehmen als auch durch ausländische Direktinvestitionen im modernen Sektor. Das reale Wachstum der Wirtschaft war für 1989 und 1990 auf beachtliche 7,5 % gestiegen, hat sich dann allerdings 1991 und 1992 auf 6,6 bzw. 5,5 % abgeflacht und wird für 1993 auf ca. 6 % geschätzt.

Eine bedeutende Rolle spielten die ausländischen Direktinvestitionen: Von 1988 bis Mitte 1992 wurden 1395 Projekte mit 30,6 Mrd. $ angemeldet. Das sind mehr als in den 20 Jahren zuvor. Getragen wird dieser Investitionsboom vor allem von den vier asiatischen Schwellenländern, unter denen insbesondere Taiwan und Süd-Korea ihre Investitionen erheblich ausgeweitet haben. Auf diese Ländergruppe entfallen in dieser Periode fast so viel Investitionsanmeldungen wie auf alle europäischen Länder und Japan zusammen. Die Zielrichtung der ausländischen Investitionen ist eindeutig. Sie geht vornehmlich in den Exportbereich und damit in die Industrie.

Damit zeigen die Deregulierungsmaßnahmen Wirkung, und Indonesien ist als Billiglohnland, mit realistischen Wechselkursen und vergleichsweise niedrigen Landkosten, für die Schwellenländer attraktiv, die, unter dem Eindruck eigener steigender Boden- und Arbeitskosten und zunehmender Arbeitskräfteknappheit, einen Teil ihrer lohnintensiven Exportproduktion verlagern, um sich selbst technologisch anspruchsvollen Industrien mit höherer Wertschöpfung zuzuwenden.

Allerdings gibt es in den letzten Jahren deutliche Überhitzungserscheinungen wie etwa Engpässe bei der Versorgung mit Elektrizität, Telefonanschlüssen und Wasser oder bei der Hafenabwicklung. Hinzu kommen die hohen Zinsen und eine generell vorsichtigere Ausleihpolitik indonesischer Banken, deren Notwendigkeit Ende 1992 durch die Liquidation einer der größten Banken des Landes nachhaltig unterstrichen wurde. Das Ergebnis ist eine deutliche Abschwächung der indonesischen (seit 1990) und auch der ausländischen Investitionsvorhaben (seit 1992). Durch die Abkühlung des Booms kann durch den nun möglichen nachholenden Ausbau der Infrastruktur ein weiterhin hohes Wachstum vorbereitet werden. Der Industriewarenexportsektor boomte selbst in den letzten beiden Jahren mit Zuwachsraten von jeweils etwa 27 %. Das ist eine erstaunliche Leistung, angesichts der Rezession in den Industrie- und Importländern und der damit nicht eben freundlichen Weltmarktsituation.

Der laufende Fünf-Jahresplan (1993–1998) sieht Investitionen von zusammen 305 Mrd. US$ vor, wovon ca. ¾ von privaten Unternehmen aufgebracht werden sollen. Um die sich etwas abschwächende Investitionsneigung transnationaler Konzerne wieder zu beleben, wurden Mitte 1994 die Anlagebedingungen für ausländisches Risikokapital ein weiteres Mal verbessert.

Der Strukturwandel im Außenhandelsbereich verstärkte sich: Die Erdöl/Erdgasexporte wurden erstmals 1987 leicht von allen anderen Exporten übertroffen. Inzwischen werden etwa die Hälfte aller Exporteinnahmen durch verarbeitete Güter und gerade noch ein Drittel durch Brennstoffe erzielt.

3. Vom Renten- zum Steuerstaat

Der Staat muß sich eine neue Grundlage für die Finanzierung des Staatsapparates suchen. Dieser wurde bisher weitgehend von den Ölrenten und der internationalen Entwicklungshilfe finanziert. Die Privatwirtschaft wurde nur sehr lax und mäßig besteuert und trug nur zu einem geringen Anteil zur Finanzierung der öffentlichen Aufgaben bei. Unter den Steuereinnahmen überragen die für die ärmere Bevölkerung degressiv wirkenden indirekten Steuern (Verbrauchssteuern, Importzölle) noch die direkten, einkommensbezogenen Steuereinnahmen.

In der ersten Hälfte der 80er Jahre wurde die Notwendigkeit der Kurskorrektur erkannt, und mit IWF, Weltbank und GTZ-Hilfe begann man, das Steuersystem zu durchforsten und zu reformieren und die Steuerverwaltung auszubauen, um die Eigeneinnahmen anzuheben. Man setzte auf eine Vereinfachung der Steuergesetze und eine Ausweitung der Steueradministration. Die Freigrenzen für die Steuerpflichtigen wurden angehoben, und die maximalen Steuersätze von bis dahin bis zu 45–50 % wurden auf 15 %, 25 % und maximal 35 % gesenkt. Die Steuerreformen begannen in der zweiten Hälfte der 80er Jahre allmählich zu greifen. Der Anteil der Eigeneinnahmen ohne Erdölsteuer an den staatlichen Ausgaben konnte auf 58 % (1992/93), der Steueranteil am BSP (ohne Öl) auf 13,5 % beträchtlich angehoben werden. Der laufende Haushalt 1993/94 macht einen weiteren kräftigen Schritt in diese Richtung: Die Einkünfte aus der Einkommensteuer sollen um weitere 36 % gesteigert werden. Es wird weithin bezweifelt, ob dies gelingen wird. In der Steuerverwaltung sind gerade einmal 700 Beamte tätig; 5000 sollten es, nach weitverbreiteter Einschätzung, sein. Sie sollen – nach dem Vorbild Taiwans – durch den Einsatz von 800 privaten Bücherrevisoren verstärkt werden. Darüber hinaus wird versucht, durch finanzielle Anreize zum pünktlichen Steuerzahlen zu motivieren, durch öffentliche Kampagnen zur Steuerehrlichkeit aufzurufen und die Datenbank der Steuerpflichtigen durch Vernetzung mit anderen Datenbanken zu verbessern.

Einer Unterdeklaration der tatsächlichen Einkommen wird jedoch schwer beizukommen sein. Die schlechtbezahlten Steuerbeamten sind kaum weniger bestechlich als der übrige öffentliche Dienst. Steuern werden daher nicht selten „ausgehandelt". Handelt es sich um Unternehmen von „Verwandten hoher Amtsträger", werden Steuerbeamte gegen unterdeklarierte Steuererklärungen schon gar nichts ausrichten können.

Dennoch: Die aktuellen Defizite deuten die erheblichen Reserven an, die durch eine effiziente, nicht-korrupte Steuerverwaltung noch erschlossen werden können. Die bisherigen Erfolge sollten nicht übersehen werden: Die Einnahmen aus der Einkommensteuer wurden seit 1984/85 nominal verfünffacht. Der Einkommensteueranteil der privaten Einkommensbezieher wurde von knapp 42 % auf 53 %, der Privatunternehmen von 24 % auf 34 % gesteigert, während der Anteil der Staatsunternehmen sich entsprechend mehr als halbierte.

Die höheren Eigeneinnahmen und die reale Steigerung der staatlichen Einnahmen erlaubten – nach Jahren der Stagnation – eine Anhebung der Beamtengehälter und Pensionen um 15 % (1991) und 12–18 % (1993). Die Grundgehälter der Beamten bleiben jedoch dürftig genug. Sie dürften weder für die kleinen Büroboten noch für die Spitzenbeamten wirklich reichen. Der Gehaltsspiegel bewegte sich 1993 zwischen 78 000 Rupiahs

Tabelle 1: Die Struktur der Haushaltseinnahmen 1973–1993 in Indonesien

Mrd. Rupiahs	direkte Steuern	indirekte Steuern	sonstige Einnahmen	Erdölroyalties	Entwicklungshilfe	zusammen
1993/94*	16531	17525	3582	15127	9553	62322
1992/93	12274	17375	2909	13947	9600	56108
1991/92	8860	13485	2831	15009	10372	50556
1990/91	7566	12154	2115	17712	9905	49451
1984/85	2416	2392	687	10430	3478	19384
1980/81	1211	1681	316	7020	1494	11721
1978/79	688	1078	191	2309	1036	5302
1973/74	161	412	50	344	204	1171
in %						
1993/94	26,5	28,1	5,7	24,3	15,3	100
1992/93	21,9	30,9	5,2	24,9	17,1	100
1991/92	17,5	26,6	5,6	29,7	20,5	100
1990/91	15,3	24,6	4,3	35,8	20,0	100
1984/85	12,5	12,4	3,6	54,0	8,8	100
1980/81	10,3	14,4	2,7	60,0	12,8	100
1978/79	13,0	20,4	3,6	43,6	19,5	100
1973/74	13,8	35,2	4,3	29,4	17,4	100

* Haushaltsansatz
Quellen: World Bank; A. MacIntyre/Sjahrir

(39 $) und 537 000 Rupiahs (270 $) pro Monat. Selbst unter Einrechnung der legalen Zuschläge kann ein ehrlicher Beamter damit nicht überleben. Ein passables Auskommen ermöglichen nur die große und die kleine Korruption und die private Aneignung öffentlicher Güter. Für die armen Kerle, die keine derartigen Zugriffsmöglichkeiten haben, bleibt nur die Möglichkeit, ihren kargen Lohn durch Zweit- und Drittjobs, die dann leicht zur effektiven Hauptbeschäftigung werden, aufzubessern.

Inzwischen macht man sich Sorgen über einen auch förmlichen „brain drain" aus dem öffentlichen Dienst, d. h. der Abwanderung qualifizierter Beamter in den boomenden privaten Sektor. Das Problem ist nicht leicht zu lösen: Einer deutlichen Erhöhung der Beamtengehälter stehen nicht nur die Zwänge des Haushaltes, sondern auch die niedrigen Einkommen der Masse der Bevölkerung (Mindestlohn in Djakarta 1993: 1,5 $/Tag) entgegen, von denen sich die offiziellen Beamtengehälter nicht zu weit entfernen sollten.

Die steigenden Einnahmen des Staates ermöglichen wegen des nach wie vor hohen Schuldendienstes, auf den über ¼ aller Staatsausgaben entfallen, nur schrittweise eine relative Ausweitung des Entwicklungshaushaltes. Für diesen können nur etwa 40 % der Staatsausgaben aufgewendet werden. Allerdings wurde der fremdfinanzierte Anteil durch ein faktisches Einfrieren der Entwicklungshilfezuflüsse deutlich zurückgeführt.

4. Der autoritär-bürokratische Staat

Veränderungen in der nationalen und internationalen Ökonomie und Gesellschaft können auch Rückkopplungseffekte für das politische System haben, zumal, wenn dieses autoritär-starr organisiert ist.

Das politische System der „Neuen Ordnung" ist im Kern eine nahezu unbeschränkte Präsidialdiktatur, die sich auf einen gegenüber der Gesellschaft weithin autonomen Staatsapparat stützt und die ihre Herrschaft durch klientelistische und korporatistische Einbindung der relevanten gesellschaftlichen

Gruppen abstützt. Es gibt begrenzte Kanäle der institutionalisierten (Schein-)Partizipation: Ein Zusammenschluß funktionaler Gruppen (Golkar), quasi eine Staatspartei, in der alle öffentlichen Bediensteten Zwangsmitglieder sind, und zwei weitere Parteien, die islamische PPP und die nationalistische PDP, die zwar nicht an der Regierung beteiligt werden, sich gleichwohl nicht als „Oppositionsparteien" verstehen dürfen. Die Autonomie dieser Nicht-Regierungsparteien ist begrenzt, Fraktionskämpfe werden durch Intervention der Administration entschieden. Ihr Expansionsdrang wird eingeengt: Sie dürfen sich nicht an der gesellschaftlichen Basis, auf Distrikts- und Sub-Distriktsebene, betätigen. PPP und PDP sind zwar im Parlament vertreten, haben dort allerdings keine Mehrheits- und Gestaltungschance. $1/4$ der Abgeordneten sind nichtgewählte Militärs, und Golkar ist in den Wahlen, dank der massiven Unterstützung durch die Administration, das Militär und die Geheimdienste, nicht zu schlagen. Das Parlament hat keine wirklichen Rechte und Kontrollbefugnisse gegenüber der Regierung, und die Gesetzgebungsfunktion wird eingeschränkt und überspielt durch das Dekretrecht des Präsidenten.

Der Herrschaftsblock ist jedoch nicht monolithisch. Im Zentrum steht der Präsident, der zwischen den Fraktionen vermittelt und entscheidet und dessen Stellung und Entscheidungen nicht offen angezweifelt werden können. Die Sicherheitsdienste und das Militär (ABRI) sind gewiß wichtige Stützen des Regimes. Sie pochen auf ihre „duale Funktion", d.h. auf politische Einwirkungsmöglichkeiten, neben den militärischen Aufgaben. Dennoch kann nicht von einem Militärregime gesprochen werden. Das Militär glaubt gerade in den letzten Jahren, an Einfluß zu verlieren, zwar an der Umsetzung der Politik, nicht aber an deren Formulierung beteiligt zu werden. Allerdings bekleiden viele pensionierte höhere Offiziere wichtige Funktionen in der Administration, nicht wenige pensionierte Generäle ohne Amt drängen auf eine Öffnung und Demokratisierung des Regimes (und landen dafür zum Teil im Gefängnis).

Indonesien ist immer noch ein repressiver Staat mit mehreren Geheimdiensten, Folter und politischen Gefangenen, die z.T. seit Jahrzehnten festgehalten werden. Beschränkungen der Reisefreiheit unliebsamer Opponenten oder von ausländischen, kritischen Journalisten sind an der Tagesordnung; unverhältnismäßiger Waffeneinsatz, nicht nur in den Besatzungsgebieten in Ost-Timor und gegen andere separatistische Bewegungen (West Irian, Aceh), sondern auch gegen kleinere Bauernzusammenrottungen, die gegen offensichtliches Unrecht protestieren, kennzeichnet den Alltag. Die Strafen sind drakonisch: 2 Jahre kamen zwei Studenten ins Gefängnis, die den Innenminister angeblich beleidigt hatten, zu 2½ Jahren wurden sechs Studenten wegen angeblicher Blasphemie verurteilt (sie hatten einen Sketch über den Islam aufgeführt). Unter den ca. 800 politischen Gefangenen befinden sich noch 30 Verlierer des Umsturzes von 1965 („Kommunisten"), unter diesen sind noch sieben durch den Vollzug der Todesstrafe bedroht. Viele Gefangene befinden sich ohne Gerichtsverfahren im Gefängnis oder werden nicht gleich nach Verbüßung ihrer Haftstrafe entlassen.

Das Regime leistet sich allenfalls eine rechtsstaatliche Fassade. Die relative Gleichheit vor dem Gesetz ist faktisch nicht gewährleistet. Ausschreitungen der Sicherheitsdienste bleiben ohne Sanktionen. Gegen (Willkür-)Entscheidungen der Verwaltung gab es bislang keine legalen Appellationsmöglichkeiten. Dennoch wird das politische Leben gewiß nicht nur von Staatsterror und Repression geprägt, zumal sich zunehmend eine Öffentlichkeit bildet. 1986 wurde die Gründung von Verwaltungsgerichten beschlossen, 1991 das erste in Djakarta eingerichtet. Mehr und mehr Bürger wenden sich mit Protesten und Eingaben an das (eigentlich machtlose) Parlament.

Die Medien berichten relativ frei und durchaus interessant. Werden Tabuzonen überschritten – dazu gehören der Präsident, die Machenschaften seiner Familie, die Rolle der Armee und eine Grauzone weiterer Themen und Personen –, werden Zeitungen allerdings nach wie vor geschlossen oder dürfen Bücher nicht vertrieben werden.

5. Demokratisierungsdruck von innen und außen

Das autoritär-bürokratische System sieht sich mit Herausforderungen von drei Seiten konfrontiert: externer und interner Druck zugunsten der Liberalisierung und Demokratisierung des Systems sowie die Verunsicherung des Herrschaftsblocks durch die latente Frage nach der Nachfolge des Staatspräsidenten.

Die internationalen Menschenrechts- und Demokratisierungskampagnen haben durch den Zusammenbruch des Ostblocks neue Schubkraft erhalten und gehen auch an Indonesien nicht vorbei. UNICEF fordert energischere Maßnahmen gegen die Kinderarbeit, die US-Regierung wird von ihren Gewerkschaften bedrängt, sich für eine Verbesserung des Gewerkschafts- und Arbeitsrechts in Indonesien einzusetzen, andernfalls dem Land Vergünstigungen im Handel durch Streichung der Meistbegünstigungsklausel zu entziehen. Die Dissidenten und Menschenrechtsaktivisten erhalten Aufwind von jenseits der Grenzen: Moralische Unterstützung, aber auch materielle Förderung in Form der nahezu vollständigen Finanzierung von Nicht-Regierungsorganisationen (NRO), die in den letzten Jahren wie Pilze aus dem Boden schossen.

Das Regime reagierte mit einer Mischung aus Beschwichtigung, diplomatischer Empörung und ideologischer Offensive auf die internationale Menschenrechts- und Demokratiekampagne, bleibt aber nicht unbeeindruckt. Führende Vertreter versuchen, einen Unterschied zwischen angeblich westlichen Werten und Menschenrechten und der indonesischen Kultur zu konstruieren.

Das Suharto-Regime vertritt die Position des angeblich eigenen Weges zu den Menschenrechten zunehmend offensiv auf internationalen Konferenzen und in der internationalen Diplomatie – und findet dabei begreiflicherweise nicht wenige Verbündete unter anderen Staaten der Dritten Welt. Mit der Betonung des Konsensprinzips und der Privilegierung der sozialen vor den politischen Grundrechten können jedoch die Ermordung gewaltloser Demonstranten, Folter und andere Ausschreitungen kaum legitimiert werden.

Ein Massaker gegen gewaltlose Demonstranten in Dili, Ost-Timor, im November 1991, das vermutlich 100 Tote gekostet hatte, geriet in die internationalen Schlagzeilen nicht zuletzt wohl deshalb, weil die Besetzung Ost-Timors (1975) bis heute nicht international anerkannt wird. Die Niederlande, Kanada, Dänemark und die USA suspendierten ihre Entwicklungshilfe, um eine unabhängige Untersuchung zu erzwingen. Diese wurde tatsächlich – erstmals gegen Militärs, die dadurch erheblich verunsichert wurden – auch durchgeführt und endete mit einer Anklageerhebung gegen zehn Militärangehörige, von denen einige Haftstrafen von 8–18 Monaten erhielten, während zwei kommandierende Generäle in den Ruhestand versetzt wurden. Im Kontrast dazu wurden die Organisatoren der Demonstration zu 15 Jahren bzw. lebenslänglicher Haft verurteilt.

Indonesien konnte es sich im März 1992 leisten, ein kleines Entwicklungshilfegeberland abzustrafen und die Annahme jeder weiteren Entwicklungshilfe zu verweigern, da diese als „Instrument der Einschüchterung" benutzt werde. Es traf die Niederlande, als ehemalige Kolonialmacht ohnehin nicht populär, aber immerhin Vorsitzende der internationalen Geberkonferenz für Indonesien. Die anderen Geber ließen es damit bewenden und organisierten die Geberkonferenz neu. 1993 wurde die Entwicklungshilfe wieder leicht aufgestockt. Das Suharto-Regime war dafür zu einer symbolischen Geste bereit: 1993 wurde eine Menschenrechtskommission gegründet, allerdings mehrheitlich mit regierungsnahen Juristen besetzt.

Gegen ein so großes Land wie Indonesien ist eine international konzertierte Aktion zur Verwirklichung von Menschenrechten und Demokratisierung kaum zu erwarten. Von ihr kann eine einheimische Demokratiebewegung allenfalls Rückenwind erhalten, der Kampf um eine Demokratisierung muß im Lande selbst ausgetragen und entschieden werden. Eine Demokratiebewegung kann aber erst dann mit einiger Aussicht auf Erfolg agieren, wenn sie relevante Teile der Gesellschaft hinter sich zu bringen vermag.

Der ökonomische Strukturwandel des letzten Jahrzehnts, der Rückgang der Bedeutung des Ölsektors und der Ölrente, die

Deregulierung von Teilen der Wirtschaft und schließlich der Wirtschaftsboom haben die gesellschaftlichen Kräfte vor allem in Unternehmerschaft und Mittelschichten gestärkt, die nicht mehr direkt abhängig vom bürokratischen Staat sind bzw. sich sogar in einem Konkurrenzverhältnis zu diesem und seiner privatwirtschaftlichen Klientel befinden. In einzelnen Konfliklagen wagen es inzwischen Unternehmen, gegen das Interessenbündnis Bürokratie und klientelistische Unternehmer Front zu beziehen und sind in der Lage sich durchzusetzen. Der weitere Ausbau des Steuerstaates wird diese Gruppen weiter stärken.

Die Industrie-Arbeiterschaft ist quantitativ noch sehr schwach entwickelt und nur unvollkommen in Gewerkschaften organisiert, die zudem kaum Anstalten machen, am Arbeitsplatz oder im politischen System die Rechte der Arbeiter zu vertreten. Dem Dachverband steht bezeichnenderweise ein Unternehmer vor, und die Gewerkschaften sind in vielfacher Weise entmündigt und korporatistisch in das System integriert. Wegen ihrer Wirkungslosigkeit und geringen Bindekraft müssen sie sich sogar von Vertretern der Administration schelten lassen, da Arbeiter zunehmend an den Gewerkschaften vorbei um eine Erhöhung ihrer kargen Löhne zu streiken beginnen: 1990 wurden 61, 1991 130 und 1992 177 Streiks amtlich gezählt. Das sind nach wie vor noch nicht sehr viele Arbeitskämpfe, dennoch ist der Trend eindeutig.

Indonesien ist weiterhin ein durch Massenarmut geprägtes Agrarland, auch wenn die absolute Armut rückgängig zu sein scheint. Eine zielgerichtete politische Mobilisierung der Armen und der Landbewirtschafter durch Nichtregierungsorganisationen (NRO), meist Serviceorganisationen akademischer Städter aus den Mittelschichten, würde – selbst unter wesentlich freieren Handlungsbedingungen als sie gegenwärtig herrschen – eher überraschen. Der Demokratisierungsdruck geht von den Funktionären und Aktivisten aus, kaum von den Zielgruppen. Arme Landbewirtschafter sind ohnehin in allen Gesellschaften nur schwer zu zielgerichtetem politischem Handeln zu mobilisieren. Eine Katalysatorfunktion spielen nicht selten religiöse

Bewegungen. Das Suharto-Regime ist sich dessen durchaus bewußt und beobachtet Ansätze eines politisierenden Islam mit Argusaugen, sucht die Gläubigen aber auch durch symbolische Zugeständnisse zu beschwichtigen. Der Vorsitzende einer der größten islamischen Organisationen, der Nahdatul Ulama (NU), Abdurrahman Wahid, gründete mit mehr als 40 Intellektuellen 1991 ein loses „Demokratieforum", dessen Vorsitz er übernahm. Er vermochte die NU mit ihrer Massenbasis damit allerdings noch nicht an die Demokratiebewegung heranzuführen. Die NU, früher als eigenständige Partei und dann als Komponente der amtlich anerkannten Moslempartei PPP organisiert, versteht sich heute als unpolitische Organisation und mag zu den Wahlen keine Wahlempfehlung abgeben. Wahid selbst ist kein islamischer Eiferer, sondern tritt für Religionstoleranz und eben die Demokratisierung der Gesellschaft ein. Insgesamt läuft mithin die gesellschaftliche Entwicklung langfristig auf eine Schwächung des autoritär-bürokratischen Staates hinaus, aktuell aber sind die demokratischen Kräfte noch nicht stark genug, eine Demokratisierung zu erzwingen.

Die Stärke autoritärer Regime hängt jedoch nicht nur von der Stärke der oppositionellen Kräfte, sondern auch vom Konsens im Herrschaftsblock selbst ab, der diesem ein geschlossenes Handeln erlaubt oder eben verhindert. Von zentraler Bedeutung kann die Rolle des Staatsführers sein, mit dessen Abgang möglicherweise die zentrifugalen Kräfte im Regime freigesetzt werden. Präsident Suharto ist mit seinen 74 Jahren offenbar noch bei bester Gesundheit und hat bisher die Entfaltung eines „Kronprinzen" zu verhindern gewußt. Seinen Vizepräsidenten wechselte er mit jeder Wahlperiode. Die Nachfolgefrage warf er jedoch selbst auf, als er 1989 die Möglichkeit andeutete, seine Präsidentschaft auslaufen zu lassen. Seither wird über die Nachfolge nachgedacht, und die Geschütze für den Diadochenkampf werden, weitgehend unter Ausschluß der Öffentlichkeit, in Stellung gebracht. Suharto ließ sich zu seinen bisher fünf Amtszeiten jeweils ohne Gegenkandidaten indirekt wählen. 1993 kündigte zwar ein Sohn seines Vorgängers, Guruh Sukarno, seine Gegenkandidatur bei der Präsidentenwahl im „Volkskongreß" an, fand damit aber nicht einmal ungeteilte Zustimmung in seiner Partei PDP, für die er ins Parlament gewählt worden war, und zog seine Bewerbung wieder zurück. Immerhin hatte die PDP ihren Parlamentswahlkampf mit der Forderung nach Demokratisierung des politischen Systems betrieben, wozu die Begrenzung der Präsidentschaft auf zwei Wahlperioden gehören soll.

So blieb alles beim alten: Suharto entschied über eine weitere Amtszeit, und keine der etablierten politischen Fraktionen wagte es, ihn nicht zu unterstützen. Die Wahlen verliefen daher nach bekanntem Muster: Nach einem knapp einmonatigen Wahlkampf und einer Woche „Abkühlung" fanden am 9. Juni 1992 die Wahlen zum Repräsentantenhaus statt. Von den einst ca. 1,4 Mio. politischen Gefangenen des Umsturzes von 1965 wurde noch 36345 das Wahlrecht vorenthalten. Von den 2337 Kandidaten – jede Partei kann doppelt so viele Kandidaten aufstellen wie Mandate zu verteilen sind – wurden dieses Mal 54 ausgesiebt und an der Kandidatur gehindert. Die Wahlkommission unter dem Vorsitz des Innenministers gab schließlich ein gegenüber den vorherigen Wahlen nur unwesentlich verändertes Ergebnis bekannt: Bei einer Wahlbeteiligung von 91% wurden Golkar 68%, der PPP 17% und der PDP 15% der Stimmen zugeschrieben.

Das Repräsentantenhaus konstituierte sich mit 500 weiteren, nicht direkt gewählten Volksvertretern im März 1993 zum Volkskongreß, der in fünf Jahren nur einmal zusammentritt, um den Präsidenten und den Vizepräsidenten zu wählen und die „Richtlinien der Politik" für die kommende Wahlperiode, vom Präsidenten vorgetragen, zu verabschieden. Suharto war von allen Fraktionen nominiert worden, hatte – wie stets – keinen Gegenkandidaten und wurde durch Akklamation gewählt. Auch bei der Wahl des Vizepräsidenten gab es keine Überraschung. Mit ihrem bisherigen Generalstabschef Try Sutrisno brachte ABRI „ihren Mann" in diese bisher eher einflußlose Position, die sich jedoch zu einer Schlüsselposition entwickeln kann, wenn Suharto doch vorzeitig aus seinem Amt scheiden oder 1998 nicht wieder kandidieren sollte.

Literaturhinweise

Booth, Anne (ed): The Oil Boom and after. Indonesian economic policy and performance in the Soeharto Era, Singapore 1992.
Bhattacharya, A./Pangestu, M.: Indonesia. Development transformation and public policy, Washington 1993.
Macintyre, Andrew: Business and politics in Indonesia, Sydney 1992.
Vatikiotis, Michael R. J.: Indonesian Politics under Suharto. Order, development and pressure for change, London 1993.

Rüdiger Machetzki
Kultur und Wirtschaftserfolg in Südostasien

1. ASEAN – „Schwellenländer der zweiten Generation"

Seit über drei Jahrzehnten erleben die Länder Nordostasiens Entwicklungsschübe von einer Dynamik, wie sie die bisherige Geschichte der Weltwirtschaft nicht gekannt hat. Nacheinander haben sich zuerst Japan, dann die kleineren Länder Nordostasiens und schließlich auch mehrere wirtschaftliche Schlüsselgebiete des chinesischen Subkontinents von diesem dynamischen Prozeß des Auf- und Umbruchs erfassen lassen. Eine dritte große Weltwirtschaftsregion neben den beiden traditionellen nordatlantischen Zentren des Westens gewinnt immer deutlicher an Umriß.

Dieser Wandel der realen Welt steht in einem bemerkenswerten Gegensatz zur „Gleichtönigkeit" der Diskussion um die Ursachen der Veränderungen. Vor allem ist die Frage umstritten, ob kulturellen Faktoren ein wesentlicher Stellenwert zur Erklärung der großen Entwicklungserfolge zuzumessen ist oder ob rein wirtschaftswissenschaftliche Interpretationsmuster ausreichen. Insbesondere Vertreter des ökonomischen (Neo-)Liberalismus neigen dazu, die Bedeutung des Kulturellen für die Entwicklungsprozesse mehr oder weniger kategorisch zu verneinen. Sie sind der Überzeugung, daß kulturelle Gegebenheiten keine echte Wirkungsgröße darstellen und darüber hinaus zu „falscher oder unangemessener wirtschaftswissenschaftlicher Argumentation" verleiten. Was in den Ländern Nordostasiens vor sich gegangen sei, müsse „als Ergebnis kontrollierter Experimente betrachtet werden, in dem Sinn, daß den wirtschaftlichen Veränderungen, die eingetreten sind, Veränderungen in der Politik vorausgingen, während kulturelle und soziale Gegebenheiten die gleichen blieben."

Abweichend von dieser Überzeugung hat der Autor an anderer Stelle erklärt: „Dennoch wird hier nachdrücklich konstatiert, daß es eine naturspezifische Basis des Wirtschaftens und in erweitertem Sinne einen gestalterischen Einfluß (fördernd bzw. bremsend) des Kulturellen, insbesondere der kulturellen Tradition auf Modernisierungsprozesse aller Gesellschaften gegeben hat und noch gibt. Die entscheidende Frage ist nicht, ‚ob‘, sondern ‚wie‘, und dieses Wie ist bisher nicht befriedigend beantwortet worden. Kultur ist ein ‚weiches‘ Thema. Man muß sich davor hüten, in impressionistische Beschreibungen zu verfallen und der Neigung, überall Einzigartigkeiten zu suchen, nachzugeben. Vor allem darf man nicht das Kind mit dem Bade ausschütten: Die Kultur ist eine Wirkungsgröße neben anderen, nicht mehr und nicht weniger. Deshalb kann nicht genug betont werden, daß jeder Erklärungsansatz, der die Kultur zur entscheidenden Konstante von Modernisierungsprozessen erhebt, dazu verurteilt ist, an inneren Widersprüchen zu scheitern... Fassen wir zusammen: Die Einbeziehung des kulturellen Erklärungsansatzes für die erfolgreichen Modernisierungsprozesse in Ostasien stellt eine notwendige Voraussetzung dar, aber keine hinreichende... Die langfristige Konsistenz und Verläßlichkeit auf allen drei Feldern wirtschaftsorientierten staatlichen Handelns – Ordnungspolitik, Prozeßpolitik und Strukturpolitik – stellen offensichtlich die stimulierende bzw. aktivierende Einflußgröße in Modernisierungsprozessen dar. Wenn die politische Steuerungskapazität und -form geeignet sind, modernisierungsadäquate Anreize und Signale auszustrahlen, reagieren die ökonomischen Subjekte mehr oder weniger schnell und nachhaltig. Hier und nur hier ist der legitime Platz der Erklärungsgröße Kultur. Die kulturellen Ausgangsbedingungen (politische und wirtschaftliche Tradition) sind entscheidend für das eben erwähnte ‚Mehr oder Weniger‘. Sie bestimmen, ob die Herausforderungen des Modernisierungsprozesses im internationalen Vergleich schnell, umfassend und dauerhaft bewältigt werden. Die Unterschiede können dabei, wie die Entwicklungsrealität der Welt beweist, teilweise in der Dimension von Generationen gemessen werden."

Unter Berücksichtigung der vorangehenden Hypothesen können wir uns der Frage zuwenden, warum auch die

ASEAN-Länder, deren große Tradition nicht oder nur unwesentlich von Gesellschafts- und Weltvorstellungen nordostasiatischer Herkunft (Stichwort: Konfuzianismus!) geprägt ist, im internationalen Vergleich ausgesprochen erfolgreich in ihren nationalen Modernisierungsbemühungen sind.

Man muß einräumen, daß die Erfolge dieser Länder erst wesentlich später sichtbar geworden sind. Das Modernisierungsniveau – gemessen an politischen, gesellschaftlichen und wirtschaftlichen Maßstäben – ist immer noch deutlich niedriger als in Nordostasien. Man liegt eine Entwicklungsgeneration zurück und versteht sich durchaus realistisch als „Schwellenländer der zweiten Generation". Die Schwelle ist erreicht, aber noch nicht überschritten. Im Falle der Philippinen muß man sogar diese Bewertung bezweifeln. Die philippinische Wirtschaft und Gesellschaft ähneln wegen ihrer entwicklungshemmenden Strukturschwächen in vielerlei Hinsicht eher Lateinamerika denn Ostasien. Unter Anspielung auf die spanische und amerikanische Kolonialzeit ist polemisch behauptet worden: Dreihundert Jahre Kloster und fünfzig Jahre Hollywood, das mußte so kommen. Es mußte nicht! Wir sind wieder bei der Frage der Gewichtung von Politik und Kultur. In allen Ländern Südostasiens, die dem ostasiatischen Modernisierungstrend deutlich hinterherhinken – die indochinesischen Staaten Vietnam, Laos und Kambodscha sowie Birma (Myanmar) und Philippinen –, ist in erster Linie ein lang anhaltendes „Politikversagen" (Ordnungs-, Prozeß- und Strukturpolitik) zu verzeichnen. Die Gründe dieses Versagens sind unterschiedlicher Natur, aber die blockierenden Wirkungen sind ähnlich. Das traditionelle wirtschaftlich-gesellschaftliche Kulturfundament kann den jeweiligen nationalen Modernisierungsprozeß beschleunigen oder verlangsamen, es kann ihn jedoch nicht selbst in Gang setzen oder völlig verhindern. Anders wäre nicht zu verstehen, daß Länder wie Malaysia und Thailand die Philippinen auf der Erfolgsleiter weit hinter sich gelassen haben und daß Indonesien immer näher rückt. Die Philippinen galten noch vor dreißig Jahren als ein Land, dessen Entwicklungsaussichten wesentlich günstiger eingestuft wurden als die aller anderen südostasiatischen Staaten, und Vietnam müßte schon lange zum fünften „kleinen Drachen" geworden sein, wenn die traditionelle Kulturbasis die alles entscheidende Wirkungsgröße nationalen Modernisierungserfolges wäre.

Woher also die Erfolge? Noch einmal die gleiche Antwort: Der direkte Auslöser war eine modernisierungsadäquate Politik. Dies wird ganz besonders deutlich im Falle Indonesiens, das bis zu Beginn der achtziger Jahre eine nationale Entwicklungsstrategie verfolgte, die angesichts des niedrigen Entwicklungsstandes zu ehrgeizig, prestigeorientiert und wirklichkeitswidrig war. Statt „trial and error" verfolgte man das „grand design". Das materielle „Ressourcenparadies" Indonesien verfiel der wirtschaftlichen Fehlentwicklung. Das eigentlich Erstaunliche ist die Lernfähigkeit, die sich im Rahmen der Neuen Ordnung unter der Präsidentschaft Suharto allmählich herausbildete. Während der achtziger Jahre wurde der Lernprozeß aufgrund der nach und nach eintretenden Erfolge beschleunigt. Auch in Malaysia änderte sich das Entwicklungsklima während der letzten zwei Jahrzehnte langsam, aber eindeutig. Die Neue Ökonomische Politik, deren erklärtes Ziel es ist, das volkswirtschaftliche Produktivvermögen systematisch zugunsten der malaiischen Staatsbevölkerung umzuverteilen, ist nicht grundsätzlich verworfen worden, aber ihre Initiatoren haben aufgrund negativer Erfahrungen zwei wesentliche Maximen allen Wirtschaftens anerkannt: Laß diejenigen produzieren, die zur Produktion bereit und fähig sind! Versuche niemals umzuverteilen, was noch nicht produziert worden ist! Die chinesische Gemeinde Malaysias faßt diese beiden Maximen zu einer zusammen: Peitsche nicht den schnellen Büffel!

Die ASEAN-Staaten sind seit Gründung der ASEAN im Inneren wie auch nach außen politisch reifer geworden. Das Maß an Willkürherrschaft hat sich erheblich verringert. Die meisten Regierungen haben den unauflösbaren Zusammenhang zwischen politischer Mäßigung und Berechenbarkeit einerseits und dauerhafter wirtschaftlicher Entwicklung andererseits erkannt – zum Teil notgedrungen anerkennen müssen. „Aufstände" des Militärs (z. B. Thailand) oder andere Formen militärischer Gewalt (z. B. Indonesien) können den Trend zum „gouvernement modéré" unterbrechen oder sogar vorübergehend zurückstauen, aber nicht dauerhaft umkehren. Dem Wandel der Politik entspricht auf gesellschaftlicher Ebene die kontinuierliche Herausbildung neuer Mittelschichten, die ihren Anspruch auf Beteiligung am politischen Willensbildungs- und Entscheidungsprozeß nicht länger zurückstellen wollen, zumindest möchten sie ihre Interessen in der Politik berücksichtigt sehen. Wirtschaftlich werden diese neuen Mittelschichten zu immer stärkeren Antriebskräften der Entwicklung, was es wiederum der Politik erleichtert, die alte Neigung zum Einsatz staatswirtschaftlicher Instrumente zu überwinden.

Diese Erläuterungen zum gewichtigen originären Beitrag der südostasiatischen Gesellschaften auf ihrem eigenen Erfolgsweg sind notwendig, weil sie der nicht selten geäußerten Ansicht entgegenwirken, das „Wunder der ASEAN" sei nicht hausgemacht, sondern dem Überseechinesentum und dem Engagement nordostasiatischer Unternehmen zu verdanken. Dies ist eine Halbwahrheit, also zur Hälfte falsch.

Selbstverständlich wäre es sinnlos, den großen gestalterischen Einfluß der überseechinesischen Gemeinden auf die nationalen Entwicklungsprozesse in den ASEAN-Staaten zu leugnen. In Indonesien beläuft sich der überseechinesische Bevölkerungsanteil auf knapp 3 %, der Anteil am inländischen Privatkapital auf über 70 %, d.h. der Anteil am Gesamtkapital des Landes (einschließlich Staatswirtschaft und Auslandskapital) beträgt gut ein Viertel, wobei die Salim-Gruppe und die Astra-Gruppe, die beiden größten „chinesischen" Konglomerate, besonders herausragen. Auf den Philippinen beläuft sich der chinesische Bevölkerungsanteil auf ca. 1 %. Auslandschinesische Unternehmen kontrollieren rund ein Drittel des binnenwirtschaftlichen Geschehens, d.h. gut ein Fünftel der philippinischen Gesamtwirtschaft. In Malaysia liegt der Bevölkerungsanteil mit gut einem Drittel verhältnismäßig hoch. Der chinesische Kontrollanteil an der Wirtschaft erreicht nach Schätzungen zwischen 60 und 70 %. Die Grauzone ergibt sich u. a. aus der Tatsache, daß ein nicht geringer Teil der formal aus Taiwan kommenden ausländischen Direktinvestitionen tatsächlich aus sinomalaysischen Quellen stammt, um sich auf diese Weise die für ausländisches Investitionskapital geltenden Vorzugsbedingungen zu sichern. Es erscheint der Erwähnung wert, daß der chinesische Anteil an der malaysischen Wirtschaft 1970 bei nur rund 35 % lag. Der ausländische Anteil – aus der Kolonialzeit stammend – war erheblich, er ist in der Zwischenzeit stark geschrumpft. Indirekt spiegelt sich in dem kontinuierlich gewachsenen chinesischen Anteil der große Beitrag zur Entwicklung des Landes wider. In Thailand variieren die Schätzungen zum chinesischen Bevölkerungsanteil stark. Nimmt man einen Mittelwert von 8 % an, wobei der Siedlungsschwerpunkt im Großraum Bangkok liegt, wird der gewaltige Einfluß des auslandschinesischen Unternehmertums besonders deutlich. Die geschätzten Anteile (ohne Auslandsunternehmen) an Industrie und Handel liegen bei jeweils annähernd 90 %, im inländischen Bankenwesen bei rd. 50 %.

Dies sind Tatsachen, aber sie müssen ergänzt werden. Das überseechinesische Unternehmertum war nur deswegen in der Lage, diesen prominenten Beitrag zur Entwicklung der ASEAN-Länder zu leisten, weil das politische Umfeld im Laufe der Zeit immer konsequenter darauf ausgerichtet wurde, einen solchen Beitrag zu „akzeptieren". Angesichts des gespannten Verhältnisses zwischen den Überseechinesen und großen Teilen der jeweiligen einheimischen Bevölkerungen, das vor allem im malaiischen Raum bis zur Feindseligkeit reicht, ist es den Regierungen mit Sicherheit nicht leichtgefallen, den ökonomischen Überlegungen Priorität einzuräumen.

Ähnliches gilt für das Engagement nordostasiatischer Investoren und Produzenten, das vor allem seit 1987/88 geradezu schwindelerregend gestiegen ist. Die dominante Position japanischer Unternehmen ist seit langem bekannt. Neu ist der massive Einstieg der nordostasiatischen Schwellenländer. Taiwan, Hongkong und Korea sind praktisch in allen ASEAN-Ländern hinter Japan und den USA in eine der führenden Positionen gerückt, teilweise sogar vor den USA. Als erläuterndes Beispiel mag Taiwan gelten. Rund 2000 taiwanesische Unternehmen produzieren gegenwärtig in Thailand, 600 in Vietnam, 800 in

Malaysia und ebenfalls 800 in Indonesien. Insgesamt haben taiwanesische Unternehmen während der letzten fünf Jahre Investitionen von rd. zwei Milliarden US$ in die ASEAN geleitet. Dieser Trend wird anhalten, da er nicht auf Zufälligkeiten weltwirtschaftlich-konjunktureller Entwicklungen beruht, sondern die systematische Verlagerung arbeitsintensiver Industrieproduktionen reflektiert. So sind z. B. die Stundenlöhne in der Textil- und Bekleidungsindustrie Taiwans auf durchschnittlich 5 US$ (1991) gestiegen. In Hongkong und Korea belaufen sie sich auf 3,4 US$ bzw. 3,6. In China liegen sie bei 0,34 US$. In Indonesien oder Thailand sind sie nur unwesentlich höher als in China. Den nordostasiatischen Investoren hätten grundsätzlich alle Entwicklungsländer offengestanden. Die Zahl der sog. Billiglohnländer ist Legion. Sie entschieden sich für Südostasien, weil sie das politisch-wirtschaftliche Umfeld besonders günstig beurteilten.

Die Regierungen der ASEAN-Länder haben die Schwächen der eigenen Wirtschaftsgesellschaften erkannt – Schwächen, die nicht zuletzt auf die traditionelle wirtschaftskulturelle Basis zurückzuführen sind. Eine solche Erkenntnis zum Ausgangspunkt der eigenen Politik zu machen, ist beileibe kein einfaches Unterfangen. Das ist der originäre Beitrag, der zwar nicht hinreichend, aber notwendig war, um die ASEAN-Länder in ihrer Mehrheit zu wirklichen Entwicklungsländern aufsteigen zu lassen, in denen neben dem Überseechinesentum und ausländischen Akteuren auch das „einheimische" Unternehmertum von Jahrzehnt zu Jahrzehnt kraftvoller wird. Wie bedeutsam dieser Beitrag ist, läßt sich an der gewaltigen Zahl der Länder ablesen, die wie eh und je bloß unterentwickelt sind.

2. Chinesische Unternehmung:
Die „Familie" als ökonomische Einheit

Im folgenden soll die „chinesische" Unternehmensorganisation skizziert und auf ihre Besonderheiten hin untersucht werden. Genauer müßte man von einer wirtschaftlichen Organisationsweise des küstenorientierten Südchinesentums sprechen, das sich selbst als Träger einer besonderen Richtung der chinesischen (Wirtschafts-)Kultur sieht, deren geschichtliche Existenz erst kürzlich wieder zum Thema einer inner- und außerchinesischen Diskussion geworden ist. Sei es das Schlagwort „blaue Kultur" oder auch der Begriff *haiyang zhongguo* (maritimes China) oder auch eine andere Beschreibung, alle diese Termini beinhalten einen kulturellen Gegenanspruch zur imperialen Orthodoxie, der jüngst von singapurianischen Autoren als „chinesische Peripheriekultur" bewußt ausformuliert worden ist. In ihrem Selbstverständnis sieht sich diese kulturelle Strömung als kritisch-korrigierendes Element für die gesamte chinesische Welt. In diesem Sinne äußerte sich Singapurs Informations- und Kulturminister Yeo im August 1991 auf der ersten Weltkonferenz chinesischer Geschäftsleute. Das Zentrum China brauche seine Peripherie, um die große Transformation zu bewältigen. Halb bewußt scheint dieser Anspruch immer bestanden zu haben. Um es zusammenzufassen: Im eigenen Verständnis und zunehmend auch im Verständnis des halboffiziellen China ist die chinesische Geschäftswelt außerhalb der Grenzen der Volksrepublik ein wesentliches gesamtchinesisches Element, das für die Entwicklung Chinas entscheidende geistige, organisatorische und materielle Impulse zu geben vermag. Besonders konzentriert kommt diese Tendenz in der breit geführten Diskussion um die Möglichkeiten einer sog. panchinesischen Kooperationssphäre zum Ausdruck. Eine solche Kooperationssphäre ist in weiten Teilen bereits Wirklichkeit. Nach Ansicht einzelner fachkundiger Beobachter steuert ihre Entwicklung auf ein „weltweit im Aufbau befindliches Handels- und Wirtschaftsimperium, bei dem Bindungen der Kultur und Geschichte politische Differenzen immer wieder überdecken", hin. Weiter heißt es:

„Im Jahre 1991 dürfte das gesamte Handelsvolumen des so definierten ‚großchinesischen Blocks' einen Wert von fast 600 Mrd. US$ umfassen – wobei sich Ein- und Ausfuhren etwa die Waage halten. Mit Japans Werten wurde damit nahezu gleichgezogen und ein Weltanteil zwischen 7 und 8 % erreicht ... Eine ähnliche Intensität wachsender Verbundenheit läßt sich bei den Auslandsinvestitionen feststellen; in der VR China dürfte der Anteil der übrigen Mitglieder des ‚Chinesischen Blocks' bei rund der Hälfte liegen. Nach Hongkong ist Taiwan einer der wichtigsten Investoren in Festlandchina geworden, und auch Singapur knüpft immer dichtere Fäden zur Volksrepublik."

„Neben dem inneren Ring des großchinesischen Blocks, der vorerst mit unterschiedlicher Kohäsion verbunden ist, wächst zur Zeit ein zweiter, der als Vorhof, Rohstoff- und Know-how-Lieferant sowie als vielseitig interessierter Kunde eine nicht unerhebliche Bedeutung besitzt. Das um die Wiedervereinigung bemühte Korea, die sechs ASEAN-Staaten gehören dazu ebenso wie Vietnam und die Mongolei. Regionale Nachbarschaft und teilweise gemeinsame Geschichte und Kultur, das Vorhandensein von größeren Kolonien von Auslandschinesen mit überproportionalem wirtschaftlichen Einfluß und eine teilweise günstige Interessenergänzung sowie eine – vorerst – noch gemeinsame Abwehrhaltung gegenüber dem als zu aggressiv empfundenen Einfluß Japans ... haben hier eine Konstellation geschaffen, die eine gegenseitige Verflechtung begünstigt."

In Taiwan sprechen verantwortliche Wirtschaftspolitiker bereits von einem zukünftigen „Greater China Common Market", auf dem alle chinesischen Volkswirtschaften und die vom Auslandschinesentum mitgeprägten Volkswirtschaften gemeinsam agieren, Geoökonomie werde Geopolitik ersetzen. Diese Sicht entspricht nebenbei dem japanischen Sicherheitsbegriff der „comprehensive security".

Die Unterscheidungen zwischen Hongkong, Taiwan und dem auslandschinesischen Unternehmertum in Südostasien beginnen unter wirtschaftlichen Gesichtspunkten zu verblassen. Das ist nicht verwunderlich, da die Huaqiao-Bevölkerung während der letzten 150 Jahre in mehreren Schüben nahezu ausnahmslos aus den wenigen südlichen Küstenprovinzen abgewandert ist.

Eine einschränkende Anmerkung, die man bei jeder Abhandlung des Auslandschinesentums machen muß, richtet sich auf die unterschiedlichen statistischen Angaben zur Größe, zur wirtschaftlichen Leistungsfähigkeit, zu Anteilen in den jeweiligen Niederlassungsländern. Alle diese Angaben sind absolute Mindestgrößen. Schätzungen zu allen wesentlichen Aspekten reichen teilweise bis zu einem Mehrfachen der ausgewiesenen Größen. Nach Angaben der taiwanesischen Overseas Chinese Affairs Commission gibt es zur Zeit insgesamt knapp dreißig Millionen Auslandschinesen, darunter etwa fünfundzwanzig Millionen in Ostasien und gut zwei Millionen in den USA, insbesondere in Kalifornien. Der Rest verteilt sich auf Länder wie Australien und Kanada, aber auch auf Westeuropa.

Die bisherige Forschungsarbeit zum Auslandschinesentum unterlag starken Schwankungen. Bis Mitte der siebziger Jahre gab es im Westen eine Untersuchungswelle, die überwiegend von einem politischen Themeninteresse diktiert wurde. Fragestellungen wie „Chinas fünfte Kolonne, ja oder nein", „Chinesische Brückenköpfe in Südostasien" erregten ein größeres Interesse, nicht zuletzt, weil im Zeichen des Vietnamkrieges und des allgemeinen Antikommunismus die meisten südostasiatischen Regierungen eine ihrem Wesen nach mehr oder weniger starke „antichinesische Weltsicht" offenbarten und ihre Politik von einem grundsätzlichen Mißtrauen gegenüber den chinesischen Minderheiten in den eigenen Ländern bestimmt war. Während der letzten fünf, sechs Jahre ist ein neuer Aufschwung in der Literatur zum Auslandschinesentum eingetreten. Diesmal konzentriert sich das Untersuchungsinteresse vor allem auf wirtschaftliche Gesichtspunkte, die in der Vergangenheit nebenbei abgehandelt worden waren. Dies erscheint im nachhinein um so unverständlicher, als das auslandschinesische Unternehmertum bereits Mitte der achtziger Jahre ein BSP-Äquivalent von gut 200 Mrd. US$ erzeugte. Gegenwärtig liegt die Größenordnung bei rund 300 Mrd. US$, was in etwa dem gesamtwirtschaftlichen Leistungsvermögen ganz Afrikas einschließlich Südafrikas und der nordafrikanischen Ölförderländer entspricht.

Die Huaqiao stellen zum einen ein von der großen chinesischen Gesellschaft historisch abweichendes Segment des Chinesentums dar. Zum anderen verkörpern sie gleichzeitig die

Grundzüge des küstennahen Südchinesentums in besonders konzentrierter Weise. Der letzte Punkt scheint um so bedeutsamer, als ihr Einfluß heute weit in die südlichen Küstenprovinzen hineinstrahlt. Die Nabelschnur zum „Chinesischen" – nicht unbedingt VR China – ist niemals gekappt worden. Sie verstärkt sich wieder, seit China „normaler" wird, also aus Sicht der Überseechinesen eine positive Rückbesinnung erkennbar ist.

Während das Modernisierungsbewußtsein in China selbst, insbesondere das der Intellektuellen aller Couleur, in der Vergangenheit vorrangig auf den staatlich-politischen Bereich fixiert war, zeigt sich heute in ziemlicher Klarheit, daß der wirtschaftskulturelle Strang, d.h. die besondere „blaue" Wirtschaftskultur mit ihrer Organisationsweise – gleichsam außerhalb Chinas – nicht nur überlebt, sondern sich stark entwickelt hat und als eigenständige Variante in der Weltwirtschaft an Bedeutung gewinnt. Daß sie in China selbst seit Jahren einen wachsenden Resonanzboden findet – vorerst vor allem in den südlichen Küstenprovinzen – und langfristig die Gestaltung der Weltwirtschaft maßgeblich mitbestimmen wird, kann kaum noch angezweifelt werden. Dies führt zu einer grundsätzlichen Überlegung. Es stellt sich die Frage, ob ökonomisches Denken und Handeln sowie ökonomische Organisationsbildung wirklich von anderen Lebensbereichen getrennt werden können. Anders gefragt: Sind sie nicht immer auch ein Kulturvorgang? Ansonsten wäre der Begriff Wirtschaftskultur sinnlos. Dies gilt insbesondere im Fall des Süd- bzw. Überseechinesentums, bei dem die Familie die grundlegende Wirtschaftseinheit bildet. Sie ist auf ökonomische Zwecke ausgerichtet, ohne ihre anderen Grundfunktionen verloren zu haben.

Um den im späteren Teil der Abhandlung folgenden abstrahierenden Aussagen ein konkretes Moment voranzustellen, wird an dieser Stelle ein fiktives, aber durchaus charakteristisches Kurzporträt eines auslandschinesischen Unternehmers nachgezeichnet:

Der Name unseres Unternehmers ist Liem, wohnhaft in Semarang, Zentraljava. Die Familie wanderte um etwa 1900 aus

Fujian ein. Wegen der allgemeinen antichinesischen Grundstimmungen in der indonesischen Bevölkerung und wegen politischer Zwänge nahm Liem formal den Namen Harono an, was jedoch nicht von großem Nutzen ist, da anhand der Seriennummer seines Passes für jeden Kundigen die ethnische Identität erkennbar ist. Trotz der Risiken und der möglichen Repressalien, die Herr Liem in Indonesien wegen unerwünschter China-Kontakte immer noch zu befürchten hat, besucht er gelegentlich sein Ahnendorf in der „Heimatprovinz". Einer seiner Brüder lebt in Hongkong, ein anderer in Singapur, eine Schwester in Kalifornien. Sie ist mit einem Fujian-Chinesen verheiratet, der von Beruf Ingenieur ist. Herr Liem ist Besitzer einer Plastikwarenfabrik, deren Ausrüstung er in der zweiten Generation von seinem Bruder in Hongkong übernommen hat. Um im harten internationalen Wettbewerb zu bestehen, muß der Bruder seine Ausrüstung spätestens nach sechs Jahren erneuern. Herr Liem kauft die Rohstoffe für seine Erzeugnisse bei einem ausländischen Konzern, in dem einer seiner Neffen im Verkauf tätig ist. Er beliefert mehrere Großhändler auf Java, alle Südchinesen mit indonesischem Namen. Die Bank, mit der er gewöhnlich zusammenarbeitet, gehört ebenfalls einem Landsmann. Dort sind auch zwei Mitglieder der erweiterten Familie angestellt. Er beabsichtigt, mit dem Schwager seines Bruders in Singapur ein neues Unternehmen zu eröffnen. Man weiß schließlich niemals, wie sich der Wind in Indonesien drehen wird. Sein zweiter Sohn arbeitet für ihn als auserwählter Nachfolger. Selbstverständlich hat er ein MBA-Diplom von der University of California, Berkeley. Der erste Sohn hat sich in Australien als Arzt niedergelassen. Herr Liem trifft sich regelmäßig mit anderen Mitgliedern der chinesischen Gemeinde, und einmal im Jahr unternimmt er eine Geschäftsreise durch den Pazifik bis in die USA. Er sammelt überall Informationen, meist in persönlichen Gesprächen oder auf andere informelle Art. Offiziellen Stellen mißtraut er. Er weiß nicht genau, warum. Das ist nun einmal so. Wenn man ihn zu einer Antwort drängte, würde er wahrscheinlich sagen: Wenn die so viel wissen, warum machen sie das Geschäft nicht selbst?

Diesem fiktiven Porträt schließt sich das Porträt eines echten Herrn Liem an. Liem Sioe Liong gilt als Großmagnat unter den Großmagnaten Asiens. Er selbst behauptet, das seien alles nur Gerüchte, die ihm schaden sollen. Liem wurde 1917 in Fujian geboren. Mit zwanzig Jahren mußte er den elterlichen Bauernhaushalt verlassen. Er ging nach Java zu einem „Onkel", was soviel bedeutet wie zu einem mehr oder weniger entfernten Verwandten. Die Größe der chinesischen Familie, genauer des Personenkreises, der jeweils zur Familie gerechnet wird, ist situationsabhängig und wird wesentlich durch das in „feindlicher Umgebung" zum allseitigen Überleben notwendige Maß bestimmt. Das gegenseitige Verpflichtungsdenken, gegen das man ohne gesellschaftliche Ahndung nicht verstoßen kann, mag sich in solchen Fällen auf mehrere 100 Personen, teilweise sogar auf einen ganzen Clan und landsmannschaftliche Personenkreise ausdehnen. Liem blieb nur für kurze Zeit im Palmölhandel seines Onkels tätig. Er machte sich bald im Kaffeehandel selbständig. Seine erste große Chance kam während des indonesischen Unabhängigkeitskrieges 1945–49. Er wird zu einem Versorgungsagenten der bis heute berühmten Diponegoro-Division von Semarang, deren damaliger Logistikchef ein Oberstleutnant namens Suharto war. Niemand konnte wissen, daß Suharto zwei Jahrzehnte später Präsident des Landes werden sollte: Die „Symbiose" zwischen den beiden so unterschiedlichen Persönlichkeiten dauert bis heute an, ein Arrangement, das weder für einen Indonesier noch für einen Chinesen „fremd" ist. Während der gesamten Sukarno-Ära genoß Liem den Schutz Suhartos und konnte inmitten einer allgemeinen antichinesischen Wirtschaftspolitik das beginnen, was er später als „meinen Prozeß der Kapitalbildung" umschrieb. Die erste Phase der Expansion umfaßte Unternehmen in den Bereichen Kaffee, Zucker, Kautschuk und andere Arten rohstoffindustrieller Unternehmungen. Seit 1966 (Beginn der Präsidentschaft Suharto) war Liem „unantastbar", sein Expansionsdrang beschleunigte sich. Er erweiterte seine Geschäftstätigkeit auf die Zementindustrie, die Holzwirtschaft und den Bankenbereich. Hinzu kam ein Quasimonopol für den Import von Mehlwaren. Gelegentliche Untersuchungen wegen Vorwürfen der Korruption und anderer Wirtschaftsvergehen verliefen ergebnislos. Dennoch fühlte sich Liem augenscheinlich veranlaßt, seine „politische Schutzbasis" auszuweiten. Er nahm „nützliche" Personen in seine Unternehmungen auf, die offiziell als Partner fungierten, so vor allem Sudwikatmono, den Milchbruder Suhartos, und Ibrahim Risjad aus Aceh, einen Mann mit guten Verbindungen verschiedener Art. Als vierter Partner kam ein alter Weggefährte aus Fujian hinzu, der auf den indonesischen Namen Sutanto hört. Diese Gruppe lenkt das größte private Wirtschaftskonglomerat Indonesiens, die sog. Salim-Gruppe. Seit 1980 heißt Liem der Konvention halber Sudono Salim. Das Salim-Konglomerat produziert heute gut 5 % des gesamten indonesischen BSP, der Kapitalwert liegt bei ca. 2,5 Mrd. US$. Es beschäftigt ca. 30 000 Mitarbeiter. Mit Beginn der achtziger Jahre setzte die Phase der internationalen, d. h. der pazifischen Expansion ein. Liem ging zuerst nach Hongkong. Dort gründete er die sog. First Pacific Holding, eine Gesellschaft, die er Schritt für Schritt ausbaute. Heute steuert sie fünfundsiebzig Firmen in zwanzig pazifischen Ländern von Australien über die Philippinen, Thailand und China bis hin zu den USA. In den Niederlanden wurde ein erster europäischer Brückenkopf für die Zukunft eingerichtet. Gleichzeitig hielt der Expansionsschwung in Indonesien selbst an. Liem-Unternehmen sind seit einigen Jahren in Kfz-Montage und -vertrieb, in der Chemie, Petrochemie, im Stahlbereich, in der Bauwirtschaft und in der Fernmeldetechnik tätig. Das Gesamtimperium Liems wird heute auf rd. 7,5 Mrd. US$ veranschlagt. Die Zahl der Beschäftigten soll sich auf rd. 130 000 belaufen. Seit einigen Jahren baut Liem seinen jüngsten Sohn als Nachfolger auf. Anthony, so heißt er wegen seiner englischen Erziehung, bewegt sich im internationalen Wirtschaftsleben elegant und erfolgreich. Er macht einen – wie amerikanische und europäische Gesprächspartner meinen – „ganz normalen westlichen Eindruck", erzielt also offensichtlich die Wirkung, die beabsichtigt ist. Anthonys unternehmerischer Schwerpunkt liegt z. Z. auf dem Ausbau von Unternehmen im zukunftsträchtigen südostasiatischen „Wachstumsdreieck" Johore (Malaysia), Singapur, Batam-Riau (Indonesien). Offensichtlich in Voraussicht dieses Engagements hatte Liem zuvor in Singapur die Aktienmehrheit der United Industrial Corporation, des größten singapurianischen Privatunternehmens, in seinen Besitz gebracht. Partner im lukrativen Batam-Geschäft ist Bambang Trihatmodjo, einer von Suhartos Söhnen. Nebenbei ist Liem jr. noch mit dem Aufbau von Unternehmenskooperationen in der neuen Republik Usbekistan und in Russisch-Sibirien beschäftigt. Eines der Motive für die forcierte Pazifik-Expansion des Liem-Imperiums dürfte in der Sorge liegen, was in der Nach-Suharto-Zeit passieren könnte. Liem ist sich der großen Begehrlichkeit indonesischer Militärs mit Sicherheit bewußt. Ein Beispiel für den zunehmenden Druck ist die seit zwei Jahren anhaltende Diskussion um die „gewünschte" Abgabe von 25 % des Aktienkapitals der großen Konglomerate zum Nennwert an kleine indonesische „Genossenschaften", d. h. faktisch eine elegante Umschreibung für Kapitalkonfiszierung. In dieser Diskussion hat der indonesische Verteidigungsminister Murdani – vermutlich auf Wunsch des Präsidenten selbst – vor allzu großen Einschnitten gewarnt, da diese nachteilige Rückwirkungen auf die gesamte indonesische Volkswirtschaft haben könnten. Liem selbst hat sich distanziert geäußert: „Was wünschen Sie, was ich tun soll? Gehe ich mit meinen Investitionen ins Ausland, schreit man sofort Kapitalflucht. Wenn ich hier investiere, beklagt man sich sofort, ich wolle alles monopolisieren." Interessant erscheint eine kurze Selbstbeschreibung Liems. Er gesteht sich großen Arbeitswillen, große persönliche Disziplin, einen stark ausgeprägten Instinkt für kalkulierte Risiken und ein gut entwickeltes Gespür für Macht zu. Er arbeitet im Normalfall mehr als zehn Stunden täglich im Büro, ißt maßvoll, raucht nicht, trinkt nicht, betreibt regelmäßig Gymnastik, spricht wenig, lächelt selten und läßt sich bei Auslandsreisen abwechselnd von einem seiner Söhne begleiten, die für ihn auch das Übersetzen übernehmen.

Die Unternehmen des fiktiven Herrn Liem und des echten Herrn Liem unterscheiden sich recht deutlich in der Größenordnung. Beiden gemeinsam ist – und das wird hier wegen der

Besonderheit des Phänomens wiederholt – die spezifische Organisationsweise des Familienunternehmens bzw. „familienanalogen" Unternehmens. Diese Form wird bisweilen auch mit dem chinesischen Begriff *Guanxi*-Typ-Unternehmen bezeichnet. Auf die Besonderheiten dieses Typus wird unten noch eingegangen. Hier soll nur betont werden, daß zwar aus dem traditionellen chinesischen Familienunternehmen neue Einzelformen hervorgegangen, Methoden und Problemlösungen gefunden, verbessert und auch verändert worden sind, daß jedoch der Tatbestand der grundsätzlichen Familien- bzw. familienanalogen Orientierung der gleiche geblieben ist. Um zu verdeutlichen, was die Besonderheit dieses Unternehmenstypus ausmacht, muß nachhaltig herausgestellt werden, daß Familie/Clan das vorrangige Rekrutierungsfeld für disponierende Tätigkeiten innerhalb des Unternehmens bilden. Wenn dieses Feld angesichts fortlaufender Expansion von Unternehmen zu eng wird, werden zusätzliche Kräfte aus dem Guanxi-Reservoir verpflichtet. Es geht also nicht um Unternehmen, die zwar im Alleinbesitz einer Familie bzw. in deren Aktienmehrheit sind, ansonsten jedoch eine Personalpolitik wie andere Unternehmen betreiben.

Das Familien- bzw. Guanxi-Unternehmen bestimmt das Wirtschaftsleben des Südchinesentums. Das gilt für Taiwan, Hongkong und die Auslandschinesen ebenso wie für die Privatwirtschaft in den südlichen Küstenprovinzen des Festlandes, wo dieser Unternehmenstypus gegenüber staatlichen Betrieben immer mehr an Bedeutung gewinnt. So ist es nicht verwunderlich, daß insgesamt 420 000 kleine und mittlere Firmen annähernd drei Viertel des chinesischen Exportwertes und zwei Drittel der industriellen Erzeugung erbringen. Von ihnen liegt ein ständig wachsender Teil in privater Hand. Die immer wieder beklagte Unübersichtlichkeit wird – falls sie überhaupt der Realität entspricht – durch große Elastizität gegenüber den Anforderungen des Weltmarktes kompensiert. Auf Taiwan ist dieser Typus noch stärker ausgeprägt. Dies gilt sowohl für kleinere Unternehmen als auch für die großen taiwanesischen „business groups", deren Organisation sich eindeutig von derjenigen der japanischen oder der koreanischen Konglomerate abhebt. Ferner konzentrieren sich diese großen Gruppen vor allem auf den Bereich der Nichtfertigwaren und, wichtiger noch, auf die Produktion für den Binnenmarkt. Sie fungieren als Produzenten für Tausende von kleineren und mittleren Unternehmen, die ihrerseits Fertigwaren für den Export produzieren. Nach Schätzungen offizieller Stellen auf Taiwan erbringen Firmen mit weniger als 300 Mitarbeitern knapp die Hälfte der Wertschöpfung im verarbeitenden Gewerbe und rund zwei Drittel des Exportwertes.

Bei den großen Unternehmen herrscht naturgemäß nicht der Familientypus im engeren Sinne, sondern der Guanxi-Typus vor, d.h. Eigentum und Kontrolle des Unternehmens sind in der Hand einer Kernfamilie, die durch „stille Partner", die an der Betriebsführung nicht beteiligt sind, gestärkt wird. Wichtig ist, daß diese Partner immer zum persönlichen Beziehungsnetzwerk des Eigners, also zum Guanxi-Netzwerk gehören. Ebenso wichtig erscheint, daß sich solche stillen Partner fast immer nur einer „business group" anschließen, so wie man nur zu einer Familie gehört.

Das wesentliche Merkmal des Familientyps und auch des familienanalogen Typs des Unternehmens liegt in der Trennung zwischen formalem Management und tatsächlicher, informeller Kontrolle. Die Kontrolle über grundlegende Entscheidungen vollzieht sich außerhalb des Managementprozesses. Management ist also nur operationelle Durchführung – *jingli*. Die entscheidende Hierarchie ist die der Kontrolle – *dongshi*.

Um es zu wiederholen: Es bestehen nur schwache Tendenzen, formale Leitstrukturen zu entwickeln. Statt dessen wird der Lenkungsprozeß durch Netzwerke persönlicher Beziehungen, d.h. Guanxi-Netzwerke gestaltet. Diese Beziehungsmuster sind nicht – wie häufig vermutet – im engeren Sinne irrational, also durch nicht berechenbare, persönliche Neigungen beeinflußt. Vielmehr legen Guanxi-Verhältnisse die verschiedenen Verhaltensrollen deutlich fest. Vor allem geht es um gegenseitige Verpflichtungen, die langfristig stabil sind, d.h. Ordnungssicherheit erzeugen. Wäre dies nicht so, dann schiene es nicht möglich, die gewaltigen Kapitalbildungsprozesse aufrechtzuerhalten, die für die Expansion auf dem Weltmarkt Voraussetzung sind. Je größer das Guanxi-Netzwerk eines *laoban* (Chef), desto mächtiger ist er. Netzwerke sind entscheidend für das Geschäft, nicht nur innerhalb der Unternehmung, sondern auch nach außen hin, um Kapital einzuwerben, Subkontraktbeziehungen aufzubauen und um Regierungsauflagen umgehen zu können. Zusammenfassend gesagt, erfolgt die wahre Führung solcher Unternehmen durch einen „inneren Kreis", der von außen nicht genau zu identifizieren ist. Normalerweise handelt es sich um mehrere Familienmitglieder, aber auch langjährige Partner und andere Vertraute, aber nicht offizielle Manager.

Die Existenz der familienanalogen Guanxi-Netzwerke läßt zu Recht vermuten, daß die Definition der Familie (als Wirtschaftseinheit) nicht allein durch Bluts- und Verschwägerungskriterien bestimmt wird, sondern mehr noch durch Loyalitäts- und Autoritätsmuster, wie sie für die Familie kennzeichnend sind. Es sind also nicht Blut- und Verschwägerungsgemeinschaften an sich, sondern die besonderen Beziehungsmuster sowie die Bereitschaft, sein Verhalten nach den Normen, die solche Beziehungen charakterisieren, auszurichten. Es geht also um Bindungen, die trotz ihrer persönlichen Natur instrumental und somit kalkulierbar sind. Das Grundmerkmal ist die Einbettung wirtschaftlichen Handelns in soziale Beziehungen.

Angesichts des Mangels an (formaler) Rationalität erscheint diese Effizienz auf den ersten Blick befremdend; denn im Westen ist die Familie bereits seit längerem als ineffiziente Einheit modernen Wirtschaftens abgestempelt, weil interne Handlungsabläufe nicht friktionslos genug vollzogen werden können, also zu hohe Betriebskosten institutioneller Art entstehen. Kurz gesagt, die Transaktionskosten seien zu hoch, deshalb sei die Familie als wirtschaftliches Handlungskollektiv nicht dauerhaft existenzfähig. Sie gehöre zu einem frühen Stadium der organisatorischen Entwicklung moderner Wirtschaften. Es fehle ihr an Voraussetzungen, große komplexe Unternehmungen aufzubauen. Diese Hypothese trifft für die westliche Familie des 20. Jahrhunderts zu, offensichtlich jedoch nicht für die chinesische. Das sollte eigentlich zu einer gewissen Nachdenklichkeit in der westlichen Organisationsforschung führen. Als Wegweiser dient der Rationalitätsbegriff. Er scheint nicht zuletzt deswegen so „beliebt" zu sein, weil er – implizit oder explizit – mit Leistungsfähigkeit gleichgesetzt wird. Das ist falsch!

Es ist nicht einzusehen, warum sich nicht verschiedene Formen hierarchischer unternehmensinterner Organisation als gleichermaßen geeignet für den nichthierarchischen Marktverkehr erweisen können. Die bisherigen Erfolge der „chinesischen" Unternehmensorganisation sprechen für diese Vermutung. Offensichtlich hat die (süd-)chinesische Wirtschaftsgesellschaft für sich ähnlich angemessene Organisationsformen gefunden, d. h. aus der Tradition übernommen und unter neuen wirtschaftlichen Bedingungen weiterentwickelt, wie Japan und Korea mit ihren großen Verbundgruppen. Es erscheint kaum möglich, diesen großen Erfolgsprozeß ohne Berücksichtigung des wirtschaftskulturellen Hintergrundes ausreichend zu verstehen. Materieller Erwerb gilt in dieser Strömung der chinesischen Wirtschaftskultur als kulturell werthafte Lebensweise. Er dient nicht (in erster Linie) der Anhäufung persönlichen Reichtums, sondern der Erhöhung des gesellschaftlichen Ranges und Ansehens der Familie – Ahnen und Nachfahren eingeschlossen. Für die einzelnen Familienoberhäupter bzw. -mitglieder ist ein wirtschaftlich erfolgreiches Leben zugleich ein moralisch gutes Leben; und zwar weil es einem „höheren Zweck" gewidmet ist. Es scheint durchaus möglich, daß die enge Bindung des Erwerbsstrebens an den übergeordneten Familienzweck, d. h. die Einbettung wirtschaftlichen Handelns in soziale Bezugsmuster, maßgeblich dazu beigetragen hat, die Familie als Wirtschaftseinheit in der Welt von heute zu verankern. Alle Energien sind darauf gerichtet worden, sie auf die Anforderungen des modernen Wirtschaftens vorzubereiten. Hier liegt der wesentliche Unterschied zum Westen, in dessen Gesellschaften die Familie als Wirtschaftseinheit weitestgehend durch andere Organisationsformen abgelöst und in die Vergangenheit gedrängt worden ist.

Die im Verhältnis zu den großen westlichen und japanischen/koreanischen Konzernen begrenzte Personalbasis der Guanxi-

Unternehmen und der hieraus resultierende Zwang zu einer außerordentlich hohen Konzentration aller Energien auf das Wirtschaftliche haben ihre Kehrseite. Alles Staatlich-Politische wird mit Distanz betrachtet. Die üblichen Erklärungen für diese politische Abstinenz verweisen auf das prekäre Dasein des Kaufmannstums im traditionellen chinesischen Staat, auf die ewig wache Begehrlichkeit der konfuzianischen Administration. Ähnliche Argumente werden für das „feindliche politische Umfeld" in Südostasien angeführt, und für Taiwan wurde der alte Gegensatz des taiwanesischen Unternehmertums zur festländischen Guomindang-Herrschaft geltend gemacht. Alle diese Argumente mögen ihre Berechtigung haben, wenngleich das beachtliche Engagement des Auslandschinesentums für die nationale chinesische Revolutionsbewegung zu Beginn dieses Jahrhunderts gegen das angebliche politische Desinteresse spricht. Geringes politisches Engagement sollte also nicht mit schwach ausgeprägtem Bewußtsein für die (wirtschaftsgesellschaftliche) Bedeutung der Politik verwechselt werden. Zudem ließe sich mit den eben angeführten Begründungen keine Erklärung für die Tatsache finden, daß politisches Nichtengagement für die große chinesische Minderheit in Kalifornien ebenfalls kennzeichnend ist. Die Wahlbeteiligung liegt normalerweise bei weniger als 5 %. Es gibt keinen einzigen chinesischen Sektor oder auch nur ein einziges chinesisches Mitglied im Repräsentantenhaus Kaliforniens. Andererseits werden jedoch erhebliche finanzielle Mittel eingesetzt, um wichtige politische Forderungen durch nichtchinesische Politiker in den politischen Entscheidungsprozeß einspeisen zu lassen.

Für das politische „low profile" muß also ein weiteres plausibles Erklärungsmoment hinzukommen. Die Energien – im Jargon: human resources – einer Organisation, die sich selbst auf das Familiengefüge bzw. familienanaloge Gefüge beschränkt, geraten insbesondere im Falle wirtschaftlicher Großeinheiten unter starke Anspannung. Es ist daher geboten, diese Energien auf das als wesentlich Erachtete zu konzentrieren und nicht einen unersetzbaren Teil in andere Richtungen, unter anderem in die politische Richtung, zu lenken. Das einfache Motto lautet: Wer gut genug ist für das Unternehmen, ist zu wertvoll für die Politik. Andererseits bedeutet die Tatsache, daß politische Betätigung weder angestrebt noch erwünscht ist, nicht, daß keine andere Tätigkeit außer der unternehmerischen gefördert und als notwendig anerkannt wird. Das Porträt des fiktiven Herrn Liem hat bereits das eigenartig „Oktopushafte" süd- und überseechinesischer Unternehmensfamilien beleuchtet. So wie sich die Arme eines Tintenfisches gleichsam nach allen Richtungen ausstrecken, sind diese Familien unablässig darum bemüht, ihre Mitglieder nach Kompetenz, nicht nach Geburtsfolge, in den unterschiedlichsten Lebens- und Berufsbereichen zu „plazieren". Aber ein genauer Blick auf die Tätigkeitsfelder, die neben dem unternehmerischen Kernfeld bevorzugt werden, zeigt, daß es sich entweder um Tätigkeiten handelt, die aus der Lerntradition Chinas heraus ein hohes Prestige genießen (Professoren, Wissenschaftler usw.), oder es geht um Berufe, die in der heutigen Welt zugleich finanziell lukrativ und gesellschaftlich angesehen sind, so z. B. Arzt. Das heißt, die Familien schaffen sich zusätzliche Aktivposten. Es heißt nicht, daß sich einzelne Mitglieder beruflich nur „selbst verwirklichen".

Es wurde oben bereits angesprochen, daß das Moment der Korporativität für die chinesische Organisationsweise nicht die gleiche Bedeutung besitzt wie für Japan und Korea. Die einzelnen Unternehmensfamilien führen untereinander einen nicht selten bis zur Vernichtung führenden Konkurrenzkampf. Wirkliche Loyalität wird nur der eigenen Familie bzw. dem Guanxi-Netzwerk gegenüber erwartet. Eine solche Welt, die aus lauter „Wölfen" besteht, könnte man nicht als eine wirtschaftliche Gemeinde einstufen, da der absolute (sozialdarwinistische) Kampf aller gegen alle das einzige Merkmal wäre. In der Tat gibt es darüber hinaus ein ebenso starkes Moment der Kooperation, umfassender gesagt: ein stabiles Klima des Kooperativen. Es herrscht ein reger allgemeiner Informationsaustausch. Nach allem, was über die Bedeutung des Informellen für die chinesische Organisationsweise gesagt worden ist, ergibt sich von selbst, daß dieser Informationsaustausch weitgehend über Kanäle erfolgt, die ihrerseits nicht rein ökonomischer Natur sind.

Die Grenzlinie des Informationsaustausches wird erst erreicht, wenn ein direktes Eigeninteresse berührt ist. Das Süd- bzw. Überseechinesentum hat also hinsichtlich der Gewichtung von Konkurrenz- und Kooperationsdenken ähnlich erfolgreiche, wenn auch gänzlich andersartige Abstimmungsweisen entwickelt wie die japanische Konglomeratswirtschaft.

Literaturhinweise

Balassa, B., The Lessons of East Asian Development: An Overview, in: Economic Development and Cultural Change, Vol. 36, No. 3, April 1988, S. 274–276.
Machetzki, Rüdiger, Die kulturspezifische Basis der Wirtschaftspraxis in ostasiatischen Gesellschaften, in: *W. Draguhn* (Hrsg.), Neue Industriekulturen im pazifischen Asien, Eigenständigkeiten und Vergleichbarkeit mit dem Westen, Mitteilungen des Instituts für Asienkunde Hamburg, Nr. 217, 1993, S. 15 ff.
Redding, S. Gordon, The Spirit of Chinese Capitalism, Berlin, New York, 1990, S. 25–32.

Wolfgang-Peter Zingel
Verhaltene Reformpolitik in Pakistan

Drei Monate lang machte Pakistan 1993 positive Schlagzeilen. In einer politischen Pattsituation war ein Außenseiter – im Wortsinne – an die Macht gekommen, der sich daran machte, einige seit Jahrzehnten überfällige Reformen in Gang zu setzen. Die Geberländer reagierten positiv und befreiten Pakistan aus einer politischen und finanziellen Klemme. Wie es dazu kommen konnte, welche Maßnahmen die Übergangsregierung ergriff und inwieweit erwartet werden kann, daß die angefangenen Maßnahmen weitergeführt werden, soll im folgenden untersucht werden.

1. Chancen eines Neubeginns

Die Genfer Konvention vom April 1988 über den Rückzug der Supermächte aus dem Afghanistan-Krieg und der Tod von Präsident Zia-ul Haq am 17. August desselben Jahres weckten Hoffnungen auf eine Demokratisierung und Demilitarisierung in Pakistan. Statt dessen kam es zu erbitterten Machtkämpfen, anfangs zwischen den Anhängern der verstorbenen Gegner Zulfikar Ali Bhutto und Zia ul-Haq, d. h. der populistischen Pakistan Peoples' Party (PPP) unter der Führung von Nusrat und Benazir Bhutto, der Witwe und der Tochter des früheren Präsidenten (und Premierministers), auf der einen Seite und den konservativen, islamistischen Kräften unter Führung von Mian Nawaz Sharif auf der anderen. Dieser wurde anfangs vom Militär und dem amtierenden (und später im Amt bestätigten) Präsidenten Ghulam Ishaq Khan unterstützt. Als Präsident genoß er die Privilegien des Achten Verfassungszusatzes von 1985, die die politischen Kontrahenten je nach der aktuellen Machtverteilung – teils einzeln, teils gemeinsam – abzuschaffen forderten oder zu nutzen suchten.

Der Vorwurf massiver Wahlfälschung war 1977 ein maßgeblicher Grund für die Machtübernahme durch das Militär unter

General Zia ul-Haq gewesen; Zia versprach, binnen dreier Monate Neuwahlen unter Aufsicht des Militärs abzuhalten; statt dessen wurden sie mehr als ein Jahrzehnt lang immer wieder verschoben. Als sie im Herbst 1988 endlich stattfanden, war es das erste Mal, daß die Wahlen nicht in einer politischen Katastrophe endeten: Zulfikar Ali Bhutto hatte mit seiner PPP die Wahlen 1970 nur im westlichen Landesteil, dem heutigen Pakistan, gewonnen und mochte sich dem Wahlsieger Sheikh Mujibur Rahman, der die Wahlen im bevölkerungsreicheren östlichen Landesteil, dem heutigen Bangladesh, gewonnen hatte und damit Gesamtsieger wurde, nicht unterordnen. Der folgende Bürgerkrieg (1971) in Ostpakistan führte zum militärischen Eingreifen Indiens und zur Teilung Pakistans. Die zweiten Wahlen (1977) markierten das Ende der Ära Zulfikar Ali Bhutto und den Beginn der elfjährigen Militärdiktatur. Nachdem Zia bei einem Flugzeugabsturz ums Leben gekommen war, fanden endlich im Herbst 1988 die dritten Parlamentswahlen statt, aus denen Benazir Bhutto und ihre PPP als Sieger hervorgingen. Sie konnte die Regierungsgewalt jedoch nur durch politische Zugeständnisse u. a. an denjenigen Mann, der ihrem Vater als Staatssekretär im Verteidigungsministerium gedient hatte und dem eine Schlüsselrolle bei der Machtübernahme durch das Militär zugeschrieben wird, gewinnen. Unter Zia wurde Ishaq Kahn zum allmächtigen Finanzminister und schließlich Präsident des Senates. In dieser Funktion wurde er nach dem Tode Zias amtierender Präsident mit den weitreichenden Befugnissen, die sich Zia in die Verfassung geschrieben hatte.

Das Ende des Engagements der Supermächte im Afghanistan-Konflikt war deutlicher Ausdruck des Zusammenbruchs des sowjetischen Imperiums. Pakistan verlor seinen Wert als „Frontstaat", sein Erzfeind Indien wurde für die USA wieder interessanter. Unmittelbar vor dem sowjetischen Einmarsch in Afghanistan waren die Beziehungen zwischen Pakistan und den USA auf einem Tiefpunkt angelangt; seit Ende der 50er Jahre hatten sie sich ständig verschlechtert. Die letzten Gründe waren die pakistanische Nuklearpolitik, die schließlich zum (weitgehenden) Aussetzen der Entwicklungshilfe der USA führte, die repressive Militärdiktatur und die Unterstützung der islamischen Revolution im Iran des Ayatollah Khomeini. Zias starre fundamentalistische islamische Politik, Rechtsbeugung (er ließ Bhutto nach einem fragwürdigen Prozeß und gegen allen internationalen Protest am 4. April 1979 hängen) und vor allem die unterstellte Atomrüstung führten zu internationaler Ächtung und dem Aussetzen der amerikanischen Wirtschaftshilfe. Als politische und religiöse Fanatiker am 21. November 1979 die US-Botschaft in Islamabad in Sichtweite des Präsidentenpalastes niederbrennen konnten, schien Pakistan auf Jahre hinaus zum internationalen Paria abgestempelt zu sein. Binnen fünf Wochen änderte sich das Bild aber grundlegend. Mit der sowjetischen Invasion Afghanistans am 27. Dezember 1979 wurde Pakistan zum Frontstaat im Stellvertreterkrieg gegen die Sowjetunion und zum drittgrößten Empfänger amerikanischer Militärhilfe. Widerwillig befreiten die USA Pakistan von den Beschränkungen des *Symington Amendments,* das ein Aussetzen der Entwicklungshilfe an Staaten, die eine eigene Atombewaffnung betreiben, vorschreibt. Pakistans Image im Westen besserte sich, weil das Land in bemerkenswerter Weise mehr als drei Millionen Flüchtlingen aus dem Nachbarstaat für ein Jahrzehnt eine Zuflucht bot. Der Krieg in Afghanistan trug maßgeblich zum Zerfall der Sowjetunion bei; er beeinflußte aber auch immer mehr die pakistanische Innenpolitik. Die Spekulationen um den mysteriösen Absturz des Flugzeuges mit dem pakistanischen Präsidenten, einigen der wichtigsten Generäle und dem amerikanischen Botschafter ranken sich denn um die Vermutung, daß Zia ul-Haq einer Friedensregelung im Wege gestanden hätte. Sein Tod machte den Weg für die (gerade von ihm wieder verschobenen) Wahlen und die Machtübernahme durch seine politische Rivalin, Benazir Bhutto, die Tochter seines Vorgängers, frei.

Je länger der Nordwesten Pakistans als Etappe der Widerstandskämpfer in Afghanistan diente, desto mehr entwickelte sich Pakistan zu einem Hauptumschlagplatz für den internationalen Waffen- und Rauschgifthandel. Gerade weil die Widerstandskämpfer und die pakistanische Armee immer mehr verdächtigt wurden, in diese Geschäfte verwickelt zu sein, scheute

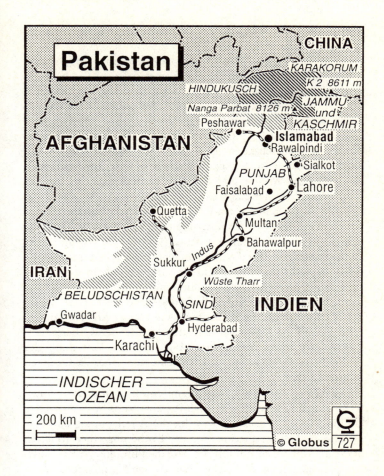

man in den USA vor Sanktionen zurück. Diese Hemmungen fielen, als Pakistan die Bedingungen nicht mehr diktieren konnte. Es ist bis heute ungeklärt, inwieweit Premierminister Mohammad Khan Junejo das Genfer Abkommen mit Zustimmung Zias unterschrieb. Jedenfalls löste Zia kurz darauf, am 29. Mai 1988, die Nationalversammlung auf Grund seiner Befugnisse aus dem Achten Verfassungszusatz auf; damit war auch der Premierminister, der Mitglied der Nationalversammlung sein muß, aus seinem Amt entlassen.

Die Abhaltung von Neuwahlen – von der Verfassung bei Parlamentsauflösung binnen 90 Tagen vorgeschrieben – und die Wiederherstellung der Demokratie lag durchaus im Interesse des Militärs, das zusammen mit dem Schuldendienst fast das gesamte Steueraufkommen beansprucht und ohne massive Auslandshilfe gar nicht finanzierbar wäre. Mit Benazir Bhutto stand eine politisch noch „unverbrauchte" Führerin zur Wahl, die für Pakistan in den USA werben konnte, innenpolitisch aber ohne das Militär und den Präsidenten machtlos war. In Führungszirkeln der pakistanischen Armee setzte sich auch die Einsicht durch, daß nur ein Rückzug aus der Politik die Armee vor einer weiteren Korrumpierung retten könne. Die Tatsache, daß ein randvolles Munitionsdepot (Ojhri, 10.4. 1988), direkt an der wichtigsten Straßenkreuzung von Islamabad und Rawalpindi, explodieren konnte und die Granaten bis in das Regierungs- und Botschaftsviertel einschlugen, zeigte deutlich, wie wenig die Armee die Kontrolle in der Hand hatte. Hier lagerte der Nachschub für die Widerstandskämpfer in Afghanistan unter der Aufsicht des immer mächtiger werdenden Geheimdienstes *Inter-Services-Intelligence* (ISI), der die Verteilung der Waffenlieferungen an die z.T. verfeindeten Guerilla-Gruppen kontrollierte.

Die Armee war gewillt, eine Premierministerin Benazir Bhutto hinzunehmen, nicht aber, sich ihr unterzuordnen. So war es ein geschickter Schachzug von ihr, die Anerkennung einer afghanischen Gegenregierung von der Eroberung einer größeren Stadt in Afghanistan durch die Mujaheddin, die Widerstandskämpfer, abhängig zu machen. Deren Schwierigkeiten, Khost einzunehmen, wurde als eine Schlappe des ISI gewertet. Amerikanische Kritik an der pakistanischen Nuklearbewaffnung wies sie zurück, gestand aber später ein, nicht voll informiert gewesen zu sein. Wirtschaftspolitisch änderte sich unter ihrer Regierung wenig; die privaten Transferzahlungen aus dem Ausland, d.h. vor allem die Heimüberweisungen der Gastarbeiter im Ausland, gingen etwas zurück, die Direktinvestitionen aus dem

Ausland nahmen etwas zu. Die Entwicklungshilfe war rückläufig, der Schuldendienst nahm zu und die Nettohilfe entsprechend ab – eine Entwicklung, die weniger ihrer Regierung als dem Ende des Engagements der USA im Afghanistan-Krieg zuzuschreiben war. Die Abnahme der Devisenreserven setzte sich während ihrer Regierungszeit fort.

Benazir Bhuttos Versuch, sich aus der Bevormundung des Präsidenten zu lösen und sich mit dem Militär zu arrangieren, veranlaßte Ishaq Khan schließlich, das Parlament aufzulösen und sie mit der Begründung des Machtmißbrauchs, der Vetternwirtschaft und der Korruption und weil die Regierung nicht mehr das Vertrauen der Bevölkerung genieße, am 6. August 1990 unter Berufung auf die Vollmachten des Achten Verfassungszusatzes, wie zuvor Präsident Zia 1988, zu entlassen. Er setzte eine Übergangsregierung mit Ghulam Mustafa Jatoi als Ministerpräsidenten ein und rief den Notstand aus. Ishaq Khan nutzte den Überfall Iraks auf Kuweit am 2. August, um sie aus dem Amt zu jagen, ohne große internationale Aufmerksamkeit befürchten zu müssen; in den Wochen und Monaten danach waren die USA nur an einer möglichst geschlossenen internationalen Allianz gegen den Irak interessiert. Eine entschiedene Kritik an ihrer Entlassung kam im Lande nicht auf; zu sehr hatte sie mit ihrem Regierungsstil viele ihrer einstigen Anhänger und Bewunderer enttäuscht und verprellt.

2. Die Islamische Allianz unter Nawaz Sharif

Aus den umstrittenen (vierten) Wahlen am 24. Oktober 1990 ging die Islamische Demokratische Allianz als Siegerin mit einer komfortablen Mehrheit hervor; ihr Führer Nawaz Sharif leistete am 6. November den Amtseid als Premierminister. Damit gelangte zum ersten Male ein Vertreter der größten Bevölkerungsgruppe, der Punjabi, legal an die Macht. Hatten bisher die Feudalfamilien, Bürokraten und Militärs das politische Geschehen dominiert, so trat jetzt ein erfolgreicher Unternehmer an die Spitze der Regierung, der gleichermaßen eine mehr marktorientierte Wirtschaftspolitik betreiben wollte, als auch als Führer einer Koalition, die die fundamentalistischen Parteien einschloß und das politische Erbe Zias verwaltete, islamistischen Grundsätzen verpflichtet war: Noch kurz vor seinem Tode hatte Zia per Erlaß die *shariah,* d.h. das muslimische Recht, zum obersten Recht des Landes bestimmt.

Die außenpolitische Orientierung zum Westen hin während der 50er und 60er Jahre hatte zu einer „gemischten" Wirtschaftsordnung geführt, die Elemente sowohl der Plan- als auch der Marktwirtschaft enthielt. In den ersten Jahren seiner Regierung experimentierte Zulfikar Ali Bhutto mit einem „Islamischen Sozialismus"; er selbst leitete am Ende seiner Herrschaft – Ironie des Schicksals – die Serie islamischer Gesetze (und des Kriegsrechts) ein, die Zia nach 1977 zu seiner „Islamischen Wirtschaftsordnung" ausbaute. Letztere findet ihren Ausdruck vor allem in der Abschaffung des Zinses, die bis heute mit einer Reihe von spitzfindigen Auslegungen pragmatisch umgangen wird. Bereits für 1985 war das Ziel der endgültigen Abschaffung des Zinses gesetzt worden. Die Erhebung von religiösen Steuern auf das Vermögen und die landwirtschaftliche Produktion, seit 1980 bzw. 1982, löste eine heftige Diskussion aus, jedoch weniger aus grundsätzlichen Erwägungen heraus, sondern vor allem *in puncto* Verwendung und Verfügungsgewalt. Ihr Aufkommen wurde nie bedeutend.

Der Umfang staatlicher Tätigkeit entspricht dem europäischen Staaten: Eisenbahnen, Post- und Fernmeldewesen, Erziehungs- und (teilweise) Gesundheitswesen. Unterschiede bestehen vor allem bei den staatlichen Betrieben der Grundstoffindustrie (*Karachi Steel Mill*), der Energiewirtschaft (*Oil and Gas Development Corporation*), im Straßentransport (*Government Transport, National Logistics Cell*) und bei den von Zulfikar Ali Bhutto verstaatlichten Unternehmen der Großindustrie, Banken und Versicherungen. Zia hatte bereits die Reprivatisierung angekündigt, doch erst unter Nawaz Sharif wurden dergleichen Aktionen in größerem Umfang in Angriff genommen – begleitet von den Vorwürfen massiver Begünstigung und Korruption.

Die verstärkte Betonung des privaten Sektors führte zu einem Anstieg der volkswirtschaftlichen Investitionen auf 20% (1992/

93) des Bruttosozialprodukts im Vergleich zu 17% in den 70er und 80er Jahren. Noch immer investiert aber der öffentliche Bereich mehr als die Privatwirtschaft. Die ausländischen privaten Investitionen nahmen zu und erreichten 1991/92 einen Höchststand von 562 Mio. US$, davon waren 335 Mio. US$ Direktinvestitionen und 219 Mio. US$ sog. Portfolioinvestitionen (Ankauf von Wertpapieren). Diese Art der Investitionen hatte noch im Jahr zuvor keine Rolle gespielt – ein Zeichen der Wirksamkeit der Liberalisierung des Kapitalverkehrs und der Teil-Konvertibilität der pakistanischen Rupie. Zwei Drittel aller Direktinvestitionen stammten aus den USA und zwei Fünftel aller Portfolioinvestitionen aus Hongkong. Hierin dürften einige Investitionen von Auslandspakistani enthalten sein. Insgesamt trug das Ausland 1992/93 ein Viertel der Investitionen bei. Addiert man die Heimüberweisungen der Gastarbeiter im Ausland, die in Pakistan der „Nationalen Ersparnis" zugerechnet werden, so ergibt sich sogar ein Auslandsanteil von über einem Drittel.

Der vor allem vom Internationalen Währungsfonds geforderte Abbau der Subventionen, sowohl bei Zwischen- als auch bei Konsumgütern, hatte schon unter Benazir Butto begonnen: die Verbrauchersubventionen auf Weizen, Zucker und Pflanzenfett wurden drastisch reduziert und die Subventionierung der Landwirtschaft eingeschränkt. Die Ausfuhrsubventionen waren schon 1985–86 letztmalig gezahlt worden, nachdem der Wechselkurs der Rupie gegenüber den Währungen der OECD-Staaten nach unten korrigiert worden war und dadurch eine Notwendigkeit für Ausfuhrsubventionen entfiel (weil die Rupienerlöse für Ausfuhren stiegen). Statt dessen fallen erhebliche Erhaltungssubventionen in der Industrie, z.B. für das mit russischer Hilfe gebaute Stahlwerk in Karachi, an.

Die De-Regulierung der Wirtschaft kam auch unter Nawaz Sharif nur langsam voran, der Staat interveniert z.B. noch immer auf den Agrarmärkten. Die Re-Privatisierung einer Anzahl von staatlichen Unternehmen, darunter auch der *Pakistan International Airlines* (PIA), der nationalen Fluggesellschaft, war geplant; ihre Aktien sollten bevorzugt an Pakistani im Ausland abgegeben werden; es wurde auch die Plazierung an einer internationalen Börse (New York) erwogen. Diese Pläne konnten jedoch nicht realisiert werden. Immerhin: zwei der fünf großen Banken wurden (teil-)privatisiert, private Fluglinien haben den Verkehr aufgenommen, und ein koreanischer Konzern baut die neue Autobahn von Islamabad nach Lahore, die er anschließend auch privat betreiben wird. Private Investitionen sind vor allem im Energiebereich geplant: ausländische Unternehmen sollen Kraftwerke auf eigene Rechnung bauen und betreiben und so die akute und die industrielle Entwicklung stark behindernde Energieknappheit mit den extremen Spannungsschwankungen und häufigen Stromabschaltungen beheben.

Die Schattenwirtschaft, der Handel mit verbotenen Waren (Rauschgift, Waffen), die Nichtbeachtung der Preisfestsetzungen, die Umgehung der Außenhandels- und Währungsbestimmungen und die verbreitete Steuerverkürzung nahmen unter Nawaz Sharif noch zu und erschweren eine effektive Wirtschaftspolitik.

Ähnlich wie Frau Bhutto versuchte auch Nawaz Sharif, sich aus der Bevormundung durch den Präsidenten zu lösen und erlitt dabei das gleiche Schicksal: Am 18. April 1993 setzte Präsident Ishaq Khan den bis dahin wenig prominenten Balkh Sher Mazari als neuen Premierminister ein, der sich aber trotz aller Kompromisse – so erweiterte er sein Kabinett auf 50 Mitglieder – nur wenige Wochen halten konnte, bis der Oberste Gerichtshof seine Berufung aufhob und Nawaz Sharif am 27. Mai nach einem Vertrauensvotum in der Nationalversammlung wieder sein Amt übernehmen konnte. Nach landesweiten Protesten kam es schließlich am 18. Juli zum vorzeitigen Rücktritt des Präsidenten und des Premierministers. Amtierender Premierminister wurde Mooen Qureshi und Interimspräsident Wasim Sajjad.

3. Das Reformprogramm Moeen Qureshis

Unter dem Interims-Premierminister Moeen Qureshi (Juli bis Oktober 1993), zuvor Vizepräsident der Weltbank, von dem man als Platzhalter keine spektakulären Taten erwartete, kam es zu einigen revolutionären Neuerungen, die ihm – laut Meinungsumfragen – eine größere Popularität sicherten als den Kandidaten der politischen Parteien. Sein Mandat fiel in eine Zeit, in der Pakistan erneut internationale Ächtung drohte, dieses Mal als „terroristischer Staat" – zusätzlich zu der Blockierung amerikanischer Hilfegelder wegen der pakistanischen Nuklearpolitik seit dem 1. Oktober 1990.

Die Klassifizierung als terroristischer Staat konnte vorläufig abgewendet werden. Die Konsequenzen wären verheerend gewesen; Pakistan hätte nicht nur ein fast völliges Aussetzen der Auslandshilfe zu befürchten gehabt, sondern wäre auch rigiden Handelsrestriktionen ausgesetzt gewesen, deren Wirkungen sich allerdings nicht sofort hätten einstellen müssen, weil ein guter Teil der Entwicklungshilfe zugesagt, wenn auch noch nicht ausbezahlt worden war.

Die wichtigsten ökonomischen Reformen der Übergangsregierung richteten sich auf eine Sanierung der Staatsfinanzen, des Kreditwesens und der Zahlungsbilanz. Die Maßnahmen trafen vor allem die noch immer politisch mächtigste Gruppe der Feudalherren: bis dahin hatten sie eine Besteuerung der landwirtschaftlichen Einkommen immer wieder verhindern können; sie hatten damit auch die Möglichkeit, Einkommen, die außerhalb der Landwirtschaft entstanden waren, als landwirtschaftliche Einkommen zu deklarieren. Was Wunder, daß die Einkommensteuer in Pakistan eine bescheidene Rolle unter den Staatseinnahmen spielt. Damit nicht genug, hat diese Gruppe traditionell auch den besten Zugang zu Kredit zu attraktiven Konditionen von den staatlichen Banken. Gerade die größeren Kreditnehmer nutzen ihren politischen Einfluß aus, um diese Kredite weder zu tilgen, noch die Zinsen zu zahlen. Im für den Schuldner günstigsten Fall werden diese Kredite – man spricht von einem Umfang von 80 Mrd. Rs – als uneinbringbare Forderungen der Banken abgeschrieben. Zu den ersten Maßnahmen der Regierung Moeen Qureshi gehörte es, in der Presse Listen der säumigen Schuldner zu veröffentlichen und sie so zu zwingen, ihre Schulden zurückzuzahlen. Diese Maßnahme entpuppte sich als segensreich. Die Tatsache, daß bis zum Frühjahr 1994 mehr als 6 Mrd. Rs zurückgezahlt wurden, beweist, daß viele der säumigen Schuldner nur zahlungsunwillig, aber nicht zahlungsunfähig sind. Wesentlich schwieriger wird die von ihm angekündigte Einführung der Besteuerung der landwirtschaftlichen Vermögen und Einkommen durchzuführen sein.

Um dem Staat den bequemen, jedoch ökonomisch verheerenden Zugriff auf die Notenpresse zu verwehren, bekam die bis dahin weisungsgebundene State Bank of Pakistan, die zentrale Notenbank des Landes, eine neue Verfassung, die ihr eine gewisse Unabhängigkeit – wenn auch nicht so weitgehend wie die der Deutschen Bundesbank – garantieren sollte. Damit wurde der Regierung die Möglichkeit verwehrt, ohne Rücksicht auf die Staatsbank die Defizite im Staatshaushalt durch (zinslose) Kredite der zentralen Notenbank zu finanzieren mit der Konsequenz einer steigenden Inflation und schwindenden Vertrauens in die eigene Währung.

Moeen Qureshi stoppte auch das von der vorigen Regierung Nawaz Sharif begonnene Projekt der „yellow cabs". Danach konnten Zehntausende von Fahrzeugen importiert werden, die dann als Taxis eine Entlastung der öffentlichen Verkehrsmittel und eine Einkommensquelle für ihre Besitzer bilden sollten. Angesichts der überlasteten Straßen, der verbreiteten Armut und der angespannten Zahlungsbilanz stieß dieses Projekt, dessen Kosten mit 1,5 Mrd. US$ beziffert wurden, bei den Gebern auf Widerstand.

Moeen Qureshi konnte seine Maßnahmen mit den Vollmachten eines Interims-Premiers einführen. Mehr als eine Signalwirkung konnte er sich aber nicht erhoffen. Nach Artikel 89 der Verfassung von 1973 gelten Verordnungen, die der Präsident außerhalb der Sitzungsperiode der Nationalversammlung erläßt, nur vier Monate. Bei den gegebenen Machtverhältnissen war aber nicht mit einer parlamentarischen Mehrheit für diese für Pakistan revolutionären Reformen zu rechnen. Allein das Projekt der „yellow cabs" wurde auch von Frau Bhutto heftig abgelehnt. Das Oberste Gericht entschied aber, daß bestehende Verträge zu honorieren seien.

Als Kernproblem sah Moeen Qureshi den Verfall von Recht und Ordnung an. Die *Anti Defection Ordinance,* die einen Fraktionswechsel der Abgeordneten erschwerte, stellte einen Versuch dar, die Parteien als politische Institutionen zu stärken und zu entpersonalisieren. Obwohl das System der *vote banks,* bei dem die Wählerschaft entsprechend den Empfehlungen ihrer lokalen Führer die Stimmen abgibt, nicht mehr so gut funktioniert wie früher, wechseln diese Führer, die meist aus den Familien der ehemaligen Feudalfürsten und heutigen Großgrundbesitzer stammen, recht ungeniert die Parteien und lassen sich diesen Wechsel entsprechend honorieren. Einige dieser Familien sind seit Jahrzehnten in praktisch jeder Regierung vertreten. Säumigen Schuldnern, die sich um Mandate bewarben, wurde deshalb angedroht, ihre Namen zu veröffentlichen und sie von den Wahlen auszuschließen. Die Sonderrechte für die Volksvertreter, etwa der Erwerb von Land zu Vorzugspreisen, wurde auch abgeschafft.

Als eine der letzten Maßnahmen wurde die Todesstrafe für Drogenhandel eingeführt, die Auslieferung einiger Drogenbarone an die USA angekündigt und drogenbelastete Politiker von den Wahlen ausgeschlossen. 1992 war die Todesstrafe wieder zum ersten Male seit sechs Jahren vollstreckt worden.

In Fragen der international besonders umstrittenen pakistanischen Außenpolitik hielt sich die Regierung Moeen Qureshi zurück. Dies galt vor allem für das Verhältnis zu Indien. Die beiden Nachbarn stehen sich in der Kashmir-Frage seit der Unabhängigkeit unversöhnlich gegenüber. Indien besteht darauf, daß die z.T. bürgerkriegsähnlichen Unruhen in Kashmir seit 1989 von Pakistan angezettelt und aktiv unterstützt würden, während Pakistan eine aktive Beteiligung bestreitet, im übrigen aber die politischen Forderungen der Kashmiri unterstützt. Allerdings fordern längst nicht alle muslimischen Rebellen in Kashmir den Anschluß des überwiegend von Muslimen bewohnten Kashmirs an Pakistan; in letzter Zeit wird die Forderung nach einem unabhängigen Staat immer häufiger erhoben. Das massive Vorgehen der indischen Sicherheitskräfte in Kashmir sicherte den Separatisten eine Zeit lang eine positive Berichterstattung in der internationalen Presse. Pakistan wertete es als diplomatischen Erfolg, daß die neuen Beamten und Politiker, die sich seit dem Amtsantritt Präsident Clintons mit der Kashmir-Frage zu beschäftigen hatten, die Selbstverständlichkeit, mit der Indien ganz Kashmir als indischen Unionsstaat reklamiert, in Zweifel zogen. Indien konterte mit dem Vorwurf, daß Pakistan Gewalt nach Indien exportiere und als „terroristischer Staat" einzustufen sei.

4. Die zweite Amtszeit Benazir Bhuttos: das Ende der Reformen?

Die Wahlen vom 6. Oktober 1993 bescherten Benazir keine absolute Mehrheit. Sie konnte aber eine Koalitionsregierung bilden und einen politischen Gefolgsmann ihres Vaters, Farooq Ahmad Laghari, auf den Präsidentenstuhl heben. Mehr noch als 1988 sah sie sich auch dieses Mal zu politischen und personellen Kompromissen gezwungen, die sie schon bald in Pakistan und im Ausland diskreditierten.

Sofort nach ihrer Wahl verkündete sie, die unter Moeen Qureshi begonnenen Reformen fortzuführen. Dies fiel ihr aber besonders im Falle der Staatsbank schwer. Nur wenige Wochen im Amt, versuchte sie die neuen Freiheiten zurückzunehmen; der Gouverneur der Staatsbank sollte gehalten sein, sich mit der Zentral- und den vier Provinzregierungen wegen ihres Kreditrahmens abzusprechen, seine Amtszeit sollte von fünf auf drei Jahre verkürzt werden. Dieser Angriff auf die neu gewonnene Souveränität der Staatsbank wurde erst einmal im Senat abgeschmettert, weniger aus ökonomischer Einsicht, als im Zuge der allgemeinen politischen Auseinandersetzung. Ebenso schwer dürfte es ihr fallen, die Besteuerung der landwirtschaftlichen Vermögen und Einkommen durchzusetzen.

Insgesamt ist ihr wirtschaftspolitischer Spielraum gering: Im Staatshaushalt 1994/95 nimmt der Schuldendienst (135 Mrd. Rs) die erste Stelle ein, gefolgt von den Verteidigungsausgaben (101 Mrd. Rs). Beide zusammen übersteigen die erwarteten

Steuereinnahmen (214 Mrd. Rs). Die Sparmöglichkeiten sind denkbar gering: Kommt die Regierung beim (inländischen) Schuldendienst in Verzug, so würde sie ihre Kreditwürdigkeit verlieren; die unvermeidliche Neuverschuldung wäre gefährdet; die Möglichkeiten einer „Defizitfinanzierung" durch den Betrieb der Notenpresse sind wegen der Auflagen des Weltwährungsfonds und der Weltbank ebenfalls begrenzt; 1994/95 liegt das Ziel eines Budgetdefizits (ohne die halbstaatlichen „autonomen" Unternehmen) bei 5,8 %, nach offiziell 8 % im Vorjahr. Bei den Verteidigungsausgaben sieht sich Pakistan angesichts der jüngsten Steigerung der indischen Ausgaben im Zugzwang; die pakistanische Armee würde größere Einschnitte kaum hinnehmen. Die übrigen Staatsausgaben sind vergleichsweise gering; bei den Sozialausgaben, vor allem beim Erziehungswesen, hat Pakistan in den letzten Jahren angesichts der massiven Kritik an seiner „Überrüstung" endlich etwas zugelegt.

Die Bereitschaft des Auslands, Pakistan Hilfe zu gewähren, findet ihren Ausdruck in Krediten und Geschenken in der Höhe von (1992/93) 2,2 Mrd. US$ pro Jahr. Diese Gelder werden aber vor allem durch den Schuldendienst für Altschulden verzehrt, so daß die Netto-Hilfe nach pakistanischen Ausgaben nur ein Drittel der Auszahlungen beträgt. Der Schuldenberg (1992/93: 18,4 Mrd. US$) wächst weiter an. Eine „Abkopplung" von der Hilfe wäre in den 70er Jahren, als unverhofft die Heimüberweisungen der Gastarbeiter in den Golfstaaten zur Verfügung standen, möglich gewesen; von dieser Möglichkeit wurde aber kein Gebrauch gemacht. Daß auf die Auslandshilfe wenig Verlaß ist, hat Pakistan verschiedentlich erfahren müssen, dabei sind vor allem außerökonomische Faktoren maßgeblich gewesen, wie die anhaltende internationale Diskussion der pakistanischen Bemühungen um die Kerntechnologie zeigt.

Momente der Unsicherheit gehen auch vom Außenhandel aus: landwirtschaftliche Rohstoffe, d. h. Rohbaumwolle und Reis, sind heute nicht mehr die alleinigen Exportgüter; bei den immer noch dominierenden Textilwaren stehen aber verstärkte Bemühungen einer wachsenden Konkurrenz durch andere Billigländer gegenüber; bei Teppichen hat Pakistan Marktanteile verloren.

Sollte die Auslandshilfe nur geringfügig zurückgehen, keine Umschuldung gewährt werden, die Arbeiter im Ausland ihre Heimüberweisungen reduzieren, die Austauschrelationen im Außenhandel sich weiter verschlechtern, die USA oder die EU ihre Märkte vor allem für Textilien verschließen und/oder die hohen Importüberschüsse anhalten, so könnte Pakistan schnell in eine arge außenwirtschaftliche Bedrängnis kommen.

Steigerungen bei der Entwicklungshilfe sind nicht zu erwarten. In den letzten Jahren hat sich Pakistan auch immer mehr international kurzfristig verschuldet, man spricht von 5 Mrd. US$. Daher muß Frau Bhutto auch ganz besonders auf die Zahlungsbilanz achten, die sich allerdings in letzter Zeit (relativ) günstig entwickelte: die Rezession wirkt dämpfend auf die Importe, während die Exporte steigen; der Saldo der Handelsbilanz ist (relativ) kleiner als in den Jahren zuvor. Die Überweisungen der Gastarbeiter sind seit Mitte der 80er Jahre rückläufig und betrugen 1991/92 nur noch 1,5 Mrd. US$. Dafür nehmen die sonstigen privaten Übertragungen aus dem Ausland sowie – als Ergebnis der Liberalisierungspolitik – die Direktinvestitionen zu.

Zur Finanzierung des Lochs im Staatshaushalt bleiben nur die Steuern. Benazir Bhutto hatte die Nation schon Wochen, bevor sie das Budget vorlegte, auf erhebliche Erhöhungen vorbereitet. Hier drohen jedoch gleichermaßen ein Rückgang des Steueraufkommens aufgrund der rezessiven Wirkung überhöhter Steuerbelastungen und die Steuerflucht, die bereits jetzt schon auf 100 Mrd. Rs geschätzt wird – etwa die Hälfte des tatsächlichen Steueraufkommens.

5. Ausblick

Es bleibt die große Zahl der ungelösten Probleme, auf die hier nur auszugsweise eingegangen werden konnte. Unklar ist z. B. weiterhin, wie die wie auch immer geartete „Islamisierung" von Wirtschaft und Gesellschaft aussehen soll; dies hat durchaus praktische Folgen, wie die aktuelle Diskussion um den wöchentlichen Feiertag zeigt, den Zulfikar Ali Bhutto auf den Freitag verlegte und den die Geschäftsleute heute wegen ihrer vielen internationalen Geschäfte gerne wieder auf den Sonntag zurückverlegt haben möchten.

Das Bevölkerungswachstum dürfte seinen Zenit mit 3 % pro Jahr erreicht haben. Wenn man die Erfahrungen anderer Staaten auf Pakistan überträgt, so dürfte der Rückgang des Bevölkerungswachstums schneller vorangehen, als man es noch vor wenigen Jahren erwartete. Bei der derzeitigen Zunahme würde sich die Bevölkerung in den nächsten 23 Jahren verdoppeln; aber auch wenn sie dramatisch zurückgehen würde, müssen wir vorerst mit einer jährlichen Zunahme von mehreren Millionen rechnen. Um ihre Grundbedürfnisse zu stillen, ist die Nahrungsproduktion zu steigern und sind die sozialen Dienste auszubauen. Die letzten beiden Ernten waren nach vielen guten Jahren schlechter, Pakistan muß wieder mehrere Millionen Tonnen Getreide einführen: nach 2,9 Mio. t 1992/93 und 2,5 Mio. t 1993/94 evtl. sogar 4 Mio. t 1994/95. Auch die Baumwollernte bleibt weit hinter den Plandaten und den Vorjahresergebnissen zurück.

Im Bildungsbereich sind einige Fortschritte zu vermelden, nachdem Pakistan lange eines der internationalen Schlußlichter war. Die Schülerzahlen sind in den vergangenen zehn Jahren auf das Doppelte gestiegen, auch die der weiblichen Schüler. Das Ziel einer allgemeinen Alphabetisierung innerhalb der nächsten zehn Jahren scheint aber hoch gegriffen.

Die Produktivitätsfortschritte in der Landwirtschaft sind trotz der jüngsten witterungsbedingten Rückschläge beeindruckend; die sozialen Umwälzungen infolge der grünen Revolution, der Industrialisierung und der Wanderarbeit können kaum überschätzt werden; eine der sichtbaren Auswirkungen ist das Anwachsen einer Mittelschicht, die die Abnehmer der sich langsam entwickelnden Konsumgüterindustrie stellt. Damit stellt die personale und regionale Verteilung jetzt (wieder) die größte binnenwirtschaftliche (und innenpolitische) Herausforderung für die pakistanische Regierung dar. Eine stärkere Berücksichtigung der sozialen Aspekte ist nicht nur eine Forderung der Geber, sie ist auch eine Forderung, die von Seiten der Vertreter einer islamischen Wirtschaft als Teil einer wirklich islamischen Staatsform und Gesellschaftsordnung erhoben wird.

Literaturhinweise

Burki, Shadid Javed/Craig Baxter, Pakistan under the Military, Boulder, Col., 1991.
Maaß, Citha D., Pakistan zwischen Militärherrschaft und Zivilregierung. In: Jahrbuch Dritte Welt 1990, München 1990, S. 169–187.
Reetz, D., Im Schatten der Osteuropa-Wende. Pakistans schwieriger Weg in die Demokratie. In: Asien, Afrika, Lateinamerika. 19.1991.2. S. 262–274.
Zingel, Wolfgang-Peter, Pakistan. In: Die Rüstung in der Dritten Welt nach dem Ende des Ost-West-Konflikts. Herausgegeben von Veronika Büttner und Joachim Krause. Aktuelle Materialien zur Internationalen Politik und Sicherheit, Baden-Baden. 1994 (im Erscheinen).
Ders., Pakistan. In: Handbuch der Dritten Welt. Herausgegeben von Dieter Nohlen und Franz Nuscheler. Band 7: Südasien und Südostasien, Bonn 1994, S. 302–335.

Chronik

1906	Gründung der Muslim-Liga.
1930	Der Dichter und Philosoph Iqbal erhebt die Forderung nach einem eigenen Staat der Muslime im Nordwesten des Subkontinents.
1933	Rahmat Ali Chaudhry prägt den Namen Pakistan für den zu gründenden Muslim-Staat.
1940	Die Muslim-Liga erhebt auf ihrem Kongreß in Lahore die Forderung nach einem eigenen Staat (Lahore- oder Pakistan-Resolution).
1947	Pakistan wird unabhängiges Dominium, Krieg in Kashmir (bis Ende 1948).
1956	Erste Verfassung.
1959	Militärdiktatur unter General Ayub Khan.
1965	Krieg mit Indien.
1966	Abkommen von Taschkent mit Indien.
1970	Erste allgemeine Wahlen zur Nationalversammlung.
1971	Bürgerkrieg in Ostpakistan, Krieg mit Indien, Teilung des Landes, Zulfikar Ali Bhutto Präsident (und später Ministerpräsident).
1972	Abkommen von Shimla mit Indien.
1977	Wahlen zur Nationalversammlung, Unruhen, Militärdiktatur unter General Zia-ul Huq.

1979	Zulfikar Ali Bhutto wird gehenkt (4. April).
	Brand der Amerikanischen Botschaft in Islamabad.
	Sowjetische Invasion in Afghanistan (Dezember).
1988	Genfer Abkommen (April) beendet die Intervention der Supermächte im Afghanistan-Krieg.
	Zia löst das Parlament auf und entläßt die Regierung Junejo.
	Munitionsdepot Ojhri explodiert.
	Präsident Zia kommt zusammen mit einigen seiner wichtigsten Generäle und dem amerikanischen Botschafter bei einem Flugzeugabsturz ums Leben.
	Ghulam Ishaq Khan wird amtierender Präsident.
	Wahlen zur Nationalversammlung, Benazir Bhutto Ministerpräsidentin, Ghulam Ishaq Khan Präsident.
1990	Irakische Invasion in Kuwait.
	Präsident Ishaq Khan entläßt die Regierung Benazir Bhutto.
	Wahlen zur Nationalversammlung, Regierung Nawaz Sharif.
1993	Präsident Ishaq Khans Versuch, Nawaz Sharif zu entlassen, scheitert an der Entscheidung des Obersten Gerichts.
	Ishaq Khan und Nawaz Sharif treten zurück.
	Übergangsregierung unter Moeen Qureshi.
	Wahlen, Benazir Bhutto zum zweiten Mal Ministerpräsidentin.

Detlef Nolte
Chile: Demokratischer Konsens und die Last der Vergangenheit

1. Chile und Deutschland

Nicht erst durch die Flucht von Erich Honecker in die chilenische Botschaft in Moskau und seinen späteren Aufenthalt in der Hauptstadt Santiago ist Chile in das Blickfeld der deutschen Öffentlichkeit geraten. Chile gehörte in den vergangenen 25 Jahren zu den lateinamerikanischen Staaten, die sich in Deutschland eines besonders großen Interesses erfreuten und starke Emotionen erweckten. Dies war nicht zuletzt darauf zurückzuführen, daß die politische Entwicklung in dem Andenstaat einige Jahre synchron zu den Zeitläuften verlief, die weltweit und auch in Deutschland die politische Auseinandersetzung prägten. Noch heute gibt es auf dem Campus der Universität Hamburg einen Salvador-Allende-Platz, mit dem an den von den Militärs gestürzten chilenischen Präsidenten erinnert wird. Auf beiden Seiten, in Chile wie in Deutschland, dominieren heute wirtschaftliche Interessen und Themen, die Geschichte wird verdrängt. Gleichwohl ist das Bild Chiles in Deutschland immer noch stark durch die Vergangenheit geprägt. In einer Allensbachumfrage nannten beispielsweise im Mai 1990, d.h. nach der Rückkehr Chiles zur Demokratie, auf die Frage „Was meinen Sie, in welchen Ländern werden die Menschenrechte häufig und schwer verletzt?" bei einer vorgegebenen Liste von Ländern 67% der Befragten Chile, nur der Iran, Südafrika und Libyen wurden noch häufiger erwähnt. Der Versuch der Regierung von Salvador Allende, auf demokratischem Wege, d.h. durch Wahlen, an die Regierung zu gelangen und ein sozialistisches Gesellschaftsmodell durchzusetzen, inspirierte die westdeutsche Linke.

Nach dem Putsch (1973) fanden mehrere tausend Chilenen Zuflucht in beiden Teilen Deutschlands. Gerade im Medienbereich waren chilenische Journalisten präsent. Auch dies hat zur besonderen Wahrnehmung des Landes in den Tagen der Diktatur beigetragen. Und auch über die Ursachen des Militärputsches entspannen sich heftige Kontroversen. Während der einen Seite in der innenpolitischen Diskussion marxistische Vorlieben vorgehalten wurden, wurde die andere Seite beschuldigt, heimliche Sympathien für die Putschisten zu hegen. Allerdings bestand hinsichtlich der Ablehnung des Pinochetregimes bald ein breiter Grundkonsens in der Bundesrepublik Deutschland. Selten hat man von sozialdemokratischen und christdemokratischen Politikern eine diplomatisch „unverblümtere" Kritik an den Zuständen in einem eigentlich befreundeten Land gehört als im Falle Chiles.

In der deutschen Öffentlichkeit ist das Chile-Bild bis heute durch die Unidad Popular und die 16 Jahre Diktatur geprägt. Das demokratische Chile hat demgegenüber in der Außenwahrnehmung bisher wenig Profil gewonnen. Dies schafft Verständigungsprobleme. Wie demokratisch ist das heutige Chile, wie sieht die Bilanz vier Jahre nach der Rückkehr zur Demokratie aus? Welche Bedeutung hat die Vergangenheit für die chilenische Gegenwart? Welche Zukunftsperspektiven ergeben sich?

2. Die Regierung Aylwin (1990–94): Rückblick und Bilanz

Am 11. März 1990 war Chile nach mehr als 16 Jahren Diktatur zu einer demokratischen Verfassung zurückgekehrt, die allerdings viele vom Militärregime eingebaute Fußangeln enthält. In einem emotional geführten Wahlkampf hatte im Dezember 1989 der Kandidat eines breiten Mitte-Links-Bündnisses, der Christdemokrat Patricio Aylwin, gegen den ehemaligen Finanzminister Pinochets, Hernán Büchi, gesiegt.

Hauptziel der neuen Regierung war es, den Übergangsprozeß zur Demokratie zu Ende zu bringen und die wiedergewonnene Demokratie zu konsolidieren. Dazu galt es, mehrere Aufgaben in Angriff zu nehmen:

– die Sicherung des wirtschaftlichen Wachstums, um gegenüber den Unternehmern wirtschaftspolitische Kompetenz zu de-

monstrieren und über Mittel für eine aktive Sozialpolitik zu verfügen;
- die Beseitigung der sozialen Defizite, die das Militärregime hinterlassen hatte;
- die Aufarbeitung der Menschenrechtsverletzungen während der Militärherrschaft;
- die Beseitigung autoritärer Relikte in der Verfassung und in der Gesetzgebung;
- eine Reform der Justiz, um ihr mehr Effizienz zu verleihen und undemokratische Elemente zu beseitigen;
- und die Wiederherstellung der zivilen Kontrolle des Militärs.

Am Beginn der Amtszeit von Präsident Aylwin bestanden in der Regierungskoalition zweierlei Befürchtungen. Zum einen hatten die demokratischen Politiker und große Teile der Bevölkerung Angst, daß die vormaligen Machthaber und ihre Sympathisanten den Konsolidierungsprozeß der Demokratie gefährden und die Politik der Regierung torpedieren könnten. Zwei von fünf Befragten unterstellten noch im Oktober 1993 in einer Meinungsumfrage dem Militär Machtgelüste. Zum anderen waren die Regierungsparteien besorgt, daß die aufgestauten Erwartungen ihrer Anhänger die Handlungs- und Problemlösungskapazität der Regierung überschreiten und zu einer generellen Unzufriedenheit mit der Regierungspolitik und der Demokratie führen könnten.

Wie fällt die politische und wirtschaftliche Bilanz der Regierung Aylwin nach vier Jahren aus? In der Wirtschaftspolitik überwogen eindeutig die Erfolge. Unter 26 Zukunftsmärkten wird Chile von der englischen Fachzeitung „The Economist" im ersten Quartal 1994 nach einer Rangordnung des geringsten politischen und wirtschaftlichen Investitionsrisikos an achter Stelle aufgelistet, deutlich vor Mexiko, Argentinien und Brasilien. Der „Bericht über menschliche Entwicklung" der Vereinten Nationen (PNUD) listet Chile 1994 unter 173 Ländern an 38. Stelle auf, was die Lebensqualität seiner Bürger betrifft. In Lateinamerika sind nur Argentinien und Uruguay besser plaziert.

Die Wirtschaft wuchs seit 1990 um durchschnittlich 6 %, 1992 sogar um mehr als 10 %, und die Inflation konnte von 27 % (1990) auf für Lateinamerika akzeptable 12 % (1993) abgesenkt werden. Die offizielle Arbeitslosenrate sank – bei allen Vorbehalten, die gegenüber diesem Indikator angebracht sind – auf unter 5 %. In vier Jahren wurden 635 000 neue Arbeitsplätze geschaffen. Die Kaufkraft der Löhne erhöhte sich seit 1990 im Jahresdurchschnitt um 4 %, der private Konsum sogar um 5 %. Die Mindestlöhne stiegen, gemessen an den Lebenshaltungskosten der Armen, seit Ende der 80er Jahre um mehr als 30 %. Die Sozialausgaben wurden nach Regierungsangaben von 1990 bis 1993 um rd. 50 % gesteigert. Die Zahl der Armen konnte seit März 1990 von 5,3 Mio auf 4 Mio Personen reduziert werden. Der Rückgang der Armut war vor allem eine Folge des wirtschaftlichen Wachstums und weniger eine Folge gezielter Umverteilungspolitiken. So hat sich die Einkommensverteilung, die sich während der Militärherrschaft stetig zugunsten der wohlhabenden Schichten verschoben hatte, in den vergangenen Jahren nur wenig verbessert. Die Einkommen der 20 % reichsten Haushalte waren 1992 immer noch 12 mal so hoch wie die der 20 % ärmsten Haushalte.

Trotz der bleibenden sozialen Probleme herrscht in Chile in breiten Schichten ein Entwicklungsoptimismus vor, und der Sicherung des wirtschaftlich Erreichten wird im Vergleich mit eher politischen Fragen Priorität eingeräumt. Ein Kommentar in der argentinischen Presse über den Ausgang der allgemeinen Wahlen im Dezember 1993 trug deshalb die Überschrift „Die Chilenen stimmen mit der Hand am Geldbeutel ab". In einer Meinungsumfrage kurz vor der Wahl äußerten sich über die Hälfte der Befragten mit ihrer persönlichen Lebenssituation zufrieden, nur jeder Sechste war unzufrieden.

Bemerkenswert ist der Zukunftsoptimismus, der in Chile vorherrscht: im Oktober 1993 erwartete fast die Hälfte der Befragten in einer nationalen Meinungsumfrage für das kommende Jahr eine Verbesserung der wirtschaftlichen Situation, nur jeder Zehnte rechnete mit einer Verschlechterung.

Vor diesem Hintergrund kann es nicht verwundern, daß auch die Amtsführung von Präsident Aylwin am Ende seiner Amtszeit von der Mehrheit der Befragten positiv bewertet wurde. Die Person des Präsidenten stieß bei 60 bis 70 % der Bevölkerung auf Sympathie. Diese Umfrageergebnisse unterscheiden Chile deutlich von der Mehrzahl der lateinamerikanischen Länder, in denen die führenden Politiker und die Politik in der Regel sehr schlechte Noten erhalten und Skepsis im Hinblick auf die Zukunft vorherrscht.

In der Außenpolitik der Regierung Aylwin fiel der Bruch mit der Vergangenheit am deutlichsten aus. Zu erwähnen sind die Ausdifferenzierung der Handelsbeziehungen zwischen Europa, Amerika (einschließlich der USA) und Asien. Durch bilaterale Freihandels- oder Kooperationsabkommen – mit Mexiko, Argentinien, Kolumbien und Venezuela – gelang es Chile in besonderer Weise, seine Wirtschaftsbeziehungen in Lateinamerika auszubauen. Die chilenische Regierung bemühte sich überdies, ausstehende Grenzkonflikte und andere Belastungen in den bilateralen Beziehungen mit den Nachbarländern friedlich zu regeln und zu einer definitiven Lösung zu gelangen. Dabei war im Verhältnis zu Argentinien die größte Annäherung in den Positionen zu verzeichnen, aber auch in den Beziehungen zu Bolivien und Peru wurden deutliche Fortschritte erzielt.

Auch in anderen politischen Bereichen kann die Regierung Erfolge vorweisen:

- Erreicht wurde eine Demokratisierung der Gemeindeverfassungen, die im Juli 1992 in der demokratischen Wahl der Gemeinderäte (die wiederum die Bürgermeister wählen) ihren Ausdruck fand. In dieser Frage gab es eine Interessenkongruenz zwischen der Regierungskoalition – hinsichtlich einer Demokratisierung der Gemeindeverfassungen – und der Opposition – hinsichtlich der Besetzung politischer Machtpositionen (in den Gemeinden).
- Positive Entwicklungen gab es auch im Sozialbereich. Auf die Reduzierung der Armut wurde bereits hingewiesen. Wichtiger als einzelne Reformen in der Arbeitsgesetzgebung, die

den Arbeitnehmern wieder mehr Schutz und Rechte vermittelten, war die Anerkennung der Gewerkschaften als legitimer und respektierter Gesprächspartner von Regierung und Unternehmern, die sich u. a. im Abschluß von dreiseitigen Vereinbarungen über die Mindestlöhne und Grundfragen der Arbeitsbeziehungen niederschlug. Die Gewerkschaften konnten ihre Mitgliederzahl erhöhen – von 510 000 (1989) auf 725 000 (1992) –, bei einem weiterhin niedrigen Organisationsgrad von 18 %.
– Ambivalent fällt die Bilanz beim Thema Menschenrechte aus. Hier versuchte die Regierung, einen Mittelweg zu beschreiten.

Aufgrund der Weigerung des Militärs, eine Aufhebung des 1978 verabschiedeten Amnestiegesetzes hinzunehmen, einer mit Sympathisanten des Regimes durchsetzten Justiz und den negativen Erfahrungen in anderen lateinamerikanischen Ländern bei der Aufarbeitung von Verbrechen der Militärs setzte die Regierung Aylwin eine unabhängige Untersuchungskommisision ein, welche die Menschenrechtsverletzungen dokumentieren sollte, bei denen die Opfer zu Tode gekommen waren. Insgesamt listete der Bericht vom Februar 1991 164 Opfer politischer Gewalt und 2115 Opfer von Menschenrechtsverletzungen auf, weitere 641 Fälle bedurften einer abschließenden Klärung. Bis März 1994 hatte sich die Zahl der in der offiziellen Statistik erfaßten Todesopfer, die das Militärregime auf dem Gewissen hat, auf 3129 erhöht, darunter fast 1100 „Verschwundene".
Die Angehörigen von ermordeten Regimegegnern wurden vom Staat mit Entschädigungsleistungen bedacht. In einigen Gerichtsverfahren, die nicht von der Amnestie abgedeckte Verbrechen betreffen, waren Fortschritte zu verzeichnen. So wurde der Gründer der berüchtigten Geheimpolizei DINA, General Contreras, im November 1993 wegen seiner Beteiligung an der Ermordung des ehemaligen Außenministers der Regierung Allende, Orlando Letelier, in Washington (1976) in erster Instanz zu einer mehrjährigen Haftstrafe verurteilt. Ende März 1994 wurden 15 ehemalige Polizisten einer mittlerweile aufgelö-

sten Sondereinheit wegen der Ermordung von drei kommunistischen Funktionären, deren Leichen 1985 mit durchschnittenen Kehlen gefunden worden waren, zu teilweise hohen Haftstrafen verurteilt. Im Urteil wurde außerdem der Polizeiführung, einschließlich ihrer Oberkommandierenden, die Behinderung der Arbeit der Ermittlungsbehörden und die Vertuschung des Verbrechens vorgeworfen.

Allerdings konnte Präsident Aylwin das selbstgesteckte Ziel nicht verwirklichen, eine Aussöhnung zwischen den Chilenen über das Thema Menschenrechtsverletzungen während der Militärherrschaft zu erreichen. Das Militär weigerte sich, Fehler einzugestehen und ein Zeichen des Bedauerns zu setzen, und eine deutliche Mehrheit der Bevölkerung hätte sich nach Meinungsumfragen eine Bestrafung der Schuldigen gewünscht. Am Ende der Amtszeit von Präsident Aylwin hatte das Thema Menschenrechte in der Bevölkerung jedoch deutlich an Interesse verloren.

- Auch bei der Lösung der Situation der Häftlinge, die aufgrund politisch motivierter Vergehen von den Militärs verhaftet worden waren und beim Amtsantritt von Präsident Aylwin noch im Gefängnis saßen, kann die Bilanz der neuen Regierung nicht voll überzeugen. Im Januar 1994 zog der Justizminister eine vorläufige Bilanz und gab bekannt, daß während der Amtszeit von Präsident Aylwin insgesamt 146 Häftlinge, die wegen politisch motivierter Vergehen verurteilt worden waren, vom Präsidenten begnadigt wurden, zehn befanden sich Ende 1993 immer noch in Haft. Weitere 228 Personen wurden nach Verbüßung ihrer Haftstrafen, weil sie freigesprochen worden waren oder aufgrund anderer rechtlicher Verfügungen, freigelassen. Wenige Tage vor der Amtsübergabe an seinen Nachfolger begnadigte Präsident Aylwin die letzten noch einsitzenden politischen Häftlinge – darunter die Attentäter, denen General Pinochet 1986 beinahe zum Opfer gefallen wäre –, indem er ihre Haftstrafe in Verbannung ins Ausland umwandelte.
- Da die Regierung im Parlament nicht über die für eine Verfassungsänderung notwendige Mehrheit verfügt und die Oppo-

sition bis auf wenige Ausnahmen (Gemeindeverfassung, Verkürzung der Amtszeit des Präsidenten) die Initiativen der Regierung ablehnte, war es nicht möglich, die autoritären Elemente in der Verfassung zu tilgen:
- Dies gilt für die Wiederherstellung der zivilen Kontrolle des Militärs. So kann der Präsident nach den Übergangsartikeln der Verfassung bis 1997 die Oberkommandierenden der Teilstreitkräfte nicht absetzen, und auch nach diesem Datum ist sein Handlungsspielraum eingeschränkt.
- Als besonders gravierender Defekt der chilenischen Demokratie hat sich erwiesen, daß acht von 47 Senatoren nicht vom Volk gewählt, sondern noch von General Pinochet oder durch von ihm kontrollierte Körperschaften ernannt worden waren. Dadurch verlor die Regierungskoalition die Mehrheit im Senat, über die sie nach dem Wahlergebnis verfügt hätte. Auch in dieser Frage hat die Opposition bisher noch keine Bereitschaft zu einer Verfassungsreform erkennen lassen.
- Ebenso blieb eine Reform der Wahlgesetzgebung aus, die die Opposition begünstigt. In Chile wird sowohl für den Senat als auch für das Abgeordnetenhaus in Zweierwahlkreisen zwischen konkurrierenden Listen von Parteibündnissen (mit jeweils zwei Kandidaten) gewählt. Dabei wird die zweitstärkste Liste bevorzugt. Dies war vom Gesetzgeber so geplant, um das Zustandekommen von verfassungsändernden Mehrheiten im Parlament zu erschweren. Damit beide Wahlkreismandate an die siegreiche Liste fallen, muß diese doppelt so viele Stimmen auf sich vereinen wie die zweitstärkste Liste. Bei den Wahlen zum Senat gelang dies 1993 in keinem Wahlkreis. Bei den Wahlen zum Abgeordnetenhaus erreichte das Regierungsbündnis in 11 von 60 Wahlkreisen und das Oppositionsbündnis in einem Wahlkreis beide Mandate.
- Ebensowenig kamen die Ansätze für eine Reform der verkrusteten und ineffizienten Justiz voran, deren Spitze immer noch mit Sympathisanten des Pinochet-Regimes durchsetzt ist. Immerhin wurde im Januar 1993 ein Richter des Obersten Gerichtes durch Parlamentsbeschluß seines Amtes enthoben, weil ihm im Zusammenhang mit Gerichtsverfahren,

die Menschenrechtsverletzungen während der Militärherrschaft betrafen, Amtsverfehlungen nachgewiesen wurden.
– Nur geringe Fortschritte gab es in den Beziehungen zwischen der politischen Führung und den Sicherheitskräften. Es gelang der Regierung nicht, die nationale Polizei, die dem Verteidigungsministerium untersteht, dem Innenministerium zuzuordnen. Auch blieb der Einfluß auf die Polizeipraktiken begrenzt. Die Menschenrechtsorganisation „Amnesty International" berichtet immer noch über Mißhandlungen und Folterungen von Häftlingen und äußert den Verdacht, daß es vereinzelt zu extralegalen Hinrichtungen gekommen sei. Der Oberbefehlshaber der Polizei, General Stange, der im Übergangsprozeß zur Demokratie eine positive Rolle gespielt hatte, weigerte sich im April 1994, von seinem Amt zurückzutreten, obgleich ihm Präsident Frei dazu aufgefordert hatte. Gegen den General war ein Ermittlungsverfahren eingeleitet worden, um nachzuprüfen, ob er die Strafverfolgung bei einem Verbrechen behindert hatte, das 1985 von Polizisten begangen worden war.
– Zwar kann nach Ansicht aller Beobachter die Gefahr eines Militärputsches als sehr gering veranschlagt werden. Gleichwohl hat sich im Verhältnis zwischen Regierung und Militär wenig verändert. Die Militärs gebärden sich immer noch wie ein Staat im Staat, sie verstehen sich als eine Art „vierte Gewalt". Die wenigen, häufig zaghaften Versuche der Regierung, die zivile Kontrolle über das Militär zu erweitern oder auf eine Ablösung General Pinochets hinzuwirken, stießen auf harten Widerstand, der sich einmal – im Dezember 1990 – in einer Mobilisierungsübung des Heeres manifestierte, ein anderes Mal – im Mai 1993 – tagten die Generäle im Kampfanzug und unter Bewachung von schwerbewaffneten Eliteeinheiten. Nur bei der Besetzung militärischer Führungspositionen konnte die Regierung ihren Einfluß etwas erweitern.
– Was die Person General Pinochets betrifft, haben sich die Politiker des Regierungsbündnisses damit abgefunden, daß er unter Ausschöpfung der betreffenden Verfassungsregelung bis 1997 an der Spitze des Heeres bleiben wird. Noch vor ei-

nigen Jahren hatte die These, Pinochet könne in gewisser Weise wider Willen einen Beitrag zur Konsolidierung der Demokratie leisten, weil sein Verbleib an der Spitze des Heeres den Zusammenhalt zwischen den Regierungsparteien erhöhe, provozierend gewirkt. Am Ende der Amtszeit von Präsident Aylwin gab es aber in aller Öffentlichkeit lobende Worte für den General, der vom Präsidenten und anderen Regierungsvertretern als Faktor der Stabilität im Übergangsprozeß gewürdigt wurde. Und auch in der Bevölkerung hat sich die Wahrnehmung des Exdiktators verändert. So fällt das allgemeine Urteil über seine Regierungszeit nach Meinungsumfragen überraschend mild aus.
- Auch international hat Pinochet als Verkörperung einer erfolgreichen Entwicklungsdiktatur bei allen Vorbehalten gegenüber der Repressionspraxis seines Regimes an Ansehen gewonnen. Das Pinochet-Regime wird mittlerweile in weiten Teilen der Dritten und der ehemals Zweiten Welt als „Modell" für eine erfolgreiche Entwicklungsdiktatur „gewürdigt", um so mehr als das Land nach dem wirtschaftlichen Umbruch zu demokratischen Verhältnissen zurückkehrte. Schon in der Endphase der Sowjetunion waren in der lokalen Presse Forderungen nach einem russischen Pinochet laut geworden. Im Dezember 1993 brachte ein algerischer Schriftsteller das Modell eines „arabischsprachigen Pinochet" in die Diskussion, der die wirtschaftlichen und politischen Probleme des Landes lösen soll.

3. Der demokratische Alltag: Die Wahlen von 1993

Trotz der autoritären Relikte in der Verfassung und trotz der Spaltungen in der Gesellschaft ist der demokratische Alltag in Chile eingezogen. Im Dezember 1993 fanden die zweiten demokratischen Wahlen seit der Rückkehr zur Demokratie statt, die gleichfalls als Indikator für die Befindlichkeit des politischen Systems herangezogen werden können. Gewählt wurden ein neuer Präsident, sämtliche Abgeordnete und die Hälfte der Senatoren.

Der Wahlkampf 1993 wurde von nahezu allen Beobachtern als ausgesprochen langweilig bezeichnet. Es kann deshalb auch nicht verwundern, daß in einer Umfrage kurz vor der Wahl fast 70 % der Befragten kein oder wenig Interesse am Wahlkampf äußerten. Die Wahlveranstaltungen waren in der Regel nur schwach besucht. Fast alle Parteien verzichteten aus Angst vor leeren Stadien oder Sälen auf Großveranstaltungen und auf die traditionellen Abschlußkundgebungen in Santiago. Neben einer intensiven Kampagne der Präsidentschaftskandidaten in den Provinzen und einer Haus-Zu-Haus-Kampagne vieler Abgeordneter in ihren Wahlkreisen kam den kostenlosen Wahlspots und den Diskussionveranstaltungen im Fernsehen zentrale Bedeutung zu.

Bei den Präsidentschaftswahlen ging der Christdemokrat und Kandidat des regierenden Mitte-Links-Bündnisses, Eduardo Frei Ruiz-Tagle, mit 58 % der Stimmen als klarer Wahlsieger hervor. Von 8,1 Mio wahlberechtigten Chilenen gingen mehr als 90 % zur Wahl; in Chile herrscht Wahlpflicht.

Eduardo Frei Ruiz-Tagle, ein Ingenieur und erfolgreicher Unternehmer, war erst nach dem Tod seines Vaters, des Expräsidenten (1964–1970) Eduardo Frei Montalva, Anfang 1982 in die Politik eingetreten. Im Dezember 1989 wurde er für den Wahlkreis Santiago in den Senat gewählt. Beim hohen Stimmanteil von fast 60 %, den er bei den Präsidentschaftswahlen auf sich vereinen konnte, spielte sicherlich auch die positive Erinnerung an die Präsidentschaft seines Vaters eine Rolle. Diese Periode wird vor dem Hintergrund der nachfolgenden politischen und wirtschaftlichen Umwälzungen in der rückblickenden Betrachtung vieler Chilenen sehr positiv bewertet, vereinte die Amtszeit von Frei doch wirtschaftliches Wachstum, eine Politik sozialer Reformen und die Erweiterung der politischen Freiheitsrechte, bei gleichzeitiger Wahrung der öffentlichen Ordnung.

In der Stimmabgabe für Frei spiegelte sich auch der Wunsch nach politischer Stabilität und der Sicherung des wirtschaftlichen Wachstums wieder, die man bei einem Sieg der Rechten eher gefährdet sah. Die Konfliktscheu der Chilenen und die Bedeutung, die sie den wirtschaftlichen Perspektiven in ihrer

Wahlentscheidung einräumten, wirkten sich dieses Mal zuungunsten der konservativen Kandidaten aus.

Weit abgeschlagen landeten bei den Präsidentschaftswahlen die beiden Kandidaten der Rechten, Arturo Alessandri (24,4) und José Piñera (6,2), mit zusammen rd. 30% der Stimmen. Der Senator Arturo Alessandri Besa (geb. 1923), der keiner Partei angehört und der Enkel und Neffe zweier vormaliger Präsidenten ist, war ein Kompromißkandidat der beiden wichtigsten Rechtsparteien, die sich lange Zeit nicht auf einen gemeinsamen Kandidaten einigen konnten und die hofften, vom Mythos des Namens Alessandri profitieren zu können. Der ehemalige Arbeits- und Bergbauminister Pinochets, José Piñera, kandidierte als Unabhängiger, präsentierte sich als wahrer Sachwalter des Erbes der Militärherrschaft und betrieb zeitweilig eine äußerst aggressive Kampagne gegen seinen Mitbewerber im rechten Lager.

Enttäuschend war auch das Abschneiden des Kandidaten der in Chile traditionell starken Kommunistischen Partei, Eugenio Pizarro, für den weniger als 5% der Wähler stimmten. Die Kommunisten hatten einen Priester nominiert, der sich aber mit seinem antiquierten und übermäßig ideologisierten Diskurs als wenig zugkräftiger Kandidat erweisen sollte.

Der deutliche Wahlsieg von Eduardo Frei ist in mehrerer Hinsicht bemerkenswert. In einer Zeit, in der in vielen lateinamerikanischen Ländern die Regierungsparteien beschämende Niederlagen einstecken müssen, konnte in Chile der Kandidat der regierenden Koalition deren Stimmenanteil im Vergleich mit den Wahlen von 1989 sogar erhöhen. Keiner der siegreichen Präsidentschaftskandidaten in der langen Demokratiephase, die Chile von 1932 bis 1973 durchlebte, hatte einen höheren Stimmenanteil erreicht. Erstmals seit den 40er Jahren lösen sich zwei Präsidenten gleicher Parteizugehörigkeit im Amt ab und sorgen auf diese Weise für politische Kontinuität. Der Wahlausgang zeigte auch, daß die Chilenen der politischen Polarisierung überdrüssig sind. Beide Kandidaten, die Schärfe in den Wahlkampf brachten, Piñera und Pizarro, wurden vom Wähler nicht belohnt.

Was das Ergebnis der Parlamentswahlen betrifft, so zeigte sich die Mehrzahl der Parteien und politischen Gruppierungen mit dem Ausgang zufrieden, auch wenn sich in dem einen oder anderen Fall ein Wermutstropfen in die Freude mischte. Die Gewichte zwischen den beiden großen politischen Blöcken haben sich bei den Wahlen zum Zweikammernparlament kaum verschoben. So hatte die Regierungskoalition bei den Wahlen 1989 einen Stimmenanteil von 48,3 % erreicht, einschließlich eines linken Wahlbündnisses, das sich später der Koalition anschloß, waren es 53,1 %. Bei den Kommunalwahlen im Juli 1992 war ihr Stimmenanteil auf 53,5 % gestiegen, und im Dezember 1993 erreichte die Koalition 55,5 % der Stimmen. Der Anteil des rechten Bündnisses ging von 38,7 % (1989), über 37,8 % (1992) auf 36,6 % zurück. Die Rechte war mit dem Wahlausgang trotzdem zufrieden, konnte sie doch zwei Abgeordnetenmandate und ein Senatorenmandat hinzugewinnen. Die Erklärung für den überraschenden Erfolg bei der Mandatszuteilung liegt im Wahlsystem, das – wie bereits erwähnt – die zweitstärkste Gruppierung begünstigt.

Entsprechend reduzierte sich die Zahl der Abgeordneten, mit deren Unterstützung die Regierung im Parlament rechnen kann, von 72 auf 70, gegenüber 50 Mandaten der Opposition, und auch im Senat verlor die Regierungskoalition keinen Sitz. Sie verfügt jetzt über 21 Mandate, gegenüber 17 der Opposition und 8 von Pinochet ernannten Senatoren. Die Sitzverteilung in beiden Kammern des Parlaments macht die Regierung somit weiterhin bei wichtigen Gesetzesvorhaben von der Zustimmung einer oder beider Rechtsparteien abhängig.

Das Regierungsbündnis, das ursprünglich 17 Parteien umfaßt hatte, reduziert sich heute im Kern auf drei Parteien: die Christdemokratische Partei, die sozialdemokratisch ausgerichtete Sozialistische Partei (PS) und die „Partei für die Demokratie" (PPD), die gleichfalls ein sozialdemokratisches Profil aufweist. Bei den Christdemokraten herrschte trotz des Wahlsieges von Frei eine gewisse Enttäuschung vor. Sie verloren zwei Abgeordnetenmandate, blieben jedoch mit 27 % der Stimmen und 37 Mandaten die stärkste Partei im Regierungslager. PPD und

PS waren mit dem Wahlergebnis überaus zufrieden. Hatten sie doch befürchtet, daß im Gefolge des sich abzeichnenden Wahlsieges von Frei die Christdemokraten ihre dominierende Stellung noch weiter ausbauen würden. Stattdessen gewann die PPD acht Mandate hinzu und zog mit den Sozialisten gleich (beide 15 Mandate).

Auch auf der Rechten hat sich hinsichtlich der internen Kräfteverteilung wenig verändert. Stärkste Partei bleibt Renovación Nacional, mit 16,3 % der Stimmen, 31 Abgeordneten (– 1) und 11 Senatoren(– 2). In der Partei tritt ein starker Flügel für eine Erneuerung und Öffnung der Rechten hin zur Mitte ein und strebt gleichzeitig eine Distanzierung vom Militärregime an. Die zweite große Rechtspartei, die Unión Democrática Independiente (UDI), sieht sich als Erbin des Militärregimes, das sie verteidigt und dessen Verfassung sie möglichst unverändert konservieren will. Auf die UDI entfielen 12,1 % der Stimmen, 16 Abgeordnetenmandate (+ 2) und drei Senatoren (+ 1). Für die Wahl schlossen sich die beiden Parteien mit einer weiteren Gruppierung zu einem Wahlbündnis zusammen. Nach den Wahlen haben sie, trotz der weiter bestehenden politischen Gegensätze, zunächst einmal ihre Zusammenarbeit vertieft, um ein Gegengewicht zur Regierungskoalition zu schaffen.

4. Anzeichen von Politikverdrossenheit und Demokratiekritik

Ein reibungsloser Regierungswechsel, eine klare Absage an politische Extreme und an polarisierende Töne im Wahlkampf, eine Regierung, die mit einer positiven Wirtschafts- und Sozialbilanz aus dem Amt scheidet und auch in Meinungsumfragen positiv bewertet wird, eine Regierungskoalition, die mit einem hohen Stimmenanteil bestätigt wird, und ein Präsidentschaftskandidat, der fast 60 % der Stimmen auf sich vereinen kann, deuten auf den ersten Blick auf ein großes Ausmaß der Konsolidierung der Demokratie und ein großes Vertrauen der Bürger in die demokratischen Institutionen hin.

Nach dem wechselseitigen Mißtrauen, das noch die Spätphase der Pinochetära gekennzeichnet hatte, wurde wieder eine

Art politischer Grundkonsens auf der Ebene der Parteieliten erreicht, der eine Diskussion auch kontroverser politischer Standpunkte ohne die Schärfe und Polarisierung der Vergangenheit ermöglicht und nahezu alle Parteien in das demokratische Kräftespiel einbindet. Gleichwohl zeigen sich bei einer gründlicheren Analyse auch in Chile Krisensymptome, die im Zusammenhang mit dem Erbe von 16 Jahren Militärdiktatur und dessen Bewältigung zu bewerten sind. Die Ambivalenzen des Übergangsprozesses, die bescheidenen Fortschritte bei der Beseitigung autoritärer Relikte, aber auch die Rückkehr zum demokratischen Alltag führen dazu, daß es auch in Chile Anzeichen von Politikverdrossenheit gibt. Einzelne politischen Institutionen und Akteure werden kritisch in Frage gestellt, und auch hinsichtlich der Stabilität und Qualität der chilenischen Demokratie werden Zweifel geäußert. Allerdings ist die Unzufriedenheit nicht so groß, daß daraus antidemokratische Kräfte Kapital schlagen könnten, wie die Wahlergebnisse dokumentieren. Zudem ist der Rückgang des politischen Interesses nach den Turbulenzen während des Übergangsprozesses „normal", ein vergleichbarer Rückgang des politischen Engagements war auch in anderen lateinamerikanischen Ländern nach der Rückkehr zur Demokratie zu verzeichnen. In einer Umfrage (CERC) kurz vor der Wahl äußerten nur 30 % der Befragten ein größeres Interesse an der Politik, weitere 30 % bekundeten ein geringes und 40 % der Befragten gar kein Interesse.

Was den möglichen Beitrag zur Lösung der Probleme der Bürger betrifft, ist insgesamt ein Vertrauensverlust gegenüber den politischen Institutionen zu verzeichnen. Gingen 1991 noch fast 60 % der Befragten von einem positiven Beitrag der Parteien aus, so waren es ein Jahr später nur noch 35 %, die von den Parteien eine Hilfe erwarteten, weniger als von den Streitkräften (36 %). Die Parteien wurden 1992 zwar von über 60 % der Befragten als unabdingbar für die Demokratie erachtet, aber fast die Hälfte der Befragten war der Meinung, daß sie Zwietracht unter den Bürgern säen, und nur 30 % der Befragten meinten, daß die Parteien in Chile gut funktionieren; demgegenüber glaubten über 60%, daß sie nur ihre Eigeninteressen verfolgen.

Die negative Bewertung der chilenischen Demokratie und der politischen Institutionen, die allerdings weniger drastisch ausfällt als in der Mehrzahl der übrigen lateinamerikanischen Länder, wird durch die positive Bewertung der wirtschaftlichen Entwicklung kompensiert. Knapp die Hälfte der Befragten war in einer Umfrage Ende 1992 der Meinung, daß sich die wirtschaftliche Situation in der Demokratie im Vergleich mit den letzten drei Jahren der Diktatur verbessert habe, und über ein Drittel der Befragten sah auch eine Verbesserung der persönlichen Situation. Das politische System erfährt in Chile somit eine starke zusätzliche Legitimierung über wirtschaftliche Leistungen, die große Teile der Bevölkerung bei einer persönlichen Bilanz über Mängel der demokratischen Institutionen hinwegsehen läßt. Bei diesem Ergebnis stellt sich aber die Frage, in welcher Weise sich bei einer Verschlechterung der wirtschaftlichen Situation die latent vorhandene Unzufriedenheit mit der Politik Ausdruck verschaffen würde.

Eduardo Frei trat sein Amt am 11. März 1994 für eine Periode von sechs Jahren an. Sein Amtsvorgänger Aylwin hatte aufgrund einer Übergangsklausel in der Verfassung nur vier Jahre regiert. Nach der geltenden Verfassung wurde Frei am 11. Dezember 1993 noch für acht Amtsjahre gewählt. Er hatte sich allerdings im Wahlkampf aufgeschlossen gegenüber Forderungen nach einer Verfassungsreform zur Verkürzung der Amtszeit des Präsidenten gezeigt, die bis zu diesem Zeitpunkt im Parlament keine Mehrheit gefunden hatte. Zugleich kündigte Frei an, daß er für die Periode regieren werde, auf die er bei der Amtsübergabe am 11. März seinen Eid ablegen würde. Überraschend gelang den Regierung- und Oppositionsparteien in der Woche nach der Wahl eine Einigung auf die Verkürzung der Amtszeit auf sechs Jahre, die Mitte Februar 1994 definitiv als Verfassungsreform verabschiedet wurde. Die Amtszeit der Abgeordneten (vier Jahre) und Senatoren (acht Jahre) wurde nicht verändert. Damit kehrt Chile zur Verfassungspraxis vor 1973 zurück. Auch damals verfügten Präsident, Senatoren und Abgeordnete über eine unterschiedliche Amtsdauer und sie wurden zu unterschiedlichen Zeitpunkten gewählt.

Die Kabinettsliste wurde relativ rasch zusammengestellt. Bereits am 24. Dezember waren 18 von 21 Ministern benannt, die restlichen drei folgten Anfang Januar. Im Gegensatz zum reinen Männerkabinett von Präsident Aylwin – sieht man von der Frauenbeauftragten ab – gehören dieses Mal drei Frauen der Regierung an, so wird u.a. das Justizministerium von einer Frau geleitet. Bei der Verteilung der Ressorts wurde sowohl auf den Proporz in der Koalition als auch auf die Qualifikation der Amtsinhaber geachtet. In Pressekommentaren wurde auf die große Zahl von Absolventen nordamerikanischer Universitäten hingewiesen. Der Vorsitzende der Sozialistischen Partei, Germán Correa, wurde Innenminister und damit offizieller Vertreter des Präsidenten, falls sich dieser auf eine Auslandsreise begibt. Damit wurden die Sozialisten eng in die Regierungsverantwortung eingebunden. Insgesamt stellen die Sozialisten und die „Partei für die Demokratie" jeweils drei Minister, ein weiterer Minister gilt als Vertreter beider Parteien. Auf zwei kleinere Parteien entfällt jeweils ein Ministerium. Die übrigen Minister gehören der Christdemokratischen Partei an oder stehen ihr nahe.

Die Regierung von Eduardo Frei Ruiz-Tagle knüpft in gewisser Weise an die Amtszeit seines Vaters an. Zum Hauptanliegen seiner Regierung hat Frei, wie bereits erwähnt, die Bekämpfung der Armut erklärt. Bis zum Ende seiner Amtszeit will er die extreme Armut beseitigt haben. Im Sozialbereich ist gleichwohl mit weiteren Konflikten im Erziehungssektor und im Gesundheitswesen zu rechnen, weil die Beschäftigten dort immer noch sehr schlecht entlohnt werden und auch die Infrastruktur noch viel zu wünschen übrig läßt. Weitere Aufgaben, die sich der Regierung stellen, sind der Ausbau der Infrastruktur (Straßen etc.), eine Weiterführung und Vertiefung der Justizreform sowie die Fortschreibung der Staats- und Verwaltungsreform. In der Wirtschaftspolitik müssen wichtige Weichen gestellt werden. Die von chilenischen Ökonomen immer wieder beschworene Herausforderung lautet, in eine „zweite Phase des Exportmodells" einzutreten und mehr höherwertige und weiterverarbeitete Güter zu exportieren. In einigen Bereichen scheinen die chilenischen Exporte – z.B. bei Obst – bereits an eine Grenze zu stoßen. Die zeitweilig fallenden Preise für Kupfer auf dem Weltmarkt haben zudem erneut die immer noch große Abhängigkeit von diesem Rohstoff in Erinnerung gerufen. Darüber hinaus steht eine Entscheidung über die Zukunft der staatlichen Kupfergesellschaft CODELCO an, die, wie im Januar 1994 bekannt wurde, durch Managementfehler (und betrügerische Machenschaften) bei Termingeschäften rd. US$ 270 Mio. verlor. Auch über die bisher erfolgreiche internationale Vernetzung Chiles muß weiter nachgedacht werden. Dabei wird die Regierung sicherlich weiterhin die Strategie bilateraler Handelsabkommen verfolgen. Neben den Bemühungen um eine Anbindung an die nordamerikanische Freihandelszone (NAFTA) wird vermutlich den Beziehungen zu den lateinamerikanischen Staaten größeres Gewicht zukommen, möglicherweise über ein Asoziierungsabkommen mit dem MERCOSUR, dem gemeinsamen Markt, der Argentinien, Brasilien, Paraguay und Uruguay umfaßt.

Als neue Themen werden moralische und ethische Fragen an Bedeutung gewinnen, wie die Verabschiedung eines Scheidungsgesetzes und die Beseitigung rechtlicher Diskriminierungen gegenüber den Frauen. Hinsichtlich der Weiterentwicklung des politischen Institutionengefüges, der Beseitigung autoritärer Relikte und der Vertiefung der Demokratie wird spätestens 1997 Bewegung in die politischen Fronten geraten. Dann scheidet Pinochet aus dem Oberkommando des Heeres aus, und es endet die Amtszeit der von ihm ernannten Senatoren. Die Regierung verfügt dann über mehr Verhandlungsmacht gegenüber der Opposition, um mit der Drohung der Ernennung regierungsnaher Senatoren (soweit dies möglich ist) Verfassungsreformen (Wahlrecht, ernannte Senatoren) durchzusetzen. Das nächste Wahljahr (1997) verspricht auch aus diesem Grund spannend zu werden.

Literaturhinweise

Nohlen, D.,/D. Nolte, Chile, in: D. Nohlen/F. Nuscheler (Hrsg.), Handbuch der Dritten Welt Bd. 2 Südamerika, Bonn 1992, 277–337.

Nolte, D., Chile – Ein hoffnungsvoller demokratischer Neubeginn, in: R. Tetzlaff (Hrsg.), Perspektiven der Demokratisierung in Entwicklungsländern, Hamburg 1992, 179–206.

Nolte, D., Eine Wahl mit vielen Siegern: Wie gefestigt ist die chilenische Demokratie vier Jahre nach dem Regimewechsel, erscheint in: Lateinamerika. Analysen–Daten–Dokumentation Nr. 25/26 (1994).

Bert Hoffmann
Kuba im Jahre 5 nach dem Fall der Mauer

Zur Einweihung war Fidel Castro damals höchstpersönlich gekommen, Bier und Wurst wurden in deutscher Tracht serviert: Als in Camagüey die „Tinima"-Brauerei in Betrieb ging, war sie eine in die sozialistische Zukunft weisende Modellfabrik, von den Bauherren aus der DDR schlüsselfertig übergeben. Vollautomatisch gesteuert, selbstverständlich. Die größte Brauerei Kubas, ausgelegt für 24 000 Kästen Bier pro Tag. Lange ist es her, acht Jahre. Jetzt kommt man gerade noch auf ein Zehntel der einstigen Produktion. Und in Camagüey, der Hauptstadt der gleichnamigen Provinz im Zentrum der Insel, ist man froh, daß überhaupt noch etwas erzeugt wird. Viele andere Fabriken in Kuba haben ganz dichtgemacht, seit vor fünf Jahren die sozialistische Welt in Übersee zusammenbrach. Ohne Zweifel, die Karibikinsel durchlebt die größte Krise seit der Revolution 1959. Und ein Ende ist nicht in Sicht.

1. Die Krise der kubanischen Wirtschaft

Nicht weniger als 85 % der kubanischen Importe waren aus den verbündeten sozialistischen Staaten gekommen, die nun keine mehr sind. Und die hochsubventionierten Vorzugspreise, mit denen die Sowjetunion den Aufbau des Sozialismus 90 Meilen vor der Küste der USA unterstützte, sind genauso Vergangenheit wie der militärische Schutz durch Moskaus Interkontinentalraketen oder die Milchpulverlieferungen aus der DDR, wie die nie zurückzuzahlenden Rubelkredite oder die zuverlässige Versorgung mit Medikamenten zu fast symbolischen Preisen.

Als 1989 in Ost-Europa eine Regierung nach der anderen stürzte, sahen viele auch das Ende der Herrschaft Fidel Castros in Havanna gekommen. Doch auch fünf Jahre nach dem Fall der Mauer ist Kuba nicht wie ein Dominostein vom Fall der anderen mitgerissen worden. Noch immer behauptet sich der *Co-*

mandante en Jefe der kubanischen Revolution an der Macht, und noch immer ist die Herrschaft der revolutionären Einheitspartei ungebrochen. Gegen den wirtschaftlichen Niedergang allerdings haben sie keine wirksamen Rezepte gefunden.

Auch der Rundgang durch die „Tinima"-Brauerei ist eine Führung von Mangel zu Mangel. Viele der großen Silos sind leer. Gerste und Hopfen kamen früher aus der DDR, jetzt müssen sie für teure Dollars importiert werden. Leer sind auch die Öltanks, um die Kessel zu heizen – seit die einst überreichlichen Lieferungen aus der Sowjetunion ausbleiben, ist Öl Mangelprodukt Nummer Eins auf Kuba. Von den jährlich 13 Millionen Barrel hatte allein die Industrie zuletzt 7,5 Millionen verbraucht. Heute kann die Insel insgesamt nur noch vier bis fünf Millionen einführen. Tagtäglich lassen Stromsperren die Bevölkerung für mehrere Stunden ohne Licht und Elektrizität. Schätzungen zufolge arbeitet Kubas Industrie gerade noch auf zehn bis 15 Prozent ihrer Kapazität.

Daß die „Tinima"-Brauerei nur noch auf Sparflamme produziert, liegt jedoch nicht nur an den knapp gewordenen Import-Rohstoffen. In der großen Werkshalle trägt fast die Hälfte der Anlagen aus dem „VEB Maschinenfabrik Halle" ein Schild: „In Reparatur". Aber selbst die einfachsten Ersatzteile gibt es nicht mehr. „In Reparatur" heißt: Außer Betrieb, ohne Hoffnung auf Abhilfe. Von den einst drei Abfüllstraßen funktionieren noch zwei, beide mehr schlecht als recht. Und seit die Etikettiermaschinen kaputt gingen, werden die „Tinima"-Flaschen eben ohne Etikett ausgeliefert. Die großen Förderbänder, die ursprünglich die fertigen Bierkästen vollautomatisch auf die Holzpaletten stapelten, liegen auseinandergebaut als Schrott in der Ecke, daneben die Wracks etlicher Gabelstapler. Acht Jahre nach der Einweihung ist die Modellfabrik in deprimierendem Zustand. Kubas Wirtschaft zehrt von der Substanz vergangener Investitionen.

Daß die Brauerei überhaupt noch arbeitet, liegt am Tourismus. Sonnenhungrige Urlauber sind in den letzten Jahren zu einem der wichtigsten Wirtschaftszweige und Devisenbringer Kubas geworden. Denn die Exportbilanz der Insel ist bedrükkend. Kubas traditionell wichtigstes Ausfuhrprodukt, der Zukker, erlebte einen Einbruch ohnegleichen. Rund 8 Millionen Tonnen wurden in den 80er Jahren durchschnittlich produziert. Die Ernte 1992/93 brachte gerade noch die Hälfte: 4,2 Millionen, ein absoluter Negativrekord. Düngemittel fehlen, das Benzin für die Laster fehlt, das Öl für die Maschinen fehlt. Hinzu kommen hausgemachte Probleme: Die Ineffizienz der großen landwirtschaftlichen Kombinate, die geringen Arbeitsanreize für Arbeiter und Ingenieure, eine hierarchische Zentralverwaltungswirtschaft, die nur mangelhaft funktioniert.

Wo neben dem Wegfall der ausländischen Finanzierung auch die nationale Produktion der weltmarktfähigen Exportprodukte dermaßen sinkt, wird für die Regierung in Havanna die Jagd nach Dollars zur Überlebensfrage. Einst, als Kubas sozialistische Wirtschaft stetige Wachstumsraten präsentierte, war das „Tinima"-Bier aus Camagüey für die Kehlen der Kubaner gedacht gewesen. Heute sind es vor allem die Geldbörsen der Touristen aus Kanada, Deutschland oder England, derentwegen die Produktion der Brauerei noch „Priorität" hat – in Kuba das Zauberwort, von dem die knappen staatlichen Zuteilungen und damit die Existenz des Betriebs abhängen.

War Kuba einst Schaufenster eines bescheidenen sozialistischen Wohlstands in der Dritten Welt, so hat der wirtschaftliche Niedergang in den vergangenen vier, fünf Jahren dramatische Ausmaße erreicht. Dessen Dimension lassen einige Zahlen erahnen, die die Regierung im April 1994 bekanntgab. Beispielsweise der Rückgang in der verarbeitenden Nahrungsmittelproduktion zwischen 1989 bis 1992: Schweineschmalz: – 95 %; Milchpulver: – 89 %; Frischgeflügel: – 82 %; Käse: – 81,5 %; Nudeln: – 58 %; gefrorener Fisch: – 55 %. Es braucht nicht viele Beschreibungen, um sich die Folgen für die Ernährungssituation der kubanischen Bevölkerung vorzustellen. Den offiziellen Daten der Regierung zufolge ist der durchschnittliche Kalorienverbrauch pro Kopf und Tag in nur vier Jahren um mehr als ein Drittel gefallen.

Praktisch alle Waren des täglichen Lebens, von der Sicherheitsnadel bis zum Brot, von der Kleidung bis zum Reis, von den Medikamenten bis zum Gemüse, sind streng rationiert. Und die Rationen, die jedem Kubaner über die Bezugskarte, die *libreta*, zustehen, sind immer weiter reduziert worden. Anfang 1992 waren die ersten Fälle einer vermutlich durch Mangelernährung verursachten Neuritis-Epidemie aufgetreten, die sich in der Folge rasch ausweitete. Daß diese Epidemie trotz der unverändert schlechten Ernährungslage unter Kontrolle gebracht werden konnte, ist zweifelsohne eine Großtat des kubanischen Gesundheitswesens.

In der kubanischen Volkswirtschaft ist der Niedergang der Produktion am unerbittlichen Wertverlust der kubanischen Währung abzulesen. Die offizielle 1 : 1-Parität des kubanischen Peso zum US-Dollar ist längst fiktiv. Im April 1994 mußte man in den Straßen von Havanna – schwarz getauscht – für einen Dollar bereits 100 Pesos oder mehr hinblättern. Für einen Arbeiter in der „Tinima"-Brauerei ist das mehr als ein halber Monatslohn. Auch ein hochqualifizierter Ingenieur kommt so auf einen monatlichen Verdienst von umgerechnet gerade drei bis vier Dollar. Das ist kein „schlechter Kurs" mehr, das sind zwei Welten.

Alle Waren, die ihnen über die Bezugskarte zustehen, kaufen die Kubaner für Pesos zu extrem niedrigen Preisen. Auch die Miete ist für niemanden im sozialistischen Kuba ein nennenswerter Ausgabenfaktor. In dieser Ökonomie entscheidet über die erstrebten Dinge nicht das Geld, sondern das *Anrecht* auf staatliche Zuteilungen. Die Peso-Scheine sind dabei mehr symbolische Verrechnungseinheit als Wertmaß. Doch in dem Maße, wie die Produktion und die Warenverteilung dieser sozialistischen Ökonomie immer weiter zusammengeschrumpft sind, gibt es heute praktisch kaum eine Familie, die für die alltägliche Organisation des Lebensnotwendigen nicht in der einen oder anderen Weise auf die Grauzonen von „Nachbarschaftshilfe" und Schwarzmarkt zurückgreift. Auf über 30 Prozent der Gesamtwirtschaft schätzten Forschungsinstitute in Havanna bereits im Sommer 1993 das Ausmaß des Schwarzmarkts. Und mit den sich verschärfenden Versorgungsengpässen steigen die Preise in der informellen Schwarz-

Ökonomie in atemberaubende Höhen. Für einen Monatslohn lassen sich in Havanna zum Teil gerade noch zwei Liter Milch kaufen.

2. Die Rückkehr des Dollars

Gleichzeitig boomt der Dollar. Einst nur für Diplomaten und Touristen eingerichtet, stehen die „Diplotiendas" und „Intur"-Läden inzwischen auch allen Kubanern offen, die über Dollars verfügen. Und für die US-Währung gibt es alles zu kaufen, was sonst in Kubas Peso-Welt extreme Mangelware oder reine Luxus-Träume sind. Kubas Gesellschaft bricht auseinander. Auf der einen Seite all diejenigen, die keinen oder nur selten Zugang zu ausländischer Währung haben; auf der anderen Seite jene, die an der Dollar-Welt teilhaben, sei es über den Schwarzmarkt oder weil ihnen Verwandte in den USA Geld schicken, weil sie als Kellner im Touristen-Hotel Trinkgelder in Dollars bekommen oder als Künstler ihre Werke im Ausland gegen harte Währung verkaufen. Auch die Prostitution, die nach der Revolution 1959 als Laster des kubanischen „Bordell-Kapitalismus" eliminiert worden war, erlebt in den Touristenzentren ein für viele bitteres Comeback.

Noch bis vor gut einem Jahr war für kubanische Bürger jeglicher Dollar-Besitz strafbar gewesen. Denn als Gorbatschow 1985 in der Sowjetunion die Perestroika begann, ging die Regierung in Havanna auf Gegenkurs. Fidel Castro verkündete einen „Prozeß der Berichtigung von Irrtümern", der wirtschaftlich in vielem das Gegenteil der Gorbatschowschen Reformen bezweckte. Die kubanische Ökonomie wurde einer strengen Re-Zentralisierung unterworfen. Die bis dahin bestehenden Bauernmärkte wurden ersatzlos abgeschafft, weil durch sie, so Castro, eine Klasse von Händlern mit kapitalistischer Krämerseele entstehen würden. Ideologisch wurde auf das Idol des Guerilla-Kampfes, Che Guevara, zurückgegriffen: Der „Neue Mensch" des Sozialismus sollte nicht durch materielle Anreize zur Arbeit motiviert werden, sondern aus Überzeugung selbstlos der revolutionären Sache dienen.

Schon in den 60er Jahren hatte sich dieses idealistische Konzept nur sehr bedingt gegen die Widrigkeiten der real existierenden kubanischen Gesellschaft behaupten können. In den 80er Jahren griff es noch weniger. Die Effizienz der kubanischen Ökonomie sank, die Produktion stagnierte. Kubas Wirtschaft geriet in eine Krise, noch *bevor* der Insel ihre sozialistischen Handelspartner in Europa und der Sowjetunion wegbrachen. Der Schock der Ereignisse von 1989*ff.* machte dann alle bisherigen Planungen zu Makulatur.

Das Krisenmanagement seitdem ist ambivalent gewesen. Unter dem Zwang der Devisenbeschaffung erfolgte eine wirtschaftliche Außenöffnung, deren Herzstück der schnelle Ausbau des internationalen Tourismus sowie die Öffnung für „Joint-venture"-Geschäfte mit kapitalistischen Auslandsfirmen war. Bei diesen Gemeinschaftsunternehmen stellt Kuba die Infrastruktur, das Land und die Arbeitskräfte, während das ausländische Unternehmen Kapital sowie Know-how in moderner Betriebswirtschaft und Marketing beisteuert. Eine zweigeteilte, „duale" Ökonomie sollte entstehen, so die Vorstellung: Von der übrigen Wirtschaft streng getrennt sollte sich in den Joint-venture-Sektoren ein effizienter, quasi-kapitalistischer Wirtschaftssektor bilden; dessen Überschüsse würden die sozialen Errungenschaften finanzieren und die Defizite der sozialistischen Ökonomie kompensieren.

Vor allem im Tourismus-Sektor ist es in den letzten Jahren tatsächlich zu beträchtlichen Auslandsinvestitionen gekommen. Auch einige Industriebetriebe wurden zu Joint-venture-Unternehmen (und damit oftmals vor der Schließung bewahrt). Ausländische Firmen haben darüberhinaus die Ölsuche vor der kubanischen Küste übernommen, und im Sommer 1994 hat Kuba gar die Hälfte seines Telefonmonopols an ein mexikanisches Konsortium verkauft.

Die Rechnung der Wirtschaftsplaner in Havanna ging dennoch nicht auf. Die beiden getrennt gedachten Bereiche der „dualen Ökonomie" waren in der Realität nicht getrennt zu halten. Wo immer mehr Kubaner an den Brosamen der Dollar-Welt teilhaben wollten, entstanden zahlreiche Verknüpfungen zwischen beiden Wirtschaftssektoren, vom abgezweigten Huhn aus der Hotelküche, das auf dem Schwarzmarkt verkauft wird, bis zur Korruption auf höchster Ebene, wie sie 1992 im Fall Carlos Aldana deutlich wurde. Aldana galt in Kuba bis dahin als dritter Mann hinter den beiden Castro-Brüdern, Staatspräsident Fidel und Armeechef Raúl. Die eigentlichen Gründe für seinen Sturz mögen machtpolitische sein, doch der Anlaß selbst ist aufschlußreich genug: Aldana, in der kubanischen KP der oberste Verantwortliche für Ideologie, hatte vom *Sony*-Vertreter auf der Insel unter anderem zwei Kreditkarten auf seinen Namen geschenkt bekommen – und angenommen.

Neben diesen unerwünschten sozialen Begleiterscheinungen konnten aber auch auf der wirtschaftlichen Ebene die Erfolge im Tourismus- und Joint-venture-Bereich in keiner Weise die abgebrochenen Wirtschaftsbeziehungen zu den sozialistischen Ländern kompensieren, die Ineffizienz der Binnenwirtschaft auffangen oder gar den dramatischen wirtschaftlichen Niedergang der Insel stoppen. Mit Fortdauer der Krise wurde immer deutlicher, daß für ihre Überwindung auch eine Reform der kubanischen Ökonomie selbst unumgänglich sein würde.

Diese freilich stieß (und stößt) auf massive politische Widerstände. Das prominenteste Beispiel sind die Bauernmärkte. Deren Wiederzulassung, darin sind sich die Reformökonomen in Havanna weitgehend einig, ist für eine Wiederankurbelung der Landwirtschaft essentiell. Doch danach sieht es zur Zeit nicht aus. Gerade die so stark gesunkene Produktion, so die Argumentation Fidel Castros, mache die konsequente staatliche Zentralisierung des Wenigen notwendig, da nur so die Lebensmittelversorgung über die Rationierungskarte aufrechtzuerhalten sei.

So brach die vermeintliche Trennung der „dualen Ökonomie" nicht zuerst bei der Produktion zusammen, sondern bei der Währung. Es war ein Paukenschlag, als Präsident Fidel Castro am 26. Juli 1993, just zum 40. Jahrestag des Beginns seines revolutionären Kampfes, die Legalisierung des US-Dollars in Kuba bekanntgab – ein Schritt, der das nationalistische Selbstbewußtsein der Revolution ins Mark trifft. Denn nicht legalisierte

„Zweitwährung" ist der Dollar in Kuba, sondern exklusive Erstwährung: es ist schlechterdings das einzige Geld mit echtem Wert. War wirtschaftliche Unabhängigkeit von den USA einst eines der wichtigsten Banner des kubanischen Sozialismus, bedeutet die Dollar-Freigabe praktisch die Aufgabe nationaler Eigenständigkeit in Sachen Währung.

Besonders pikant an der Dollar-Legalisierung ist zudem, daß es gerade die treuesten Stützen der Revolution sind, die zu den Verlierern zählen. Alle Angehörigen von Militär, Polizei und Staatssicherheit sowie alle Parteimitglieder mußten einst, da war die Führung der Revolution unerbittlich, mit den ins Exil gegangenen Verwandten brechen. Entsprechend können sie heute am wenigsten auf den Dollarsegen von Familienangehörigen im Ausland hoffen.

Darüberhinaus birgt die Dollarisierung auch ethnischen Sprengstoff: Die millionenstarke kubanische Exil-Gemeinde in den USA ist (zumindest ihrem Selbstverständnis nach) zu 97 Prozent „weiß" bzw. *latino*. Die entlang der Familienbande gesandten Dollarmillionen aus Miami werden sich in Kuba entsprechend auf die „weiße" Bevölkerung konzentrieren. Die Schwarzen und Mulatten hingegen, die die Bevölkerungsmehrheit auf der Insel stellen und die vielfach der Revolution einen enormen sozialen Aufstieg zu verdanken haben, werden vielfach leer ausgehen oder auf andere, oft illegale Dollarquellen angewiesen sein.

Daß Fidel Castro die Kröte der Dollarlegalisierung nicht gerne geschluckt haben wird, ist anzunehmen; daß er es dennoch tun mußte, zeigt, wie sehr der kubanischen Wirtschaft das Wasser bis zum Hals steht. In den trockenen Zahlen der Handelsbilanz: 1989 konnte Kuba noch für 8,14 Milliarden Dollar Waren importieren, 1992 gerade noch für 2,2 Milliarden. Und 2 Milliarden gelten den Ökonomen in Havanna als kritische Überlebensmarke der kubanischen Volkswirtschaft. Doch der katastrophale Einbruch bei der Zuckerrohrernte ließ für 1993 gerade noch 1,7 Milliarden erwarten – ein Loch, das so schnell durch keine andere Maßnahme wie die Legalisierung des Dollars gestopft werden konnte.

Zwei neue Devisenquellen kann der Staat durch die Legalisierung der US-Währung in seine Kassen fließen lassen: Die Dollars, die bereits illegal auf der Insel im Umlauf waren, Schätzungen des kubanischen Finanzminister zufolge zwischen 100 und 300 Millionen Dollar; und die nunmehr legalen Dollar-Überweisungen der Verwandten im Ausland, die für das kommende Jahr mit mindestens 250 Millionen Dollar zu veranschlagen sind.

3. Daumenschrauben von außen – Reformblockaden im Innern

Erst seit dem Zusammenbruch der sozialistischen Verbündeten entfaltet aber auch das Wirtschaftsembargo der USA gegen Kube seine ganze Kraft. Verhängt worden war es 1960, nachdem die Revolutionäre unter Führung Fidel Castros nicht nur einen Austausch des politischen Personals an der Macht, sondern grundlegende soziale Umwälzungen und den Umsturz der herrschenden Besitzverhältnisse auf die Tagesordnung gesetzt hatte. Die USA waren (und sind) Kubas natürlicher Markt für praktisch alle Ein- und Ausfuhren. Das Verbot jeglichen Handels mit Kuba schien Washington so ein unfehlbares Mittel, um die unbotmäßige Regierung vor ihrer Küste in die Knie zu zwingen.

Doch auf der Höhe des Kalten Krieges fand der David mächtige Verbündete in seinem Kampf gegen Goliath. Als die USA Kuba die Abnahme seiner Zuckerproduktion verweigerten, sprang die Sowjetunion ein. Und der Zucker machte nur den Anfang: War Kubas Außenhandel fast vollständig von den USA abhängig gewesen, wurde die Karibikinsel nun in die sozialistische Weltwirtschaft integriert – um den bitteren Preis einer neuen Abhängigkeit, die erst jetzt in ihrem ganzen Ausmaß deutlich wird.

Doch nicht nur das US-Embargo, auch die ganz normalen Daumenschrauben der kapitalistischen Weltwirtschaft wirken in Kuba nun, da die Schutzmauern des Comecon wie eine Seifenblase zerplatzt sind, umso mehr: Die 6,1 Milliarden US-Dollar Schulden gegenüber dem westlichen Ausland etwa, die Kuba seit 1986 nicht mehr bedient, und die heute ein enormes Hindernis für jegliche Ausweitung des Handels oder gar neue Kredite darstellen; der Absturz der Weltmarktpreise für die kubanischen Nickel-Exporte und die steigenden Preise für die Importe; der Protektionismus der EU, der die heimische Zuckerrübe mit Milliardenaufwand gegen die Konkurrenz durch das Zuckerrohr aus Übersee abschottet; die in Kuba angebauten Zitrusfrüchte, die einer Art angehören, die auf dem Weltmarkt gar nicht regulär gehandelt wird; oder auch die Patentgesetze und die Monopolstellung der großen Pharma-Multis, die es praktisch unmöglich machen, daß der als großer Hoffnungsträger aufgebaute Pharma- und Biotechnologie-Sektor Kubas mehr als nur Nischen auf dem Weltmarkt findet.

So bleiben die wirtschaftlichen Perspektiven düster. Und auch die Reformschritte in der kubanischen Ökonomie selbst sind bislang äußerst begrenzt. Großes Aufsehen erregt hatte wenige Wochen nach der Legalisierung des Dollars die Zulassung einer Liste von Gewerben, die künftig – vom Maultiertreiber bis zum Mietchauffeur – legal als selbständige „Arbeit auf eigene Rechnung" betrieben werden dürften. Als dann noch die Umwandlung der landwirtschaftlichen Staatsbetriebe in staatlich reglementierte Genossenschaften, die sogenannten *Unidades Básicas de Producción Cooperativa* (UBPC), beschlossen wurde, begann im Ausland bereits die Rede von Kubas „Sommer der Reform" die Runde zu machen.

Etwas zu schnell, wie sich zeigen sollte. Die Resonanz auf das „Gesetz zur Arbeit auf eigene Rechnung" blieb relativ gering. Viele Kubaner zogen es vor, sich nicht registrieren zu lassen, sondern wie bisher weiter zu improvisieren. Denn auch das neue Gesetz schafft in der Praxis kaum mehr als Grauzonen. Denn es gibt ja nirgends – zumindest nicht legal und für Pesos – irgendwelche der benötigten Inputs für die private „Arbeit auf eigene Rechnung" zu kaufen. Hierfür müßten nicht Berufe, sondern ein zumindest partieller Warenmarkt legalisiert werden.

Auch bei den neuen UBPC-Genossenschaften bleibt fraglich, inwieweit sie die in sie gesetzten Hoffnungen erfüllen können. Das bisher genutzte Land gehört weiterhin dem Staat, wird ihnen jedoch langfristig verpachtet. Die UBPCs sollen „selbstfinanzierend" sein, sprich: keine staatlichen Subventionen mehr bekommen. Und die bisherigen Landarbeiter erhalten kein fixes Peso-Einkommen vom Staat mehr, sondern als Genossenschaftsbauern werden ihre Einnahmen durch die Erträge der UBPC bestimmt. Die Unabhängigkeit der UBPCs – und damit wohl auch ihre Arbeitsmotivation – bleibt jedoch in eng gestecktem Rahmen. Nicht die Genossenschaften, sondern der Staat bestimmt nach wie vor, was angebaut wird; der Staat ist auch der einzige legale Abnehmer der Produkte, und als Monopolabnehmer setzt er auch die Preise nach Belieben fest. Und neben den Subventionskosten tritt die Zentralregierung in Havanna mit der Schaffung der UBPCs diesen noch eine weitere Bürde ab: Die Entlassung überschüssigen Personals obliegt nun den neuen Kooperativen selbst, nicht dem Staat.

Die Reform der kubanischen Wirtschaft, so hatten Ökonomen in Havanna vorhergesagt, würde weniger durch spektakuläre Schritte erfolgen als vielmehr durch eine schrittweise Ausweitung der Grauzonen. Die Zulassung der „Arbeit auf eigene Rechnung" nun löste einen regelrechten Boom der Eigeninitiative in genau diesen Grauzonen aus. Überall in Havanna und anderen Städten waren Garküchen und improvisierte Klein-Restaurants aus dem Boden geschossen, Teigtaschen und Limonaden wurden auf der Straße verkauft, Süßkram und Mittagessen feilgeboten. Die „Wirtschaftsreform durch die Hintertür" schien an Schwung zu gewinnen. Zu viel Schwung, für manche. Als erstes wurde im Dezember 1993 der Verkauf von Blumen verboten, die weitgehende Schließung der informellen Gastronomie folgte.

Während ausländische Investoren mit großzügigsten Konditionen umworben werden, hält die kubanische Regierung die wirtschaftlichen Freiräume für die eigenen Bürger noch immer unter Verschluß. Nicht bei seiner liberalisierenden Seite kommt das Reformprogramm voran, sondern nur bei seiner restriktiven, bei dem, was in anderen Ländern „Anpassungsprogramm" heißen würde. Einen Höhepunkt erlebte dies auf der Sondersitzung der kubanischen Nationalversammlung am 1. Mai 1994, auf der die Regierung ein rigoroses Sparprogramm „zur Sanierung der Staatsfinanzen" ankündigte. Das Haushaltsdefizit von 4 Milliarden Pesos soll schon für 1994 um eine Milliarde reduziert werden, vor allem durch die radikale Kürzung der Subventionen für die defizitären Staatsbetriebe. Die Folge wird, dessen ist man sich sehr wohl bewußt, Arbeitslosigkeit sein. Hinter vorgehaltener Hand sprechen Wirtschaftswissenschaftler in Havanna bereits davon, daß mittelfristig eine bis anderthalb Millionen Kubaner unvermeidlich ihren Arbeitsplatz verlieren werden – ein Erdrutsch bei einer Erwerbsbevölkerung von vier Millionen und einer Gesellschaft, die bislang weder Arbeitslosigkeit noch Arbeitslosenversicherung kannte.

Die neuen Wachstumssektoren Tourismus und Joint-venture-Betriebe alleine können diese Arbeiter mit Sicherheit nur zu einem kleinen Teil absorbieren. Die Dimension des Problems führt vielmehr mit Macht zurück zu der Frage der Legalisierung des informellen Sektors und des Kleingewerbes. Dies sei der einzige Bereich, der die freigesetzten Arbeitskräfte halbwegs auffangen könnte.

Die Reduzierung des Haushaltsdefizits – und damit die Stabilisierung der kubanischen Währung – soll aber auch über eine Erhöhung der Staatseinnahmen erfolgen. „Nicht lebensnotwendige Produkte" will der Staat in Zukunft teurer verkaufen – darunter nicht nur Zigaretten und Alkohol, sondern auch Strom, Wasser und Telefon. Man studiere auch, so Castros Finanzminister José Luis Rodríguez, die Abschaffung des Peso und die Einführung einer neuen kubanischen Währung, konvertierbar und am US-Dollar orientiert. Dem Vernehmen nach hat die Regierung bereits neue Scheine im Ausland drucken lassen.

Castro selbst machte vor dem kubanischen Parlament deutlich, daß die Alternative zu diesem harten Sparprogramm eine konsequente Kriegswirtschaft wäre. Deren Folgen für die Gesellschaft wären brutal. Eine Rückkehr zum Kapitalismus sei jedoch völlig ausgeschlossen, so Castro; die Delegierten könnten „volles Vertrauen in die Führung der Partei und der Regierung haben, denn diese verteidigen die Ideen des Sozialismus bis zum letzten Atom".

4. Brüche in der Gesellschaft

Die Gleichheit der kubanischen Gesellschaft freilich, bislang eine zentrale Legitimationsbasis des Staates, ist jedoch auch in der Rhetorik nicht mehr wie bisher aufrechtzuerhalten. Denn es sind nicht gewissenlose Geschäftemacher, die die neue Dollar-Elite mit all dem versorgen, was die Normalbevölkerung entbehrt, sondern der revolutionäre Staat selbst. Im Namen der Zahlungsbilanz wirbt er selbst dafür, daß die Kubaner, die Verwandte im Ausland haben, sich möglichst viele Dollars schicken lassen; und als auf Profitmaximierung bedachter Monopolbetreiber der Devisenläden ist er selbst bestrebt, Dollar-Kaufkraft und -Konsum der Großverdiener anzukurbeln, nicht etwa einzuschränken.

Bei all dem ist in den letzten Jahren die Frustration in der kubanischen Bevölkerung ohne Zweifel gewachsen. Sie bleibt jedoch weitgehend im privaten, vereinzelten. Fluchtbewegungen aller Art haben Hochkonjunktur: Die Zahl derer wächst, die per Stipendium außer Landes wollen oder die auf klapprigen Flößen die oft lebensgefährliche Fahrt übers Meer nach Florida wagen. Religionen aller Art haben Zulauf, von den katholischen und evangelischen Kirchen über die afrokubanischen Glaubensgemeinschaften bis hin zur Esoterik. Die Schlange vor der Visa-Stelle der USA in Havanna ist lang. Weniger Geduldige versuchen mit der spektakulären Besetzung einer ausländischen Botschaft ihre Ausreise zu erzwingen.

Im August 1993 kam es allerdings auch zu offenen Ausbrüchen der Frustration, als während der langen Stunden der Stromabschaltungen überall in Havanna und auch an anderen Orten im Land Scheiben eingeworfen wurden, unkoordiniert, zumeist bei staatlichen Behörden oder Geschäften. Auch von einzelnen Plünderungen wurde berichtet. Die Parteizeitung diagnostizierte „Vandalismus", gegen den Sicherheitskräfte und Justiz mit aller Härte vorzugehen hätten. Manche im Ausland meinten bereits, den Beginn einer „kubanischen Intifada" zu erkennen. Daß auch die Regierung in Havanna die – in solchem Ausmaß bislang unbekannten – Ausschreitungen ernst nahm, zeigte ihre Reaktion: Exemplarisch harte Strafen gegen festgenommene

Übeltäter, aber auch, allem Ölmangel zum Trotz, eine umgehende Reduzierung der Stromsperren. Insbesondere der Gummi-Paragraph gegen Verhalten, das eine „Gefahr für die Gesellschaft" darstellt, wurde in der Folge massenhaft angewandt. Zwischen dem 20. August und 1. November sollen nach Zahlen von Amnesty International nicht weniger als 2500 Kubaner wegen ihrer „sozialen Gefährlichkeit" zu Gefängnisstrafen zwischen einem und vier Jahren verurteilt worden sein.

Organisierte Opposition wächst jedoch kaum. Die Dissidenten-Gruppen sind nach wie vor klein. Andere gesellschaftliche Gruppen oder Institutionen haben bislang kaum größeres politisches Eigenleben gewonnen. Auch die Nationalversammlung, in die einige nach der ersten Direktwahl 1993 Hoffnungen gesetzt hatten, blieb unzuverlässig im Windschatten der Exekutive von Fidel Castro, Partei und Politbüro. Noch immer ist dort bei jeder Entscheidung Einstimmigkeit garantiert. Eine Reihe regierungsnaher „Nicht-Regierungs-Organisationen" (NGOs) sind gegründet worden. Vielleicht können sie Keime für unabhängige gesellschaftliche Organisationen sein; noch agieren sie jedoch nicht als solche.

Am ehesten hat diese Rolle die Kultur. 1991 sorgte der Film „Alicia im Dorf der Wunder" für einen handfesten politischen Skandal auf der Insel. Frei nach Lewis Carrolls Geschichte ist die kubanische „Alicia" eine beißende Satire, die in einer Art Schocktherapie die Lähmung der kubanischen Gesellschaft aufbrechen wollte. Nach nur vier Aufführungen in Havanna wurde der Film abgesetzt, der Direktor des Filminstituts wurde gefeuert, und das ganze Institut sollte in Zukunft der Armee unterstellt werden. Die Filmemacher protestierten, und zumindest die Übernahme des Instituts durch das Militär konnten sie verhindern. „Alicia" allerdings blieb unter Verschluß.

Ungeachtet des Skandals um „Alicia" blieb das kubanische Filmschaffen einer der prominentesten Bereiche, über den kritische Sichtweisen einen öffentlichen Raum finden. Das jüngste Beispiel dafür ist der Film „Erdbeer und Schokolade" von Tomás Gutiérrez Alea, dem großen alten Mann des kubanischen Films. Seit seiner Premiere im Dezember 1993 bildeten sich vor den Kinos in Havanna lange Schlangen. „Erdbeer und Schokolade" wurde ein riesiger Publikumserfolg, über 200 000 Kubaner sollen ihn in vier Monaten gesehen haben.

Der Film ist die wunderschöne, lustige, bewegende Geschichte einer Freundschaft. Aber sie ist auch – kein Zufall in diesen Zeiten – die Geschichte einer Emigration: getrieben von der Intoleranz der Gesellschaft und ihren Institutionen sieht der Hauptdarsteller schließlich keinen anderen Ausweg mehr, als das Land zu verlassen.

Es geht um das Überleben der Revolution, sagt Fidel Castro. Aber für die elf Millionen Kubaner auf der Insel geht es auch um ihre ganz privaten Lebensperspektiven und um das Auskommen in einem Alltag, der so prekär geworden ist, wie es nach über drei Jahrzehnten *Socialismo Cubano* nicht mehr denkbar schien.

Der Kalte Krieg ist vorbei. Niemand kann mehr ernsthaft behaupten, daß Kuba heute eine Bedrohung darstelle. Der revolutionäre Internationalismus, mit dem Havanna Befreiungsbewegungen und sozialistisch orientierte Regierungen in Lateinamerika und Afrika unterstützte, ist Vergangenheit. Kubas Sozialismus kämpft nicht mehr gegen ausländische Konzerne, sondern bietet ihnen attraktive Investitionsbedingungen mit garantiertem Rücktransfer der Gewinne. Und die Regierung in Havanna findet für ihren Überlebenskampf zwar noch beträchtliche Unterstützung, ein nachzuahmendes Vorbild ist das „Modell Kuba" aber nur noch für sehr wenige.

Trotzdem halten die USA ihre Blockade-Politik gegen Kuba noch immer mit einer Konsequenz aufrecht, wie sie gegen erheblich blutigere Diktaturen des Kontinents nie zu sehen war. Noch im Herbst 1992 unterzeichnete US-Präsident Bush ein sogenanntes „Demokratie-in-Kuba-Gesetz", das das bestehende Embargo weiter verschärft. Auch Tochterfirmen von US-Unternehmen in Drittländern dürfen demnach keinen Handel mit Kuba mehr treiben. Länder, die Kuba im Handel Vorzugsbedingungen einräumen, sollen von Washington bestraft werden. Und Schiffen, die Kuba anfahren, ist es für ein halbes Jahr lang verboten, einen Hafen in den USA anzulaufen.

Im Wahlkampf hatte auch Bill Clinton sich als Verfechter eines harten Anti-Castro-Kurses präsentiert. Seine Kuba-Politik als Präsident hingegen war bislang eine eher verhaltene, behutsame. Eine gewisse Entspannung in den Beziehungen zwischen beiden Staaten ist unübersehbar. Clinton scheine ihm „ein Mann des Friedens" zu sein, lobte Fidel Castro bereits über das Meer. Doch solange auch Clinton als Präsident nicht bereit ist, die alte Imperialpolitik der USA aufzugeben und den innenpolitischen Konflikt mit den mächtigen Hardlinern des kubanischen Exils aufzunehmen, ist ein Ende der Blockade nicht in Sicht. Und seiner ganzen Struktur und Wirkung nach zielt das Embargo nicht auf Reformen und Demokratisierung in Kuba, sondern auf Erdrosselung und Kapitulation.

Immer wieder ist diese Politik Washingtons international kritisiert worden. Zuletzt verurteilte die Vollversammlung der Vereinten Nationen im November 1993 das US-Embargo gegen Kuba mit nur drei Gegenstimmen. Deutschland war, in seiner sozialistischen Hälfte, über lange Jahre hinweg Kubas zweitwichtigster Handelspartner. Dies begriff die Bonner Regierung nach der Vereinigung jedoch nicht als Chance, sondern vor allem als Altlast. Viele Möglichkeiten wurden so vertan. Für deutsche Entwicklungshilfegelder ist Kuba immer noch tabu. Und wo bei anderen Gelegenheiten die Bundesregierung mit teilweise beträchtlicher Aggressivität darum bemüht ist, das „eigenständige außenpolitische Profil" des neuen Deutschlands zu schärfen, ist davon wenig zu spüren, wenn etwa in den Vereinten Nationen über das Kuba-Embargo der USA abgestimmt wird.

Literaturhinweise

Hoffmann, Bert (Hg.), Wirtschaftsreformen in Kuba. Konturen einer Debatte, Frankfurt/M. 1994.
Oppenheimer, Andrés, Castro's Final Hour, New York 1992.
Rode, Clemens/Rafael Sevilla, Kuba. Die isolierte Revolution?, Bad Honnef 1993.

Volker Perthes
„Gaza-Jericho" und der schwierige Weg zum Frieden

Palästina sei auf die nahöstliche Landkarte zurückgekehrt, meinte Yasir Arafat, der Vorsitzende der Palästinensischen Befreiungsorganisation (PLO), Anfang 1994 anläßlich einer palästinensisch-israelischen Teilvereinbarung über Sicherheitsvorkehrungen. Tatsächlich sind seit dem 13.9.1993, als in Washington das sogenannte Gaza-Jericho Abkommen unterzeichnet wurde, die Zeichen klar auf die Entstehung eines palästinensischen Gemeinwesens in den seit 1967 von Israel besetzten Gebieten gesetzt. Daß der Weg dorthin schwierig sein wird, ist in den Monaten, die der Unterschriftszeremonie folgten, sehr deutlich geworden. Weder das Gaza-Jericho Abkommen noch das am 4.5.1994 in Kairo unterzeichnete Autonomie- oder Übergabeabkommen für den Gazastreifen und das Gebiet von Jericho ist ein Friedensvertrag, wichtige Umsetzungsfragen bleiben bis auf weiteres offen und das palästinensische Ziel, einen eigenen Staat zu gründen, ist israelischerseits noch nicht akzeptiert. Dennoch stellen „Gaza-Jericho" und die gegenseitige Anerkennung von PLO und Israel eine entscheidende, qualitative Veränderung einer Konfliktkonstellation dar, die sich bislang als der Konflikt zweier Völker skizzieren ließ, die über Jahrzehnte das Existenzrecht des jeweils anderen im gemeinsam beanspruchten Gebiet Palästina/Israel in Frage gestellt hatten. In den Abkommen von September 1993 und Mai 1994 haben die israelische Regierung und die PLO erklärt, daß sie Konfrontation und Konflikt beenden wollen, „ihre legitimen und politischen Rechte" gegenseitig anerkennen, nach einem Leben in friedlicher Koexistenz, beiderseitiger Würde und Sicherheit streben, und zu einer „gerechten, dauerhaften und umfassenden Friedensregelung und zu historischer Versöhnung" gelangen wollen.

1. Hintergründe des Gaza-Jericho Abkommens

Die norwegisch vermittelte Einigung auf das Gaza-Jericho Abkommen kam für viele, selbst für hohe Verantwortliche in der PLO, in Israel und erst recht in anderen Staaten, überraschend, aber sie kam nicht von ungefähr. Der mit der Madrider Nahostkonferenz von 1991 eingeleitete nahöstliche Friedensprozeß selbst hat seine Geschichte, auf die hier nur in Stichworten verwiesen werden kann: Spätestens seit dem Oktoberkrieg (Yom-Kippur-Krieg) von 1973 hat die arabische Seite eine pragmatische Lösung dieses Konflikts gesucht. 1974 erklärte die PLO es zu ihrem Ziel, eine nationale, palästinensische Autorität auf jedem Stück palästinensischen Landes zu errichten, das befreit werden würde. Implizit hieß das, daß ein palästinensischer Staat, vorübergehend zumindest, auch neben Israel denkbar sei. Radikale Kritiker der PLO-Führung warfen dieser schon damals vor, einen palästinensischen Ministaat nur in den 1967 besetzten Gebieten (Westbank und Gazastreifen) zu planen und die Befreiung ganz Palästinas aufgegeben zu haben. 1979 schloß Ägypten einen Separatfrieden mit Israel, den die anderen arabischen Staaten ablehnten, weil er keine Gesamtlösung des Konflikts versprach; Ägyptens Mitgliedschaft in der Arabischen Liga wurde aufgehoben. 1982 verabschiedete die Arabische Liga einen Friedensplan, der unter anderem den Rückzug Israels aus den 1967 besetzten Gebieten, die Gründung eines unabhängigen palästinensischen Staates, aber auch Sicherheitsgarantien für „alle Staaten der Region", Israel also eingeschlossen, vorsah. 1988, ein Jahr nach dem Beginn der palästinensischen Intifada, jenes Aufstandes, durch den die Bevölkerung der Westbank und des Gazastreifen ihren Unabhängigkeitswillen unmißverständlich zum Ausdruck brachte, proklamierte die PLO auf ihrem Nationalkongreß in Algier einen unabhängigen palästinensischen Staat, der die besetzten Gebiete umfassen und Jerusalem, oder zumindest dessen arabischen Teil, als Hauptstadt haben sollte. 1989 nahm die Arabische Liga Ägypten wieder auf und sanktionierte damit praktisch auch dessen Friedensvertrag mit Israel.

Die globalen Machtverschiebungen zu Beginn der 90er Jahre und der zweite Golfkrieg beschleunigten die regionalen Entwicklungen und bereiteten den Boden für die amerikanische Nahostinitiative, die die Madrider Konferenz und in deren Folge die bilateralen Verhandlungen der wesentlichen nahöstlichen Konfliktparteien in Washington zustande brachte. Der Krieg um Kuwait hatte neben dem Irak vor allem die PLO geschwächt, die mit ihrer eher pro-irakischen Haltung international an Glaubwürdigkeit verloren und die Unterstützung der konservativen arabischen Golfstaaten verspielt hatte. Insgesamt steigerte die Schwächung und schließlich der Zusammenbruch der UdSSR, des einst wichtigsten arabischen Verbündeten, die Bereitschaft der arabischen Seite, sich auf einen Friedensprozeß zu US-Bedingungen einzulassen. Israel profitierte zwar von der Fragmentierung und Schwächung des arabischen Staatensystems, verlor aber mit dem Fortfall des globalen Ost-West-Konflikts und mit der im Golfkrieg erwiesenen Bereitschaft arabischer Staaten, notfalls auch unter amerikanischer Führung zu kämpfen, an Bedeutung als regionaler, strategischer Partner der USA. Ohne echtes Interesse an einem Friedensprozeß, der sich erklärtermaßen auf das Prinzip „Land für Frieden" gründen sollte, ließ Israels rechte Likud-Regierung sich deshalb dennoch von den USA zu einer Teilnahme an den Madrider und Washingtoner Verhandlungen drücken.

Die israelische Position änderte sich erst mit dem Wahlsieg der Labor-Partei im Juni 1992. Labor war mit dem Versprechen angetreten, Frieden zu schaffen, und führte die Verhandlungen in Washington mit mehr Ernst als die Likud-Regierung das getan hatte. Zu einem schnellen Durchbruch kam es dennoch nicht. Fortschritte, wenngleich nur auf der bilateralen israelisch-palästinensischen Schiene, brachten erst die geheimen Parallelverhandlungen von Vertretern der israelischen Regierung und der PLO, die seit Anfang 1993 unter norwegischer Vermittlung stattfanden. Im Ergebnis dieser Verhandlungen erkannten Israel und die PLO sich am 9.9. 1993 in einem Briefwechsel zwischen PLO-Chef Arafat und Israels Ministerpräsident Rabin gegenseitig an, und kam es am 13.9. zum symbolischen Handschlag und zur Unterzeichnung des Gaza-Jericho Abkommens vor dem Weißen Haus.

Beide, die israelische Regierung und vor allem die PLO, brauchten solch sichtbaren Fortschritt. Die Regierung Rabin hatte sich selbst mit dem Versprechen auf einen raschen Durchbruch zum Frieden unter Erfolgszwang gesetzt, war aber nicht in der Lage, die zunehmend blutigen Auseinandersetzungen zwischen Palästinensern und Israelis einzudämmen, und hatte die besetzten Gebiete seit März 1993 gegenüber dem israelischen Staatsgebiet fast vollständig abgeriegelt. Damit verlor die israelische Volkswirtschaft den Zugang zu billiger palästinensischer Arbeitskraft. Die anhaltende Besetzung des schwer beherrschbaren Gazastreifens erschien vielen Israelis zudem immer mehr als eine überflüssige Bürde. Die PLO stand, seitdem die Golfstaaten ihr den Finanzhahn zugedreht hatten, am Rande des Bankrotts. Dies bedeutete nicht nur, daß sie einen Teil ihres Apparats nicht mehr bezahlen konnte, sondern vor allem, daß sie ihre Unterstützungsleistungen an Einrichtungen und Personen in den besetzten Gebieten drastisch reduzieren mußte. Gleichzeitig verlor sie politisch an Glaubwürdigkeit und Einfluß, solange die Verhandlungen keinen Erfolg zeigten. Von den Schwierigkeiten der PLO profitierte in den besetzten Gebieten vor allem die islamistische Hamas. Hamas hatte sich an die Spitze der Kräfte gestellt, die den Madrider Friedensprozeß ablehnten, sie bewies sich durch aktiven Widerstand gegen die Besatzungsmacht zudem als glaubwürdiger Gegner Israels und hatte darüber hinaus ein funktionierendes Netz an sozialen Dienstleistungen in den besetzten Gebieten aufgebaut. Die Schwäche der PLO bzw. die zunehmende Aktivität und Popularität von Hamas trugen so wesentlich dazu bei, daß die PLO-Führung sich auf die Geheimverhandlungen in Norwegen und, um überhaupt einen Erfolg vorweisen zu können, auch auf weitgehende Zugeständnisse im schließlich vereinbarten Abkommen einließ.

2. Inhalte und Verfahrensfragen

Formal handelt es sich bei dem am 13.9.1993 von Shimon Peres für die israelische Regierung und Mahmud Abbas für die PLO unterzeichneten und durch das Kairoer Abkommen von 4.5.1994 konkretisierten sogenannten Gaza-Jericho Abkommen um eine israelisch-palästinensische Prinzipienerklärung mit vier Anhängen und einem Zusatzprotokoll. Das Abkommen ist kein Friedensvertrag, sondern eine Erklärung über die Ziele zukünftiger Verhandlungen, ein Zeitplan mit bestimmten Richtlinien für die Umsetzung des wesentlichen, konkreten Ziels, nämlich die Errichtung einer palästinensischen Übergangs-Selbstverwaltung in der Westbank und im Gazastreifen. Diese Selbstverwaltung oder Autonomieregierung soll aus einem gewählten Rat hervorgehen, und sie soll zeitlich begrenzt sein, bis nach weiteren Verhandlungen eine permanente Regelung erreicht wird. Die Westbank und der Gazastreifen werden ausdrücklich als integrale territoriale Einheit betrachtet; beide zusammen, nicht etwa nur Gaza und Jericho, sollen der palästinensischen Selbstverwaltung unterstellt werden – dies allerdings mit Ausnahmen.

So erhält die Autonomieregierung keine Kompetenzen im Bereich der äußeren Sicherheit und der Außenpolitik, und der palästinensischen Hoheit sollen jene Angelegenheiten nicht unterstehen, über die in den späteren Verhandlungen über den permanenten Status noch Einigkeit zu erzielen ist. Dies sind, ausdrücklich, Jerusalem, isrealische Siedlungen und Militäreinrichtungen sowie die in den besetzten Gebieten wohnenden oder sich sonst dort aufhaltenden Israelis. In den verbliebenen funktionalen Bereichen geht die Verwaltung der besetzten Gebiete schrittweise an von der PLO benannte Vertreter über, sobald die israelischen Truppen sich aus dem Gazastreifen und dem Gebiet von Jericho zurückgezogen haben. Ausdrücklich genannt werden hier das Erziehungswesen, Kultur, Gesundheits- und Sozialwesen, direkte Steuern und Tourismus. Der territoriale Wirkungsbereich dieser Selbstverwaltung wird nach und nach den Gazastreifen und die Westbank im Ganzen mit Ausnahme eben Jerusalems, der Siedlungen und der Militäreinrichtungen umfassen. In den vom israelischen Militär geräumten Gebieten wird eine palästinensische Polizei für innere Sicherheit und Ordnung sorgen. Zusätzlich ist bereits im Gaza-Jericho Abkommen eine zeitweilige Anwesenheit internationaler Beobachter, wie der UN-Sicherheitsrat sie im März 1994 für die Stadt Hebron billigte, als Möglichkeit vorgesehen.

Nach Inkrafttreten des Abkommens vom September 1993 wurden vier palästinensisch-israelische Komitees zur Ausarbeitung des Autonomie- oder Übergabeabkommens gebildet, die Einigkeit über die Abzugsmodalitäten aus dem Gazastreifen und dem Gebiet von Jericho, die Übergabe der Verwaltung, die genaue Struktur, Zuständigkeiten und Befugnisse der palästinensischen Autoritäten, Größe und Organisation der palästinensischen Polizei, Fragen des Verkehrs zwischen dem Gazastreifen und dem Gebiet von Jericho und der Grenzübergänge nach Ägypten und Jordanien, sowie über Wirtschafts- und Entwicklungsfragen herstellen sollten. Dem ursprünglichen Zeitplan zufolge hätten diese Verhandlungen bis zum 13.12. 1993 abgeschlossen sein sollen. Die Verhandlung der konkreten Details erwies sich als schwieriger als offenbar erwartet worden war, und der Abschluß des Übergabe- oder Autonomieabkommens verzögerte sich deshalb bis Mai 1994. Der zu diesem Zeitpunkt bereits vorbereitete Rückzug israelischer Truppen aus Jericho und dem größten Teil des Gazastreifens wurde dann allerdings in sehr kurzer Zeit, bis zum 13.5. 1994, abgeschlossen. Mit der Unterzeichnung des Kairoer Übergabeabkommens begann auch eine fünfjährige Übergangsperiode, in deren Verlauf der permanente Status von Westbank und Gazastreifen abschließend verhandelt werden soll. Diese Verhandlungen sollen nach spätestens zwei Jahren beginnen. Sie sollen dann auch alle strittigen und vorerst ausgeklammerten Fragen klären, insbesondere den Status Jerusalems und der Siedlungen, die Rechte palästinensischer Flüchtlinge, den Verlauf der Grenzen, äußere Sicherheit und Außenbeziehungen.

Zu den ersten und wichtigsten Aufgaben der palästinensischen Verwaltung, die mit dem Kairoer Übergabeabkommen von der PLO eingesetzt wurde, gehört die Vorbereitung von Wahlen zum Rat des Autonomiegebiets. Diese Wahlen sollen bis spätestens November 1994 stattfinden; der aus ihnen hervorgegangene Rat wird dann die gesetzgebende Autorität in den palästinensischen Gebieten darstellen und eine palästinensische Exekutive bestellen. Wahlberechtigt werden auch die in Jerusalem lebenden Palästinenser sein, obwohl die Stadt selbst vorerst ausschließlich unter israelischer Hoheit bleibt. Spätestens bis zu den Wahlen soll Israel seine in der Westbank verbleibenden Truppen umgruppieren, und zwar so, daß sie außerhalb der Bevölkerungszentren stationiert werden. Die israelische Militärverwaltung für die besetzten Gebiete soll aufgelöst werden, sobald die Selbstverwaltungsbehörde die ihr zukommenden Kompetenzen übernommen hat.

Die beiden Abkommen sehen für die Übergangszeit eine enge Kooperation und Koordination zwischen israelischen und palästinensischen Behörden vor. Dafür soll es ein ständiges, übergeordnetes Verbindungskomitee geben sowie ein gemeinsames Komitee für wirtschaftliche Zusammenarbeit, das Koordinationsaufgaben unter anderem im Bereich der Wasserwirtschaft, der Energie, des Handels- und Finanzwesens, des Umweltschutzes und der Industrieentwicklung erhält; zudem sollen Israelis und Palästinenser in Fragen der regionalen, nahöstlichen Entwicklung zusammenarbeiten. Jordanien und Ägypten sollen eingeladen werden, mit Israelis und Palästinensern ein gemeinsames Komitee zu bilden, das sich mit der Frage der Rückkehr von palästinensischen Flüchtlingen in die Westbank und den Gazastreifen beschäftigt.

3. Probleme der Autonomie und Sorgen der anderen

Daß die Übersetzung des Gaza-Jericho Abkommens in ein konkretes Übergabe- oder Autonomieabkommen und damit seine Umsetzung in die Realität schwierig sein würde, war abzusehen. Die internationale Euphorie vom September 1993 gründete sich vor allem darauf, daß Palästinenser und Israelis überhaupt zu einer Übereinkunft gekommen waren. Dabei wurde gelegentlich übersehen, daß dies eben „nur" eine Prinzipienerklärung war, und eine lückenhafte dazu. Die Lücken des Abkommens wurden offensichtlich, als sich zeigte, daß Israelis und Palästinenser sich zwar im Prinzip auf einen israelischen Abzug aus dem Gebiet von Jericho geeinigt hatten, nicht aber darauf, was dieses Gebiet eigentlich umfassen sollte – 25 qkm, wie die israelische Delegation bei den Autonomieverhandlungen zuerst meinte, oder 295, wie die PLO-Vertreter forderten. Diese Frage blieb letztlich auch im Autonomieabkommen vom Mai 1994 ungeklärt und wird sich voraussichtlich irgendwann von selbst erledigen, dann nämlich, wenn die israelischen Truppen in der Westbank ihre Umgruppierung beginnen und auch andere Städte als Jericho unter die Hoheitsgewalt der Autonomieregierung fallen.

Im übrigen war, wenngleich „Gaza-Jericho" einen zweifellos historischen Kompromiß darstellt, dies auch ein ungleicher Kompromiß, der das Kräfteverhältnis zwischen Israelis und Palästinensern spiegelt und der für die palästinensische Seite deshalb nur mit der Hoffnung auf später zu Verhandelndes akzeptabel war. Tatsächlich hat die PLO in Oslo, wie erwähnt, unter dem doppelten existentiellen Druck des finanziellen Bankrotts und des Führungsverlusts in den besetzten Gebieten verhandelt. Die PLO, und vor allem ihre Führung unter Arafat, hat sich mit der Anerkennung durch Israel und den Abschluß des Gaza-Jericho Abkommens selbst gerettet – schließlich ist sie es, die die erste Autonomieregierung ernannt hat, die die palästinensische Polizei aufstellt und die, bis zu den Wahlen im Autonomiegebiet zumindest, die Politik des palästinensischen Gebiets bestimmt. Für diesen Befreiungsschlag machte die PLO große Zugeständnisse, sowohl grundsätzlich wie im Detail.

So ließ sich die PLO vor allem auf eine Teillösung ein, die keinerlei israelisches Zugeständnis enthält, am Ende der Übergangszeit auch die Besetzung der 1967 eroberten Gebiete zu beenden und einen palästinensischen Staat zu akzeptieren. Tatsächlich wird Israel in keinem der beiden Abkommen als Besatzungsmacht angesprochen. Damit blieb es möglich, daß die israelische Regierung, offiziell jedenfalls, betonte, es werde auch in Zukunft keinen palästinensischen Staat geben, während Arafat darauf bestand, den Grundstein für einen Staat tatsächlich gelegt zu haben. Aus diesem Grund auch hat die palästinensische Seite bei den Autonomieverhandlungen viel Energie darauf verwandt, Symbolisches durchzusetzen, das Recht etwa, eigene Briefmarken zu drucken oder an bestimmten Stellen die palästinensische Fahne zu hissen. Demgegenüber hat die PLO, wie erwähnt, zugestanden, daß die palästinensische Selbstverwaltungsbehörde keine Außenpolitik betreiben wird – in der Praxis wird palästinensische Außenpolitik somit weiterhin von Tunis aus gemacht werden –; sie hat sich zur Kooperation mit Israel in wichtigen Entwicklungsfragen verpflichtet; sie hat akzeptieren müssen, daß für die Übergangszeit nicht nur Jerusalem, sondern auch die israelischen Siedlungen, die gut 50% des Landes, um das es in den besetzten Gebieten geht, ausmachen, die wichtigsten Verkehrswege zwischen den Siedlungen und Israel, die Grenzen sowie israelische Bürger israelischer Hoheit unterstellt bleiben; und sie hat Israel eine Einspruchsmöglichkeit gegen Mitglieder der Autonomieregierung und deren Gesetzesvorhaben eingeräumt. Besonders ungewöhnlich erscheint für ein modernes Völkerrechtsverständnis vor allem das Prinzip der Exterritorialität von Personen einer bestimmten Nationalität, eben von Israelis, die nicht nur in ihren räumlich abgrenzbaren Siedlungen, sondern wo immer sie sich in der Westbank oder im Gazastreifen befinden, nicht unter die Jurisdiktion der palästinensischen Behörden fallen sollen. Das so ungewöhnlich anmutende Prinzip ist allerdings nicht präzedenzlos. Es repräsentiert gewissermaßen, und sicherlich unbeabsichtigt, das System der sogenannten Kapitulationen, jener dem Osmanischen Reich von den europäischen Mächten abgeforderten Privilegien, denen zufolge die Bürger der europäischen Staaten nicht der osmanischen Gerichtsbarkeit, sondern in jedem Fall der Jurisdiktion besonderer europäischer Konsulargerichte unterstehen.

Um das Gaza-Jericho Abkommen und die Übergabevereinbarung überhaupt möglich zu machen, sind die eigentlich politischen Kernfragen auf jene Verhandlungen über den permanenten Status der palästinensischen Gebiete vertagt worden, die spätestens 1996 beginnen sollen. Dies heißt nicht, daß, was in der Zwischenzeit von Israelis und Palästinensern zu regeln sein wird, unproblematisch wäre.

So sind etwa Fragen der Verbindungen zwischen Ost-Jerusalem und dem Rest der Westbank sowie zwischen Westbank und Gazastreifen noch weitgehend offen. Zwischen den beiden Gebieten soll es eine „sichere Verbindung" geben. Mitglieder der palästinensischen Autonomieregierung werden sich wohl im Hubschrauber von Jericho nach Gaza bewegen; für den normalen Personen- und Warenverkehr zwischen den beiden Gebietsteilen wird aber noch eine Lösung zu finden sein, die diesen Verbindungsweg nicht israelischer Kontrolle unterwirft und Israel damit ein permanentes Druckmittel gegen die palästinensische Verwaltung in die Hand gibt. Ost-Jerusalem ist, auch wenn es bis auf weiteres unter israelischer Verwaltung bleibt, der Verkehrsknotenpunkt und das infrastrukturelle Zentrum der Westbank. Von der politischen, touristischen und religiösen Bedeutung der Stadt einmal abgesehen, liegen hier der einzige Regionalflughafen, die wichtigsten Energieversorgungsunternehmen, Finanz- und Handelseinrichtungen und die besten Krankenhäuser der besetzten Gebiete; im übrigen verlaufen die wichtigsten Nord-Süd-Verbindungen der Westbank durch Ost-Jerusalem. Wenn es weiterhin möglich bleibt, daß die israelischen Behörden den Zugang von der Westbank nach Jerusalem bei Bedarf untersagen oder von israelischen Permits abhängig machen, bleibt das Wirtschaftsleben der palästinensisch verwalteten Teile der Westbank stark vom guten Willen Israels abhängig.

Zahlreiche Fragen des wirtschaftlichen Aufbaus und der Entwicklung der palästinensischen Gebiete sind ohnehin konfliktträchtig. Grundsätzlich ist eine enge Koordination in Wirtschafts- und Entwicklungsfragen vereinbart worden; die Vorstellungen beider Seiten über Struktur und Ausrichtung der palästinensischen Wirtschaft unterscheiden sich aber zum Teil erheblich. Die palästinensische Seite versuchte in den Autonomieverhandlungen, auch und gerade im Bereich der Wirtschaft, deutlich zu machen, daß es um den Aufbau eines souveränen Staates geht, und bemühte sich, die Grundlagen für eine palästinensische Wirtschaft zu schaffen, die zur Reintegration des palästinensischen Gemeinwesens in seine arabische Umwelt beitragen kann und nicht ausschließlich auf Israel ausgerichtet ist. Dazu gehörte, um nur wenige Beispiele zu nennen, die Forderung nach einer palästinensischen Zentralbank, deren Errichtung die Option beinhalten würde, zu einem bestimmten Zeitpunkt eine eigene Währung herauszugeben. Die Frage ist weiterhin offen; vorläufig gilt ein Kompromiß, demzufolge in den Autonomiegebieten der israelische Schekel „neben anderen Währungen" legales Zahlungsmittel ist. Die palästinensische

Autonomieregierung errichtet eine Währungsbehörde – etwas weniger also als eine Zentralbank –, die in erster Linie als Bankenaufsicht fungieren wird.

Ein weiterer wichtiger Streitpunkt war die palästinenserseits abgelehnte israelische Forderung nach einer palästinensisch-israelischen Zollunion. Eine solche Zollunion hätte es dem palästinensischen Gemeinwesen unmöglich gemacht, einen weitgehenden Freihandel zwischen dem Autonomiegebiet und Jordanien zu vereinbaren oder etwa durch eine Kombination aus niedrigen Zöllen und niedrigen Steuern ausländische Investoren anzulocken. Da die Unterschiede, was Infrastruktur und Wirtschaftskraft angeht, zwischen den palästinensischen Gebieten und Israel erheblich sind – das Durchschnittseinkommen liegt in Israel bei fast 11 000, in den besetzten Gebieten unter 2000 Dollar –, muß sich das palästinensische Gemeinwesen, wenn es die gegenwärtigen Arbeitslosenraten von bis zu 40 % auf ein erträgliches Maß drücken und nicht der arme Hinterhof Israels bleiben will, fast zwangsläufig mit deutlichen Anreizen um ausländisches Kapital bemühen. Israel seinerseits bestand auf einer im Wirtschaftsteil des Kairoer Abkommens schließlich auch vereinbarten weitgehenden Harmonisierung der Zölle und indirekten Steuern, eben um zu verhindern, daß Investoren aus Israel in das palästinensische Gebiet umsiedeln oder Importe trotz schlechterer Infrastruktur eher über den Hafen Gaza als über Jaffa in die palästinensischen Gebiete und nach Israel strömen könnten. So wird die palästinensische Autonomieregierung verpflichtet, ein dem israelischen System „ähnliches" Mehrwertsteuersystem einzurichten. Die Vereinbarungen machen besondere steuerliche Investitionsanreize in den besetzten Gebieten nicht unmöglich, begrenzen diese Möglichkeiten aber. Im Bereich des Außenhandels wird den Palästinensern zugestanden, bestimmte Güter zu anderen, praktisch also niedrigeren, als den entsprechenden israelischen Zollsätzen einzuführen und bestimmte Gütermengen aus arabischen Staaten zu importieren. Über beides – abweichende Zollsätze und der Umfang arabischer Importe – soll allerdings jeweils Einvernehmen mit der israelischen Seite hergestellt werden.

Weit strittiger noch als die Frage der wirtschaftlichen Ausrichtung ist das auf die späteren Verhandlungen über den permanenten Status vertagte Thema der palästinensischen Flüchtlinge. Tatsächlich wird die Frage, wer und wie viele Menschen aus der palästinensischen Diaspora in das Autonomiegebiet zurückkehren können und dürfen, und von welcher Bevölkerungsbasis insofern bei der Entwicklungsplanung auszugehen ist, unmittelbar mit der Übernahme der Verwaltung durch die palästinensische Selbstverwaltung akut. In der Westbank und im Gazastreifen leben etwa 2 Millionen Palästinenser, noch einmal 3,5 bis 4 Millionen, von denen 2,6 Millionen als Flüchtlinge registriert sind, leben außerhalb. Das Gaza-Jericho Abkommen erwähnt nur jenen Teil der Flüchtlinge, die 1967 mit der israelischen Eroberung von Westbank und Gazastreifen vertrieben worden sind. Über die Rückkehr von Personen aus dieser Gruppe, die Nachkommenschaft der tatsächlich Vertriebenen immer eingeschlossen, soll „einvernehmlich" entschieden werden. Die PLO kalkulierte auf dieser Grundlage in ihrer Entwicklungsplanung, daß während der fünfjährigen Übergangsperiode etwa 800 000 Palästinenser in das Autonomiegebiet zurückkehren würden; die israelische Seite dagegen sprach von allenfalls 200 000. Die Flüchtlingsfrage ist allerdings nicht nur für den Aufbau des palästinensischen Gemeinwesens, für die Verfügbarkeit von Wasser und Land und damit auch für die Streitfrage der israelischen Siedlungen im palästinensischen Gebiet relevant. Sie ist auch, zusammen mit anderen Fragen, ganz unmittelbar von Bedeutung für die regionale Akzeptanz des israelisch-palästinensischen Abkommens und für seine Akzeptanz in der palästinensischen Diaspora.

Eine der größten Lücken der israelisch-palästinensischen Abkommen ist, daß es jene palästinensischen Flüchtlinge und Vertriebene nicht erwähnt, die 1948/49, im Zusammenhang mit oder nach dem ersten arabisch-israelischen Krieg, das heutige Staatsgebiet Israels verließen. Der größte Teil dieser Flüchtlinge, etwa 700 000, lebt heute in Syrien und im Libanon, in den zwei Nachbarstaaten Israels, die dem israelisch-palästinensischen Abkommen besonders kritisch gegenüberstehen. Im Libanon machen palästinensische Flüchtlinge etwa 10% der Bevölkerung aus, und sie sind alles andere als gesellschaftlich integriert. Palästinensische Organisationen waren aktive Partei des libanesischen Bürgerkriegs (1975–1990), und ein Großteil der Libanesen sieht sie als die Hauptverantwortlichen der libanesischen Misere. Die libanesische Regierung befürchtet nicht ohne Grund, daß die palästinensische Opposition gegen die Autonomievereinbarungen vom Libanon aus versuchen könnte, den regionalen Befriedungsprozeß zu stören – und daß sie sich dabei auf ein großes Potential palästinensischer Flüchtlinge stützen könnte, für die die palästinensische Autonomie eben weder ein Recht auf Rückkehr noch eine Entschädigung noch eine echte Integration im Libanon verspricht. Die palästinensische Minderheit in Syrien dürfte ebenfalls nicht zu den Rückkehraspiranten gehören; sie ist aber weitgehend in die syrische Gesellschaft integriert und aus syrischer Regierungsperspektive kein die eigene Stabilität gefährdender Faktor. Syriens Unmut über „Gaza-Jericho" liegt eher darin, daß es seine eigene Verhandlungsposition durch die israelisch-palästinensische Separatvereinbarung gefährdet sah und befürchtete, Israel und die USA könnten nun versuchen, auf der syrisch-israelischen Schiene ein Abkommen nach dem „Gaza-Jericho" Modell durchzudrücken.

4. Innere Akzeptanz und Chancen der Umsetzung

Wenngleich die israelische Seite im Gaza-Jericho Abkommen und auch in den folgenden Autonomieverhandlungen vergleichsweise mehr ihrer Forderungen durchsetzen konnte als die palästinensische, bleibt es doch Israel, das Land wird aufgeben müssen, welches es faktisch kontrolliert. Aus diesem Grund stieß das Abkommen bei der israelischen Rechten und bei den Siedlern in den besetzten Gebieten auf heftige Kritik. Unter den israelischen Gegnern des Abkommens gibt es vor allem zwei Gruppen: jene, die es aus ideologischen, zum Teil offen rassistischen Motiven ablehnen, auch nur einen Teil des ihrer Ansicht nach dem jüdischen Volk göttlich versprochenen Landes aufzugeben, und jene, etwa im pragmatischen Flügel des Likud-Blocks, die vor allem sicherheitspolitisch argumentieren und festschreiben wollen, daß Israel in jedem Fall die strategisch wichtigen Teile der Westbank behält. Auch auf palästinensischer Seite gibt es einerseits eine prinzipielle Opposition, die es aus ideologisch-religiösen Motiven ablehnt, die Herrschaft von Nicht-Muslimen über irgendeinen Teil Palästinas zu akzeptieren, und andererseits eine pragmatisch-demokratische, die Kompromisse wie den einer Teilung des geographischen Palästina in einen israelischen und einen palästinensischen Staat im Grunde nicht ablehnt, in den Abkommen aber eine viel zu weitgehende Aufgabe palästinensischer Positionen sieht. Zur ersten Gruppe gehören vor allem islamistische Ultras wie der Islamic Jihad und Teile von Hamas, zur zweiten ebenfalls ein Teil von Hamas, die linken PLO-Gruppen PFLP und DFLP, und ein Teil von Arafats zentristischer Fatah. Zustimmung und Ablehnung scheinen auf israelischer und auf palästinensischer Seite grundsätzlich recht ähnlich verteilt zu sein: Das israelische Parlament stimmte dem Gaza-Jericho Abkommen mit 61 von insgesamt 120 Stimmen zu, der palästinensische Zentralrat mit 63 von 107. Meinungsumfragen brachten sowohl unter Israelis wie in der palästinensischen Bevölkerung der besetzten Gebiete eine nicht ganz so knappe, aber auch keine überwältigende Mehrheit für die Vereinbarungen. Wieweit diese Zustimmung trägt, zunimmt oder abnimmt, wird sehr wesentlich davon abhängen, wieweit die Menschen tatsächliche Fortschritte spüren. Zur Verwunderung mancher Beobachter war auf palästinensischer Seite die Zustimmung im Gazastreifen am größten, dort also, wo gleichzeitig auch die islamistische Hamas den größten Zulauf hat. Beides, Zustimmung zu Hamas und Zustimmung zum Autonomieabkommen erklären sich daraus, daß die Palästinenser des Gazastreifens noch mehr als jene der Westbank unter der israelischen Besatzungspolitik und ihren sozio-ökonomischen Folgen gelitten haben und vor allem eines wollen – ein Ende der Besatzung.

Unter Umständen kann ein einzelner Terrorakt wie der jenes israelischen Siedlers, der im Februar 1994 in Hebron mehr als einhundert muslimische Palästinenser tötete oder verletzte, den israelisch-palästinensischen Friedensprozeß behindern oder verzögern. Daß er ihn grundsätzlich aufhalten könnte, ist nicht mehr wahrscheinlich. Die Mehrheit der palästinensischen Bevölkerung in den Gebieten zieht eine vorerst begrenzte Autonomie anhaltender Besatzung zweifellos vor, und es ist davon auszugehen, daß auch die pragmatische palästinensische Opposition trotz ihrer Kritik am Gaza-Jericho Abkommen mindestens in einem Teil der palästinensischen Institutionen, die im Rahmen der Selbstverwaltung geplant sind, mitarbeiten wird. Auf israelischer Seite könnte ein Likud-Wahlsieg Fortschritte bei der Umsetzung des Abkommens verhindern, hinter das Abkommen zurückfallen könnte aber auch eine israelische Rechtsregierung schwerlich.

Unabhängig von den verbliebenen ungelösten Fragen hat zudem der Aufbau palästinensischer Institutionen begonnen. Seit Mitte Mai 1994 hat die zum Teil aus den besetzten Gebieten selbst, zum Teil aus den Reihen der in Ägypten, Jordanien oder Irak stationierten Einheiten der Palästinensischen Befreiungsarmee (PLA) rekrutierte palästinensische Polizei angefangen, ihre Aufgaben zu übernehmen. Eine Autonomieregierung unter dem Vorsitz Yasir Arafats ist etabliert worden, und Arafat selbst siedelte im Juli von Tunis nach Gaza um. Von wesentlicher Bedeutung ist darüber hinaus der Aufbau einer Wirtschafts- und Verwaltungsinfrastruktur. Bereits Anfang 1994 haben die von der PLO ernannten Direktoren des Palästinensischen Wirtschaftsrates für Entwicklung und Wiederaufbau, der Wirtschafts- und Entwicklungsbehörde des Autonomiegebiets, ihre Arbeit aufgenommen. In den Verantwortungsbereich dieser noch embryonalen Behörde gehört die Aufstellung eines Budgets, aus dem nicht nur die mittelfristig 9000 palästinensischen Polizisten und jene mehr als 22 000 palästinensischen Angestellten, darunter Lehrer, Ärzte und Verwaltungspersonal, die die palästinensischen Behörden schrittweise von der israelischen Militärverwaltung übernehmen, zu bezahlen sind, sondern auch Programme zur Arbeitsbeschaffung im Autonomiegebiet und zur physischen und psychischen Rehabilitation ehemaliger Gefangener sowie die Koordination mit internationalen Entwicklungsagenturen, die grundlegende Infrastrukturinvestitionen werden finanzieren müssen und sich dazu auch, unter Federführung der Weltbank, bereit erklärt haben. In den ersten Jahren der Autonomie werden internationale Geber palästinensische Projekte mit etwa 2 Mrd. Dollar unterstützen.

Der Aufbau palästinensischer Institutionen und faktischer Staatlichkeit ist selbst Voraussetzung einer Lösung der großen, konfliktreichen Fragen, die ab 1996 im Rahmen der Verhandlungen über den permanenten Status von Westbank und Gazastreifen zu klären sein werden. Israel wird letztlich die Entstehung eines souveränen palästinensischen Staates akzeptieren müssen. Nur ein souveräner Staat könnte dann über eventuelle Föderationen oder Konföderationen mit seinen Nachbarn verhandeln und entscheiden. Über Jerusalem und die Siedlungen wird es Kompromisse geben müssen, und vermutlich werden die beiden Punkte gemeinsam zu diskutieren sein. Denkbar und mit beiderseits vergleichsweise erträglichen politischen Kosten verbunden wäre eine Lösung, bei der Ost-Jerusalem palästinensische Hauptstadt wird – mit offenen Grenzen nach Israel und Zugangsrechten für Israelis – und der palästinensische Staat die Fortexistenz einer Anzahl israelischer Siedlungen in der Westbank garantiert. Jede israelisch-palästinensische Lösung wird im übrigen nur im Rahmen eines umfassenden regionalen Friedens lebensfähig sein. Das prinzipielle Interesse aller Beteiligten, einen solchen Frieden herbeizuführen, besteht; die anhängigen Fragen sind aber zum Teil objektiv kompliziert und jeweils innenpolitisch brisant. In erster Linie geht es um die Rückgabe besetzten Landes und im syrisch-israelischen Verhältnis zudem um die Auflösung israelischer Siedlungen. Es geht aber auch um Sicherheitsvorkehrungen, Vertrauensbildung, wirtschaftliche Öffnung und den Zugang zu den natürlichen Ressourcen der Region. Angesichts der anstehenden Probleme scheint es deshalb nur realistisch, einen Abschluß des Friedensprozesses nicht vor Ende des Jahrhunderts zu erwarten – wenn, nach dem Zeitrahmen des Gaza-Jericho Abkommens, die palästinensische Autonomie beendet und ein permanenter Status erreicht sein soll.

IV. AKTUELLE SÜD-SÜD-EREIGNISSE

– LATEINAMERIKA –

Sabine Kurtenbach
Konflikte und Konfliktregulierung in Lateinamerika

Im Juli 1993 machte der bolivianische Präsident Jaime Paz Zamora seinem Ärger über die chilenische Regierung Luft: Die Chilenen seien „Höhlenmenschen" und „zurückgeblieben", weil sie den Anspruch Boliviens auf einen Zugang zum Meer nicht anerkennen. Die chilenische Regierung reagierte auf diese rhetorische Entgleisung mit dem Abbruch der Verhandlungen über Handelserleichterungen für bolivianische Produkte in chilenischen Häfen. Aber schon kurz darauf, nach dem Amtsantritt von Zamoras Nachfolger, Gonzalo Sánchez de Losada, im August 1993, war der Vorfall vergessen, kehrten die Regierungen beider Länder zur Tagesordnung zurück.

Der Vorfall ist gerade wegen der ausgebliebenen Konsequenzen charakteristisch für das Konfliktverhalten der lateinamerikanischen Staaten untereinander. Verglichen mit anderen Regionen der Welt sind in Lateinamerika nach 1945 nur wenige bilaterale Konflikte zum Krieg eskaliert, und selbst diese wurden in der Regel bereits nach wenigen Tagen oder Wochen beendet. Dennoch gab es in den 70er Jahren vor allem im Süden des Kontinents regionale Rivalitäten und Streitigkeiten, die im Falle Argentiniens und Chiles an den Rand eines zwischenstaatlichen Krieges führten. Die Rückkehr zu zivilen Regierungen seit Mitte der 80er Jahre hat das Konfliktpotential reduziert. Seither stehen regionale Integrationsbemühungen im Vordergrund, und selbst alte Rivalitäten wie die zwischen Argentinien und Brasilien deeskalieren, wie die späte Ratifizierung des Vertrages von Tlateloco (1974) über die Nichtverbreitung von Atomwaffen zumindest durch das argentinische Parlament 1993 und den brasilianischen Senat 1994 zeigt. Alle Bekenntnissen zu Kooperation und Integration zum Trotz bieten bilaterale Konflikte aber nicht nur in Bolivien Stoff für nationalistische Reden. Auch in anderen Ländern werden alte und neue Gegensätze bei Bedarf aktiviert, in der Regel mit innenpolitischen Motiven. Zur Einschätzung des aktuellen Konfliktpotentials ist zunächst eine Bestandsaufnahme notwendig.

1. Externe Einflüsse und Interventionen

Externe Akteure haben das Konfliktgeschehen in Lateinamerika stets direkt und indirekt beeinflußt, sei es Spanien während der Kolonialzeit oder Großbritannien im 19. Jahrhundert. Der bis heute ungelöste Konflikt um die Falkland/Malwineninseln hat hier seine Wurzeln. Im 20. Jahrhundert haben dagegen die USA den Verlauf und das Ergebnis vieler Konflikte entscheidend bestimmt. Insbesondere Zentralamerika und die Karibik – wahlweise als Vorgarten oder Hinterhof der USA bezeichnet – waren vielfach Schauplatz US-amerikanischer Hegemonialansprüche. Militärische Aktionen der USA standen allerdings stets in engem Zusammenhang mit internen Entwicklungen in den betroffenen Ländern bzw. mit der Wahrnehmung dieser Ereignisse durch die verschiedenen US-Administrationen. Der Wandel politischer Konjunkturen und Prioritäten in der US-amerikanischen Lateinamerikapolitik läßt sich momentan beispielhaft an Grenada beobachten. Während die kleine Karibikinsel noch 1983 mithilfe des US-Militärs vom Sozialismus „befreit" wurde, verhinderte im Mai 1993 nur der Protest einiger Kongreßabgeordneter, daß die dortige US-Botschaft wegen „Budgetzwängen" geschlossen wurde.

Nach der Beendigung des Kalten Krieges und im Rahmen der Orientierung der Clinton-Administration an den Handelsbeziehungen scheint die sicherheitspolitische Bedeutung Lateinamerikas für die USA insgesamt geringer geworden zu sein. Trotz der Militärinvasionen in Grenada 1983 und Panama 1989 sind die Mittel US-amerikanischer Interventionen in Lateinamerika bereits in den 80er Jahren subtiler geworden und umfassen ein weites Spektrum von wirtschaftlichen, politischen und psychologischen Aktivitäten „niedriger Intensität". Angesichts der Struktur US-amerikanischer Entscheidungsprozesse, die die Außenpolitik stark von innenpolitischen Diskussionen abhängig macht, lassen sich Interventionen zwar auch künftig nicht ausschließen; momentan scheint es aber eher unwahrscheinlich, daß die USA in Lateinamerika direkt militärisch intervenieren.

Die Dominanz der USA hat sich aber auch indirekt auf das Konfliktverhalten lateinamerikanischer Staaten ausgewirkt, weil sie die regionale Kooperation zur Beendigung und Regulierung von bilateralen Konflikten gefördert hat. Lateinamerika verfügt über eines der ältesten und ausgefeiltesten Systeme regionaler Konfliktregulierung, das bisher jedoch nie angewandt wurde, weil die Konfliktparteien stets informellere ad-hoc-Mechanismen bevorzugten. Diese Verfahren waren immer wieder erfolgreich, auch wenn dies in der Öffentlichkeit oft vergessen wird. Der Friedensprozeß in Zentralamerika wird seit der Vergabe des Friedensnobelpreises 1987 an den damaligen Präsidenten Costa Ricas, Oscar Arias, beispielsweise allein mit dessen Namen verbunden. Die dreieinhalbjährige Vermittlungstätigkeit der Contadora-Gruppe (Mexiko, Kolumbien, Venezuela und Panama) bildete aber die Grundlage, ohne die weder der zentralamerikanische Friedensvertrag noch nationale Friedensprozesse in Nicaragua, El Salvador und Guatemala zustande gekommen wären.

2. Eskalation interner Konflikte

Machtkämpfe oder Auseinandersetzungen innerhalb eines Landes haben sich in der Vergangenheit immer wieder auf die bilateralen Beziehungen zwischen lateinamerikanischen Staaten ausgewirkt. Insbesondere das regionale Konfliktgeschehen in Zentralamerika folgte bereits vor den Umwälzungen der 80er Jahre diesem Muster: 1948 und 1955 eskalierten die Auseinandersetzungen im Rahmen des Bürgerkriegs in Costa Rica und der

Machterhaltung Somozas in Nicaragua beispielsweise zu zwischenstaatlichen Konflikten. Nachdem die Region 1983 am Rande eines regionalen Krieges stand, haben der regionale Friedensprozeß und die Beendigung der Bürgerkriege in Nicaragua und El Salvador die Lage deutlich entspannt. In den noch andauernden Bügerkriegen in Guatemala, Kolumbien und Peru gibt es keine Tendenzen zur Internationalisierung oder Regionalisierung der Auseinandersetzungen. Dies liegt einerseits an der Beendigung des Ost-West-Konflikts, andererseits am mangelnden internationalen Interesse (Guatemala, Kolumbien) bzw. politischem Sektierertum auf Seiten der Guerilla (Peru). Im Falle Kolumbiens hat der Guerillakrieg allerdings mehrfach zu bilateralen Konflikten mit den Nachbarstaaten geführt: sei es, daß die Guerilla über die Grenzen hinweg agierte und beispielsweise venezolanische Viehzüchter entführte, sei es, daß das kolumbianische Militär die Guerilla über internationale Grenzen hinweg verfolgte. Solche Zwischenfälle führten in der Vergangenheit aber nur zu Protesten der anderen Seite und einigen aufgeregten Zeitungsartikeln. Damit derartige Auseinandersetzungen eskalieren, müßten sie mit anderen Konflikten gekoppelt sein.

3. Alte und neue Grenzstreitigkeiten

Konflikte um die Festlegung der internationalen Grenzen hängen meist mit dem Vorhandensein und der Kontrolle von Bodenschätzen und anderen Ressourcen zusammen. In Lateinamerika waren diese Konflikte im 19. Jahrhundert dominant. Am blutigsten dürfte der Krieg Paraguays gegen die sogenannte Triple Allianz Brasilien, Argentinien und Uruguay mit angeblich einer Million Toter gewesen sein. Am erfolgreichsten war Chile, das sein Territorium im Krieg gegen die Konföderation Peru-Bolivien um etwa ein Drittel vergrößerte und sich damit das Monopol auf dem Salpeter-Markt sicherte.

Gerade dieser Krieg bietet bis heute Anlaß zur Polemik, wie die eingangs erwähnten Verbalattacken des ehemaligen bolivianischen Präsidenten zeigen. Bolivien verlor in jenem Krieg seinen Zugang zum Meer, den Anspruch darauf haben die bolivianischen Regierungen bis heute aufrecht erhalten. Als Symbol für diese Forderung gab es im bolivianischen Militär stets eine Marine, die ein Schiff auf dem Titicacasee ihr eigen nennt. Aber selbst bei diesem Konflikt scheinen Kooperationsbereitschaft und Pragmatismus zu überwiegen. So gab es Verhandlungen über Erleichterungen bei der Vermarktung bolivianischer Produkte in chilenischen Häfen. Außerdem unterzeichneten Peru und Bolivien 1992 einen Vertrag, der Bolivien die Nutzung des Hafens Ilo sowie die Errichtung einer Freihandelszone ermöglicht. Beides Maßnahmen, die den Grundkonflikt über die territoriale Souveränität zwar nicht lösen, aber einer Eskalation des Konfliktes die materielle Basis entziehen.

Auch bei anderen alten Grenzstreitigkeiten hat es in den neunziger Jahren Fortschritte gegeben. So haben die Präsidenten von Argentinien und Chile im August 1991 erklärt, daß bereits 22 strittige Punkte des Grenzverlaufs zwischen beiden Ländern geklärt seien. In der Folgezeit verweigerten allerdings beide Parlamente die Ratifizierung der neuen Grenze im Gebiet der kontinentalen Gletscher. Die Grenzziehung in der „laguna del desierto" soll durch einen Schiedsspruch endgültig geregelt werden. Im September 1992 verkündete der Internationale Gerichtshof in Den Haag seine Entscheidung zur Festlegung der Grenze zwischen Honduras und El Salvador, ein Konflikt der im Zusammenhang mit sozialen und wirtschaftlichen Problemen beider Länder 1969 zum sogenannten Fußballkrieg eskaliert war. Der Gerichtshof sprach Honduras 61, El Salvador 39 Prozent des umstrittenen Gebietes zu. Die Regierungen beider Länder haben das Urteil akzeptiert und eine binationale Kommission eingesetzt, die die Grenze markieren soll.

Der in die Kolonialzeit zurückreichende Streit um den guatemaltekischen Anspruch auf die ehemalige britische Kolonie Belize schien im August 1991 beendet, als Guatemala die Souveränität von Belize anerkannte und beide Länder im Dezember diplomatische Beziehungen aufnahmen. Nach dem gescheiterten Selbstputsch des guatemaltekischen Präsidenten Jorge Serrano im Mai 1993 und dem folgenden Regierungswechsel verschlechterten sich die Beziehungen zwischen beiden Ländern. Präsident Carpio de León kündigte zunächst an, er werde alle Aktivitäten seines Vorgängers im Hinblick auf Belize überprüfen. Auf internationalen Druck erklärte Außenminister Fajardo schließlich aber, daß die Regierung Carpio die bisherige Politik nicht in Frage stellte. Das bilaterale Verhältnis blieb dennoch nachhaltig gestört, ein diplomatisches Tauziehen begann: Die Regierung von Belize forderte Großbritannien auf, seine Truppen nicht wie geplant zum 1. Januar 1994 abzuziehen. Belize war beim zentralamerikanischen Gipfeltreffen, das im Oktober 1993 in Guatemala stattfand, nicht wie in den Jahren zuvor als Beobachter anwesend; Guatemala widersetzte sich der Teilnahme von Belize als Beobachter beim jährlichen Treffen der Europäischen Union mit Zentralamerika im März 1994. Belize erhielt im Juni 1994 dagegen Unterstützung von der karibischen Gemeinschaft CARICOM, deren Außenminister Guatemala aufforderten, die territoriale Integrität von Belize endlich anzuerkennen. Andernfalls könnten die Beziehungen zwischen den karibischen Staaten und Lateinamerika ernsthaften Schaden nehmen.

Ebenfalls auf der diplomatischen und verbalen Ebene eskalierte der Grenzkonflikt zwischen Kolumbien und Venezuela um die Grenze im Golf von Venezuela. Im Mittelpunkt des Streits steht hierbei die maritime Grenzziehung. Insbesondere zu Wahlkampfzeiten ist die „Golffrage" ein wiederkehrendes Thema, während ansonsten die bilaterale Wirtschaftsintegration und politische Kooperation auf der Tagesordnung stehen.

Ähnlich werden auch andere bilaterale Grenzkonflikte in Lateinamerika immer wieder aktiviert. So beispielsweise zwischen Ecuador und Peru, wo der Konflikt allerdings auch mehrfach – 1941, 1981 und zuletzt 1991 – militärisch eskalierte. Der Streit zwischen Kolumbien und Nicaragua um die Inseln San Andrés und Providencia hat in den vergangenen Jahren nicht mehr zu diplomatischen Verwicklungen geführt, obwohl die nicaraguanische Regierung ihren Anspruch auf die Kontrolle der Inseln auch unter der Regierung von Violetta Chamorro aufrecht erhält. Auch die venezolanischen Gebietsansprüche an Guayana wegen der Kontrolle der Esequibo-Region haben zuletzt Anfang der 80er Jahre eine Rolle gespielt.

Neben den alten Grenzkonflikten gibt es immer wieder neue, vor allem entlang der praktisch nicht kontrollierbaren Grenze im Amazonasgebiet. So beschuldigten die venezolanischen Behörden brasilianische Goldsucher im Sommer 1993 ein Massaker an Yanomami-Indianern auf venezolanischem Territorium begangen zu haben. Auch im Rahmen von Guerilla- oder Drogenbekämpfung kommt es entlang der Amazonasgrenze immer wieder zu Grenzverletzungen. Die lateinamerikanischen Regierungen suchen zwar neue Aufgaben- und Betätigungsfelder für die Streitkräfte, dies aber offensichtlich nicht über den Aufbau von Feindbildern in der Region. Neben der Beteiligung an internationalen Missionen der UNO und der Drogen- und Aufstandsbekämpfung im eigenen Land, wird im regionalen Bereich die Aufstellung einer lateinamerikanischen Interventionstruppe zur Aufrechterhaltung oder Wiederherstellung der Demokratie diskutiert. Auch wenn zwischenstaatliche Konflikte nur aus innenpolitischen Gründen hochgespielt werden, können sie unter ungünstigen Voraussetzungen eskalieren. Insgesamt dominieren in Lateinamerika in den 90er Jahren aber die Bemühungen bilateraler und regionaler Kooperation und Integration. Im eingangs genannten Konflikt zwischen Bolivien und Chile wurde dies überdeutlich: Der bolivianische Außenminister trat aus Protest gegen die Beschimpfungen Chiles durch seinen Präsidenten zurück.

– ASIEN –

Klaus-Albrecht Pretzell
Die APEC auf dem Weg zur Institutionalisierung

1. Am Anfang das Forum

Als Australiens Ministerpräsident Bob Hawke nach Canberra einlud, um auf Ministerebene über die Möglichkeit einer geregelten asiatisch-pazifischen Zusammenarbeit zu sprechen, ahnte er wohl nicht, daß er damit den Weg für eine neue Form der Kooperation bereitete.

Die Konferenz von Canberra sollte dazu dienen, die Voraussetzungen für die eigene Entscheidung über eine Teilnahme an diesem Vorhaben zu verbessern, indem sie Gelegenheit bot, zu hören, was andere über eine solche Zusammenarbeit zu sagen hatten, und auch seine eigenen Vorstellungen, Fragen und Bedenken vorzutragen. Aber dann wurde es doch mehr als nur eine Sondierungskonferenz.

Angesichts der sehr unterschiedlichen Vorstellungen der Teilnehmer vertagte man die „politischen" Fragen und wandte sich den praktischen Aspekten der Zusammenarbeit zu, gelangte zum Konsens über die wichtigsten Richtungen oder Felder der Zusammenarbeit (Voraussetzung für die Entwicklung eines Arbeitsprogramms) und darüber hinaus zur Formulierung konkreter Vorhaben, mit denen man beginnen konnte. So wurde die „Asia Pacific Economic Cooperation" (APEC) begründet und begonnen, obwohl wichtige Entscheidungen – so die über den institutionellen Rahmen der Zusammenarbeit und über den Kreis der Teilnehmer – einstweilen noch offen blieben.

Die Vertagung der politischen Fragen war ein Erfolg der ASEAN. Die ASEAN-Länder waren in einer ängstlich-anspruchsvollen Haltung gekommen und hatten ihre Bereitschaft zur Teilnahme an eine Reihe von Bedingungen geknüpft, auf die man Rücksicht nahm.

Der Standpunkt der ASEAN war: Was APEC meint, muß sich ergeben. Zunächst genügt eine regelmäßige Konferenz auf Ministerebene als Forum, wo über Fragen der weiteren Zusammenarbeit gesprochen werden kann. Dieses Forum darf aber nicht mißbraucht werden, um zwingende Beschlüsse oder verpflichtende Direktiven durchzusetzen. Offenheit, Flexibilität und Kooperationsbereitschaft gegenüber anderen Ländern und Organisationen ist unverzichtbar. Abgrenzung oder Ausgrenzung, insbesondere aber die Entwicklung zum Handels- oder Wirtschaftsblock, kommt nicht in Frage.

Die APEC ist offen, erweiterbar, nicht ausgrenzend und nicht bindend, aber doch ein Forum für regelmäßige Konsultationen von jeweils bestimmten Mitgliedern oder Teilnehmern aus einer bestimmten Region. Dies und der Wille zur Zusammenarbeit erzeugen ein Wir-Gefühl und damit auch einen gewissen Druck zur Solidarität.

Als Forum bietet die APEC die Möglichkeit der internen Abklärung von Standpunkten und Auffassungen. Das hilft, den Horizont zu erweitern, Verständnis zu wecken und Animositäten zu entschärfen. Die Form der Beschlußfassung ist der Konsens.

2. Erste Schritte zur Institutionalisierung

Seit der Konferenz von Canberra (am 6./7. November 1989) haben vier weitere APEC-Konferenzen stattgefunden: in Singapur (1990), in Seoul (1991), in Bangkok (1992) und in Seattle (1993).

Die Konferenz in Seoul verabschiedete die „Seoul Declaration", die erste formelle Erklärung der APEC-Teilnehmer über Motivation, Ziele, Felder und Art und Weise ihrer Zusammenarbeit sowie über deren Organisation, den Kreis der Teilnehmer und die künftige Entwicklung. Das war der erste Schritt auf dem Wege zur Institutionalisierung. Der zweite war die ein Jahr später in Bangkok beschlossene Einrichtung eines APEC-Sekretariats in Singapur, das am 12. Februar 1993 feierlich eröffnet wurde.

Die 5. Ministerkonferenz der APEC fand vom 17. bis 19. November 1993 in Seattle, USA, statt. Gastgeber war US-Außenminister Warren Christopher.

An die Konferenz der Außenminister schloß sich am 20. November ein inoffizielles Gipfeltreffen der APEC an, das auf der Seattle vorgelagerten Insel Blake Island stattfand. Gastgeber hier war Präsident Clinton. Die Teilnehmer des Gipfeltreffens waren die Staats- und Regierungschefs der APEC-Länder mit Ausnahme Taiwans und Hongkongs, die andere Führer entsandten, und Malaysias, dessen Ministerpräsident auf eine Teilnahme verzichtete, weil er das Gefühl hatte, die APEC werde hier vor den Karren der USA gespannt.

Während das Gipfeltreffen vor allem als vertrauensbildende Maßnahme verstanden wurde, sollte sich die Ministerkonferenz mit dem künftigen Kurs der APEC befassen. Sollte sie ein „Forum" bleiben oder sollte sie den Status einer Organisation annehmen, die darauf aus ist, sich mit einem Ziel zu entwickeln, zum Beispiel zu einer Gemeinschaft? Die Zurückhaltung der ASEAN, besonders Malaysias, und Chinas gegenüber der zweiten Möglichkeit führte dazu, daß die Entscheidung in dieser Sache praktisch vertagt wurde.

Auch an einer anderen Stelle war Malaysia für Zurückhaltung, nämlich in der Frage weiterer APEC-Gipfeltreffen. „Let it be from time to time, but not part and parcel of APEC", sagte Frau Rafidah. Aber dieser Rat verhallte. Indonesiens Präsident Suharto wird dem Beispiel Präsident Clintons folgen und nach ihm gewiß auch die Ministerpräsidenten von Japan (1995) und den Philippinen (1996). Das ist verständlich, wenn man bedenkt, wieviel Prestige und Publicity Präsident Clinton geerntet hat, aber es trägt nicht dazu bei, die Institutionalisierung der APEC abzuwehren; denn es ist abzusehen, daß von solchen Konferenzen mehr und mehr „Ergebnisse" erwartet werden. Nach der Erfahrung von Seattle sind die ASEAN-Partner übereingekommen, sich vor jeder die APEC angehenden Entscheidung zu treffen, um ihre Haltungen zu harmonisieren. Das war notwendig.

Da gibt es die *Vorsichtigen*. Exponent ist Malaysia, dessen Regierungschef sich weigerte, der Einladung zum „Gipfeltreffen" nach Seattle Folge zu leisten. Malaysia ist gegen eine Institutionalisierung der APEC und gegen eine Formalisierung der Zusammenarbeit in diesem Rahmen.

Typisch für die Haltung der Vorsichtigen war die Reaktion der ASEAN, als die USA 1993 ein Handels- und Investitionsabkommen vorschlugen: Die ASEAN war dagegen, nicht wegen des Inhalts, sondern weil es zu früh sei, ein bindendes Dokument mit Rechten und Pflichten zu unterzeichnen. Schließlich billigte die APEC einen Handels- und Investitionsrahmen. Ähnliche Ängste hört man auch heute, z. B. aus Thailand. Dort fürchtet man heillose Verwirrung in einem Wust von Regeln aus einer wachsenden Zahl einander überlappender Abkommen: Wir haben die bilateralen Abkommen zwischen Ländern, dann die zwischen Regionen (ASEAN-EG/EU), dazu das GATT – und nun noch APEC?

Auf der anderen Seite gibt es *die Aktiven,* in der ASEAN vertreten durch Singapur. Andere Länder dieser Gruppe sind Australien, die USA und Südkorea. Diese Länder machen Druck. Sie lesen das „C" am Ende von APEC gern als Anfangsbuchstaben von „Community".

Schließlich gibt es die *Abwartenden,* vor allem Japan und China. Andererseits ist Japan seit den Anfängen der APEC die treibende Kraft, wo es um die pragmatische Entwicklung der APEC geht. Es war Japan, das dafür sorgte, daß schon in Canberra „Richtungen der Zusammenarbeit" als Grundlage für die Entwicklung eines Arbeitsprogramms und die Formulierung einer Vielzahl von konkreten Aktivitäten bzw. Projekten identifiziert wurden. Und es war der Erfolg dieser Initiative, der später die Einrichtung eines APEC-Sekretariats in Singapur notwendig machte: Auch der pragmatische Weg führt zu Strukturen. Für politische Beschlüsse ist immer noch Zeit. Bis dahin wird man wissen, wozu APEC nütze ist.

Einstweilen ist die Mehrheit der ASEAN-Länder geneigt, dieser unausgesprochenen Vorstellung Japans zu folgen, dies umso mehr, als ein anhaltendes Drängen auf Institutionalisierung die Furcht vor einer Instrumentalisierung der APEC zugunsten der Interessen überlegener Länder nicht eben zerstreut hat. „Eile mit Weile" ist ein Prinzip, das sich innerhalb der ASEAN bewährt hat.

3. Ein „informelles Treffen" mit Folgen

Die Konferenz der Finanzminister der APEC-Mitglieder fand am 18./19. März in Honolulu statt. Als die USA auf dem APEC-Treffen von Seattle zu dieser Konferenz einluden, begründeten sie, dieses Forum ermögliche den Finanzministern einen Gedankenaustausch „auf informeller Basis". Indessen enthielt ein früher Vorschlag für die Tagesordnung den Punkt: Aufwertung des APEC-Finanzministerforums zu einer regulären Einrichtung bzw. Bildung eines „Asia Pacific Financial & Economic Policy Committee" zur Koordinierung der Finanz- und Wirtschaftspolitik in der Region.

Offenbar hoffte man, daß das erste „informelle" Treffen der Finanzminister die Institution des Finanzministertreffens gebären werde, so wie die Konferenz von Canberra die APEC gebar. Natürlich merkten die Gegner einer Institutionalisierung der APEC, was hier gespielt werden sollte, und bereiteten sich entsprechend vor, zumal der Vorschlag der USA noch weitere besorgniserregende Punkte enthielt, jedenfalls aus der Sicht maßgeblicher ASEAN-Länder.

Nun hatte der Themenkatalog der Gastgeber nicht nur in der ASEAN, sondern auch bei anderen Mitgliedern der APEC Bedenken bzw. auch Befürchtungen geweckt und Reaktionen hervorgerufen, die dazu führten, daß die USA ihre Tagesordnung immer mehr entschärften. Was übrigblieb, schien Besorgnisse nicht mehr zu rechtfertigen. Dennoch lassen die Beschlüsse von Honolulu – genauer betrachtet – erkennen, daß die USA ein weiteres Mal gewonnen haben.

Der erste Themenkatalog der USA enthielt folgende Punkte:

1. Strategien für eine anhaltende Entwicklung in der Region ohne nennenswerte Inflation
2. Liberalisierung des Finanzdienstleistungswesens in den Ländern der Region
3. Bildung eines „Asia Pacific Financial and Economic Policy Committee" zur Abstimmung der Finanz- und Wirtschaftspolitik

4. Finanzierung von Infrastrukturentwicklung
5. Entwicklung der Kapitalmärkte.

Wie häufig, bot der erste Punkt wenig Zündstoff. Dementsprechend blieb er bis zum Schluß auf der Tagesordnung, Kurztitel „Wirtschaftswachstum". Dagegen gab es, was den zweiten, dritten und vierten Punkt anging, massiven Widerstand.

Bei der Liberalisierung des Finanzdienstleistungswesens und der Finanzierung von Infrastrukturentwicklung ging es den USA zweifellos (auch) darum, den eigenen Finanzdienstleistungsunternehmen neue Möglichkeiten in der Region zu eröffnen. US-Finanzminister Lloyd Bentsen hat deutlich gemacht, daß er

– den Zugang der Amerikaner zu den „financial services markets" vor allem von Japan und China, aber auch von Südkorea und Thailand, und
– die „Steigerung der Wertschätzung ausländischer Investitionen„ zur Finanzierung der Infrastrukturentwicklung in der Region will. Der Bedarf für die Infrastrukturentwicklung allein liegt bei insgesamt 1 Billion US-Dollar.

Die Reaktionen der hier vor allem betroffenen Partner in der Region signalisierten Einsicht in die Notwendigkeit (z.B. der Liberalisierung ihrer Finanzmärkte) verbunden mit der Bitte um Rücksicht auf die jeweilige Kraft der Volkswirtschaften. Ein zu rasches Tempo würde die Stabilität gefährden, die eigenen Unternehmen zur Beute der stärkeren aus dem Ausland machen.

Die Folge solcher Reaktionen war, daß neu formuliert wurde. Nun lauten die Themen (etwa) wie folgt:
(Zu Punkt 2.) „Die Auswirkung des Zustroms von ausländischem Kapital auf die Finanzmärkte der APEC-Mitglieder" oder „Wie ist zu verhindern, daß der Zustrom ausländischen Kapitals die Finanzmärkte der APEC-Länder destabilisiert?"
(Zu Punkt 4:) „How to raise money to build and improve infrastructure?" oder „Wie die Entwicklungsländer unter den APEC-Mitgliedern ihre Infrastruktur durch technische Hilfe von seiten der entwickelten Mitglieder verbessern können".

Ebenfalls kurz vor der Konferenz berichtete eine Nachrichtenagentur, Finanzminister Bentsen habe gesagt, die USA wollen, daß die Entwicklungsländer Asiens ihre Finanzmärkte für den ausländischen Wettbewerb öffnen, aber sie sind bereit, ihnen dafür Zeit zu geben. [Diese Erklärung ist gemeint, wenn später vom „go-slow approach" der USA die Rede ist.] Andererseits zeigt der Umstand, daß der US-Senat am 17. März einen Gesetzentwurf mit dem Titel „Fair Trade in Financial Services" verabschiedete, wie ernst es den USA damit ist, ausländische Finanzmärkte „aufzuhebeln". Der Gesetzentwurf bevollmächtigt die Regierung, die Aktivitäten ausländischer Unternehmen in den USA einzuschränken, wenn sie meint, deren Mutterländer blockierten den Zugang amerikanischer Kreditinstitute zu ihren Märkten.

Die Vorbereitungen der ASEAN-Länder fanden ihren Abschluß in einem Arbeitsessen am Abend des 17. März, zu dem Thailands Finanzminister Tarrin seine ASEAN-Kollegen gebeten hatte, um – wie verabredet – eine gemeinsame Haltung zu den Fragen der Tagesordnung herbeizuführen und sich ggf. auf eine gemeinsame Strategie zu einigen. Ergebnisse:

- Regelmäßige Finanzministertreffen innerhalb der APEC könnten nützlich sein für den „Meinungsaustausch" über makroökonomische Bedingungen und zur gegenseitigen Information über die eigenen finanz- und wirtschaftspolitischen Strategien. Es ist jedoch fraglich, ob diese Finanzministertreffen „alljährlich" stattfinden sollten. Auf jeden Fall soll so ein Treffen im nächsten Jahr stattfinden.
- Die Bildung eines „permanent committee on finance" und andere institutionalisierte Treffen zu Finanzfragen werden einhellig abgelehnt.

Es wird von seiten des ASEAN darauf hingewiesen, daß die APEC-Minister schon in Seattle beschlossen hätten, das „Adhoc-Committee on Economic Trends Issues" in ein „Permanent Committee on Economic Trends Issues" umzuwandeln. Damit gebe es bereits ein reguläres Forum, wo die APEC-Beamten ihre Gedanken über finanz- und wirtschaftspolitische Fragen austauschen können.

Das Ergebnis von Honolulu steht in einer dreiseitigen Erklärung. Dazu gehören die folgenden fünf sogenannten Prinzipien. Man will

- eine gesunde Haushalts- und Zinspolitik verfolgen, um die Inflation einzudämmen,
- die Zunahme von Handels- und Investitionsbeziehungen fördern,
- weiterhin auf den privaten Sektor als dem Hauptwachstumsmotor vertrauen,
- die Kapitalmärkte weiter entwickeln und
- sich stärker darum bemühen, Finanzierung von außen anzuziehen und zu nutzen.

Des weiteren einigte man sich auf einige unverbindliche „Aktionspläne" zur Mobilisierung des Kapitals für notwendige Infrastrukturentwicklung. So soll

- der Internationale Währungsfonds (IWF) gebeten werden, eine Studie über grenzüberschreitende Portfolio(investitions)-Ströme in die und innerhalb der APEC-Region zu erstellen, auf der Grundlage der bei der Weltbank, der IFC und der ADB vorhandenen Daten,
- die Asiatische Entwicklungsbank (ADB) gebeten werden, ein Symposium über Fragen und Probleme der Infrastrukturfinanzierung unter besonderer Berücksichtigung der Rolle des privaten Sektors zu veranstalten.

Keineswegs unverbindlich war der Beschluß, daß nicht nur einschlägige Behörden, sondern auch Experten des privaten Sektors Kontakt halten, d.h. häufiger zusammenkommen sollen, um Fragen von gemeinsamem Interesse (im Sinne einer Harmonisierung) zu diskutieren: etwa die Chefs der Börsenaufsichtsbehörden der Region zur Diskussion von Aufsichts- und Ordnungsfragen, oder die führenden Köpfe des privaten Finanzsektors zur Erörterung von Fragen der Kapitalmarktentwicklung. Dem entspricht, daß vor dem nächsten Treffen der Finanzminister (1995 in Indonesien) nicht nur ihre Staatssekretäre und ihre Stellvertreter, sondern auch die Zentralbankgouverneure und Vertreter der Börsenaufsichtsbehörden zusammenkommen und das Ministertreffen vorbereiten sollen.

Die USA hatten noch vor der Konferenz auf ihren Vorschlag, einen finanz- und wirtschaftspolitischen Ausschuß zu gründen, verzichtet. Und die ASEAN hatte durchgesetzt, daß die Finanzminister sich vorläufig nur noch einmal, 1995 in Indonesien, treffen sollten. Aber wenn dieses Treffen derart gründlich vorbereitet wird, muß es sich mit wesentlichen Fragen beschäftigen und den Status quo verändernde Beschlüsse fassen. Danach wird es schwer sein, auf das wiederum nächste Treffen zu verzichten, da nun einmal ein Prozeß in Gang gekommen ist, der der Beobachtung und Lenkung bedarf. Auch wenn es die Institution der Finanzministerkonferenz noch nicht gibt, so sind doch die Weichen dafür gestellt, daß es sie demnächst geben wird.

Neu ist auch die Einbeziehung des privaten Sektors in die APEC. Auch hier sollen die Kontakte ausgebaut, regularisiert werden. Geschäftsleute tun so etwas nur, wenn es nützlich ist. Es ist vorgesehen, daß die aus solchen Kontakten hervorgehenden Erkenntnisse in die Beratungen auf Ministerebene einfließen, das setzt aber voraus, daß solche Minister-Beratungen stattfinden, und verstärkt den Druck zur Institutionalisierung. Davon abgesehen werden die Privaten aber auch im Hinblick auf die eigenen Unternehmen und deren Politik profitieren. Auch das liegt im besonderen Interesse der US-Regierung, denn mit ihrer APEC-Politik verfolgt sie nicht nur das Ziel der Anbindung der USA an den zukunftsträchtigen Aufschwung in Asien, sondern auch das Ziel, die eigene Business Community zum Engagement in der Region zu mobilisieren.

– ORIENT –

Thomas Koszinowski
Der Bürgerkrieg im Jemen

1. Das Scheitern der Aussöhnung

Die Vereinigung des Jemen am 22. Mai 1990 fand die Zustimmung der breiten Mehrheit des jemenitischen Volkes. Sie kam allerdings nicht durch einen Volksentscheid zustande, sondern durch eine Übereinkunft zwischen den beiden alleinherrschenden Parteien, dem Allgemeinen Volkskongreß (AVK) unter Führung von Präsident Ali Abdallah Salih im Norden und der Jemenitischen Sozialistischen Partei (JSP) unter ihrem Generalsekretär Ali Salim al-Baid im Süden. Beide Seiten versprachen sich von diesem Schritt eine Stärkung ihrer Position. Für die Führung des Südjemen war dies wahrscheinlich der einzige Ausweg aus der politischen und wirtschaftlichen Krise, in der sich das Land seit dem Zusammenbruch der Sowjetunion, von der das Land abhängig war, befand. Beide Parteien vertraten unterschiedliche politische, ideologische und wirtschaftliche Ordnungsmodelle. Während die Gesellschaft im Norden noch weitgehend von Stammestraditionen sowie konservativen und islamischen Wertvorstellungen geprägt wurde, orientierte sich der Süden am wissenschaftlichen Sozialismus und betrieb in der Wirtschaftspolitik, in enger Anlehnung an den Ostblock, eine zentralistische Planwirtschaft. Noch vor der Vereinigung verabschiedete sich die JSP von ihrer sozialistischen Ideologie, ohne ihr säkularistisches Gesellschaftssystem aufzugeben.

Im Norden wurden die Mitglieder der JSP trotzdem weiterhin als Atheisten und Kommunisten, d.h. „Ungläubige", abgestempelt. Die islamistischen Kräfte, mit den Muslimbrüdern an der Spitze, führten eine regelrechte Kampagne gegen die JSP. Auf Vertreter der JSP wurden Anschläge verübt, denen zwischen 1990 und 1994 über 100 Personen zum Opfer fielen. Umgekehrt sahen die Vertreter des Südens im Norden eine zurückgebliebene Gesellschaft mit einer korrupten und unfähigen Verwaltung. Die Bevölkerung des Südens, insbesondere Adens, war aufgrund der langen britischen Kolonialherrschaft (1839–1967) gegenüber fremden Einflüssen aufgeschlossener und politisch liberaler als die des Nordens. Dieser grundlegende Gegensatz sowie das daraus resultierende Mißtrauen erschwerten das gegenseitige Verständnis und die Zusammenarbeit zwischen beiden Seiten. Der Süden befand sich eindeutig in der Position des Schwächeren, zum einen wegen der wesentlich geringeren Bevölkerung (ca. 2,3 Mio. gegenüber ca. 11 Mio. im Norden), zum anderen wegen des Bankrotts des politischen und wirtschaftlichen Systems. Präsident Ali Abdallah Salih erhob für sich und den Norden deshalb den Führungsanspruch und erwartete von den Vertretern des Südens, daß sie dies akzeptierten. Während der dreijährigen Übergangsperiode wurde die Macht zwischen beiden Seiten geteilt und Posten in der Regierung paritätisch besetzt.

Mit den Parlamentswahlen vom 27. April 1993, an denen sich 22 Parteien beteiligten, endete die Übergangszeit. Aus den Wahlen ging der AVK als stärkste Partei hervor, gefolgt von der Reform-Partei (RP), einer Allianz zwischen dem konservativen Stammesführer der Hashid-Konföderation, Abdallah Ibn Husain al-Ahmar, und den islamistischen Muslimbrüdern unter Scheich al-Zindani, während die JSP nur auf den dritten Platz gelangte. Damit geriet auch das bisherige Kräftegleichgewicht aus den Fugen. In der neuen Regierung, einer Dreierkoalition aus AVK, RP und JSP, hatten die Vertreter des Nordens und mit ihnen die islamisch-konservativen Kräfte das Übergewicht. AVK und RP hätten auch allein eine Koalition bilden können, aber im Interesse der Einheit des Landes wurde der JSP, die bei den Wahlen im früheren Südjemen mit rund 90 % der Stimmen ihre Position festigen konnte, an der Regierung beteiligt. Es zeigte sich sehr bald, daß eine Zusammenarbeit zwischen den progressiv-säkularistischen Kräften der JSP und den Islamisten der RP kaum möglich war.

Der erste Konflikt entzündete sich an dem Entwurf für die neue Verfassung. Der Forderung der Islamisten in der RP, die Scharia, das islamische Recht, zur alleinigen Quelle der Gesetzgebung zu erheben, widersetzte sich die JSP, die eine allgemeine Islamisierung und die Schwächung ihrer eigenen Position befürchtete. Die Islamisten forderten darüber hinaus die Abschaffung aller Maßnahmen der früheren sozialistischen Regierung in Aden, die gegen islamische Gebote verstießen. Die im Rahmen der Vereinigung erfolgte Angleichung der beiden Rechtssysteme bedeutete für den Süden einen Rückschritt, da nicht das modernere Rechtssystem des Südens, sondern das konservative, islamische des Nordens zur Norm wurde. Dies betraf nicht zuletzt die Lage der Frau, die sich während der sozialistischen Herrschaft spürbar verbessert hatte. Die Frau war dem Mann gleichgestellt worden, und die Vielehe war verboten. Dies änderte sich nun, und Männer durften, wie im Norden, wieder vier Frauen haben.

Aber auch zwischen der JSP und dem AVK bzw. der zentralen Verwaltung, die von Nordjemeniten beherrscht wurde, gab es Probleme. Aufgrund der zentralistischen Strukturen wurden alle wichtigen Entscheidungen in der Hauptstadt Sana gefällt. Das Versprechen der Führung, die ehemalige Hauptstadt des Südens, Aden, zur Wirtschaftshauptstadt zu machen, blieb unerfüllt, da Investitionen ausblieben. Als 1993 im Ölfeld Masila, das im Gebiet des früheren Südjemen liegt, die Ölförderung aufgenommen wurde, hatte man erwartet, daß mit den Einnahmen verstärkt Investitionen in Aden getätigt würden. Statt dessen versickerte das Geld größtenteils durch Korruption in Sana. Hinzu kam, daß im Süden infolge der Öffnung für die nordjemenitischen Händler die Grundnahrungsmittel (wegen Wegfalls der bisherigen Subventionen) immer teurer wurden. Für die Masse der Bevölkerung im früheren Südjemen war die Vereinigung mit erheblichen Nachteilen verbunden.

Da die Führung der JSP einen allmählichen Verlust ihrer Macht befürchtete, versuchte sie, dieser Entwicklung entgegenzusteuern, indem sie für sich ein stärkeres Mitspracherecht bei Entscheidungen über den Süden forderte. Der Generalsekretär der JSP, Ali Salim al-Baid, zugleich Vizepräsident, schlug als Lösung zur Überwindung der Differenzen eine Konföderation vor, was jedoch vom AVK und von der RP abgelehnt wurde. Um die Eigenständigkeit der JSP gegenüber dem AVK zu wahren, widersetzte sich al-Baid auch dem Wunsch Ali Abdallah Salihs vom AVK nach Vereinigung beider Parteien. Während Teile der JSP diese Vereinigung unterstützten, lehnte al-Baid sie ab, weil dadurch vor allem auch seine eigene Position abgewertet worden wäre. Statt dessen schlug er vor, den Vizepräsidenten vom Parlament wählen und nicht vom Präsidenten ernennen zu lassen. Es wurde immer deutlicher, daß es sich bei dem Konflikt letztlich um einen Machtkampf zwischen den beiden Führern, Ali Abdallah Salih aus dem Norden und Ali Salim al-Baid aus dem Süden handelte.

Der schwelende Konflikt wurde vollends offenkundig, als al-Baid von einer Reise in die USA (zur medizinischen Behandlung) nicht nach Sana zurückkehrte, sondern am 19.8.1993 nach Aden ging und damit Sana brüskierte. Zur Begründung gab er an, daß er in Sana wegen der Anschläge auf die Vertreter der JSP seines Lebens nicht mehr sicher sei. Bemühungen, al-Baid zur Änderung seiner Haltung, die das politische Leben und die Wirtschaft des Landes lähmte, aufzugeben, blieben erfolglos. Im September 1993 veröffentlichte al-Baid einen 18-Punkte-Plan, in dem er neue Bedingungen stellte. Im Kern ging es um eine Dezentralisierung der Macht und die Stärkung der Eigenständigkeit des früheren Südjemen gegenüber dem Norden bzw. der Zentralregierung. Zum Jahresende akzeptierten der AVK und Präsident Salih die Forderungen al-Baids, und am 20. Februar 1994 unterzeichneten Salih und al-Baid in Amman in Gegenwart König Hussein von Jordanien ein Abkommen, das den Forderungen der JSP weitgehend entgegenkam.

Tatsächlich änderte sich jedoch wenig, denn al-Baid kehrte nicht, wie erwartet, nach Sana zurück. Vielmehr verstärkten sich die Anzeichen dafür, daß der Konflikt weiter eskalierte. So nahm die Zahl der militärischen Zusammenstöße zwischen Einheiten des Nordens und des Südens zu. Im Rahmen der Maßnahmen zur Vereinigung der beiden Landesteile hatten auch die beiden Armeen vereinigt werden sollen, wozu es jedoch nicht gekommen war. Es waren lediglich einige Einheiten in den jeweils anderen Teil des Jemen verlegt worden. Im Falle eines politischen Konfliktes bestand daher die Gefahr, daß beide Seiten ihr Militär als letztes Mittel einsetzten. Als sich die Krise verschärfte, kam es auch zwischen den nördlichen und südlichen Truppenteilen zu Spannungen und Kämpfen, die das Klima weiter aufheizten. Diese Kämpfe leiteten am 4. Mai die offene militärische Auseinandersetzung zwischen den beiden Armeen ein. Beide Seiten warfen sich gegensetig vor, für den Ausbruch der Kämpfe verantwortlich zu sein. Jedoch deutete manches darauf hin, daß die Initiative im Norden lag. In den vorausgegangenen Kämpfen, bei denen mehrere im Norden stationierte südjemenitische Einheiten vernichtet worden waren, hatte sich der Norden eine günstige Ausgangsposition verschafft und der Süden war militärisch entscheidend geschwächt worden. Auch der schnelle Vorstoß der nordjemenitischen Truppen nach dem 4. Mai ließ den Schluß zu, daß der Norden der Angreifer war. Präsident Ali Abdallah Salih erklärte, daß er entschlossen sei, die Einheit des Jemen mit allen Mitteln zu verteidigen und, da die politischen Verhandlungen gescheitert seien, dies auch mit militärischen Mitteln zu tun. Aufgrund des bevölkerungsmäßigen Übergewichts des Nordens waren die Aussichten des Südens, sich in einem militärischen Konflikt gegenüber dem Norden zu behaupten, von Anfang an gering. Zwar galt die südjemenitische Armee wegen besserer Ausbildung und Disziplin insgesamt als schlagkräftiger als die des Nordens, aber zahlenmäßig war sie dem Norden weit unterlegen, insbesondere in der Zahl der Panzer. Hinzu kam, daß in der Armee des Nordens Anhänger des im Januar 1986 gestürzten früheren südjemenitischen Präsidenten Ali Nasir Muhammad dienten, die sich nicht nur in der Taktik der südjemenitischen Armee auskannten, sondern immer noch an eine Rache für die Niederlage von 1986 dachten. Schließlich gab es einen weiteren Faktor zuungunsten des Südens, nämlich die sogenannten Afghanistan-Kämpfer. Bei ihnen handelte es sich um Anhänger der islamistischen Opposition, die gegen das marxistische Regime gekämpft hatten und das Land verlassen mußten. In Afghanistan hatten sie gegen die sowjetischen Truppen gekämpft und Erfahrungen im Guerilla-Krieg gesammelt. Nach dem Abzug der Sowjetunion kehrten sie in den Jemen zurück, um nun gegen die „Ungläubigen" im eigenen Land zu kämpfen. Sie wurden für die zahlreichen Morde an Mitgliedern der JSP verantwortlich gemacht.

Die erneute Proklamierung der Unabhängigkeit des Südens am 21. Mai durch al-Baid brachte nicht die erhoffte Entlastung, sondern dürfte sich insgesamt für seine Politik nachteilig ausgewirkt haben. Da nicht alle JSP-Mitglieder diesen Schritt unterstützten, kam es beinahe zu einer Spaltung der Partei. Einige Truppenteile liefen zum Norden über. Am 7. Juli war mit der Eroberung Adens und Mukallas, der zweitgrößten Stadt im Süden, der Krieg beendet, und die Einheit des Landes war, wenn auch gewaltsam, wieder hergestellt.

2. *Die Rolle des Auslandes*

Der innerjemenitische Konflikt blieb nicht frei von äußeren Einflüssen. Ohne Einmischung von außen hätten sich die Gegensätze zwischen den beiden Kontrahenten kaum bis zur offenen militärischen Auseinandersetzung und zur erneuten Sezession des Südens entwickelt. Der Jemen hat nur zwei unmittelbare Nachbarn, Saudi-Arabien im Norden und Oman im Osten. Während sich die Beziehungen zu Oman nach dem Abschluß eines Grenzvertrages 1992 günstig entwickelten, waren die zu Riad seit langem durch den Streit über den Grenzverlauf sowie die Erinnerung an die Annexion der drei Provinzen Najran, Asir und Jizan durch Saudi-Arabien im Jahre 1934 belastet. Saudi-Arabien hat der Entwicklung im Jemen immer größte Aufmerksamkeit gewidmet, und die saudische Führung war stets bemüht, die Politik des Jemen im eigenen Interesse zu beeinflussen. Deshalb unterstützte Saudi-Arabien nach der Revolution von 1962 das royalistische Lager gegen die Republikaner. Die Errichtung eines prokommunistischen Regimes im Südjemen nach der Erlangung der Unabhängigkeit (1967), das sich zeitweise die Revolutionierung der gesamten Golfregion zum Ziel gesetzt hatte, wurde in Riad als unmittelbare Bedrohung empfunden. Saudi-Arabien hat kein Interesse an einem starken Jemen, da dessen Bevölkerung insgesamt größer ist als die Saudi-Arabiens. Deshalb verfolgte die saudische Führung den Vereinigungsprozeß, mehr noch aber die Entwicklung eines demokratischen, pluralistischen Systems mit Argwohn.

Hingegen hatte der Nordjemen ein gutes Verhältnis zum Irak. Zahlreiche Offiziere der jemenitischen Armee wurden in Bagdad ausgebildet, unter ihnen General Abdallah al-Sallal, der die Revolution von 1962 anführte. Präsident Salih unterhielt enge Beziehungen zum irakischen Präsidenten Saddam Hussein. Während des irakisch-iranischen Krieges (1980-88) war der Jemen das einzige arabische Land, das den Irak durch die Entsendung eines Truppenkontingents direkt unterstützte. Dem von Saddam Hussein 1989 ins Leben gerufenen Arabischen Kooperationsrat (AKR) gehörte neben dem Irak, Ägypten und Jordanien auch der Jemen an. Da zu dieser Zeit erste Spannungen in den Beziehungen zwischen dem Irak und Saudi-Arabien sowie den anderen Golfstaaten wegen der irakischen Forderungen nach finanzieller Hilfe auftraten, sah man in Riad in der Gründung des AKR den Versuch des Irak, eine arabische Front gegen die Ölstaaten aufzubauen, wobei dem Jemen aufgrund seiner strategisch bedeutsamen Lage am Ausgang des Roten Meeres eine wichtige Rolle zufiel. Angesichts der antisaudischen Propaganda Bagdads während der Zeit vor dem Golfkrieg (1980-88) fürchtete man nun eine Einkreisung durch den Irak und Jordanien im Norden sowie den Jemen im Süden.

Der Überfall des Irak auf Kuwait am 2. August 1990 bestätigte die Befürchtungen Saudi-Arabiens. Während Ägypten und Syrien Saudi-Arabien und den Golfstaaten gegen die irakische Aggression beistanden und eine – wenn auch nur lose – Allianz eingingen, zeigten im Jemen Präsident Salih und die Mehrheit der Bevölkerung offene Sympathien für Saddam Hussein und seine Politik. Da der Jemen zu dieser Zeit als einziges arabisches Land im UNO-Sicherheitsrat vertreten war und vom 1.12.1990 an auch den Vorsitz innehatte, mußte er bei jeder UNO-Abstimmung über den Irak seine Haltung in aller Öffentlichkeit offenlegen. Bei den Abstimmungen des UNO-Sicherheitsrates über die Resolutionen betreffend den Irak enthielt sich der Jemen fünfmal der Stimme und stimmte sechsmal zu. Die wichtige Resolution Nr. 678 vom 19.11. 1990, in der der Irak ultimativ zum Abzug bis zum 15.1. 1991 aufgefordert wurde, andernfalls die Alliierten mit dem Angriff beginnen würden, lehnte er ab. Saudi-Arabien reagierte umgehend, indem es im September 1990 den jemenitischen Gastarbeitern, deren Zahl auf über eine Million geschätzt wurde, ihren Sonderstatus (Einreise und Arbeitserlaubnis ohne Visum und Sondergenehmigung) entzog. Über 800 000 Jemeniten waren zur Rückkehr in ihre Heimat gezwungen. Dadurch wurde die in Folge der Vereinigung ohnehin kritische Wirtschaftslage weiter verschärft, denn der Jemen verlor nun die wichtigen Devisenüberweisungen der Gastarbeiter. Im Jemen wurde offen die Vermutung ausgesprochen, daß dieser Schritt, den man als ungerechtfertigt und unverhältnismäßig empfand, auf die Destabilisierung des Jemen nach der Vereinigung zielte und daß die politische Haltung des Jemen im Golfkrieg, die in Sana offiziell als neutral bezeichnet wurde, nur der äußere Anlaß für eine schon länger geplante Maßnahme war.

Nach dem Ende des Golfkonfliktes um Kuwait blieben die Beziehungen zwischen Sana und Riad belastet. Saudi-Arabien zeigte keine Bereitschaft zum Einlenken und provozierte neue Spannungen, indem es Anspruch auf jemenitisches Territorium erhob, in denen größere Ölvorkommen gefunden worden waren. Riad wollte damit offensichtlich auch auf die laufenden Grenzverhandlungen Einfluß nehmen. Im Jemen erhielten dadurch die anti-saudischen Gefühle weiteren Auftrieb. Der innerjemenitische Konflikt zwischen den Vertretern der JSP im Süden und des AVK und der RP im Norden bot Saudi-Arabien erneut Gelegenheit, die politische Entwicklung im Jemen zu beeinflussen. Nach Überzeugung der nordjemenitischen Führung haben Saudi-Arabien und andere Golfstaaten (Kuwait, die VAE) die Bestrebungen der JSP nach Dezentralisierung und später die Sezession des Südens unterstützt und al-Baid in seiner Haltung bestärkt. Ohne Rückenstärkung durch Saudi-Arabien, so die Meinung in Sana, hätte al-Baid seine Politik nicht so lange durchhalten können. Die zahlreichen Besuche führender Mitglieder der JSP einschließlich al-Baids in Saudi-Arabien und anderen Golfstaaten galten hierfür als Indiz.

Saudi-Arabien konnte seine politischen Ziele im Jemen jedoch nicht allein erreichen, sondern brauchte die Unterstützung anderer Staaten. In erster Linie kam hierfür Ägypten in Frage. Zwar zeigte der ägyptische Präsident Mubarak starkes Interesse am politischen Geschehen im Jemen – zum einen wegen der von ihm für Ägypten beanspruchten Führungsrolle in der arabischen Welt, zum anderen aufgrund der besonderen Beziehungen Ägyptens zum Jemen – aber er machte von Anfang an klar, daß Ägypten unter keinen Umständen Truppen in den Jemen schicken würde. Damit verringerten sich die Aussichten auf eine direkte Unterstützung anderer arabischer Staaten für den Süden. Mubarak verurteilte den Versuch Salihs, die Einheit mit militärischen Mitteln durchzusetzen, offensichtlich in Übereinstimmung mit der saudischen Politik. Ohne direkte militärische Unterstützung von außen aber hatte der Süden gegenüber dem zahlenmäßig überlegenen Norden kaum Chancen.

Die offizielle Loslösung des Südens durch die Proklamation der „Demokratischen Republik Jemen" am 21. Mai 1994 sollte es den mit dem Süden sympathisierenden Staaten, vor allem Saudi-Arabien, erleichtern, den Südjemen als eigenständigen Staat anzuerkennen, um ihm dann direkte Hilfe zukommen zu lassen. Innerhalb des Golfkooperationsrates (GKR), dem neben Saudi-Arabien Kuwait, Bahrain, Katar, die VAE und Oman angehören, konnte man sich jedoch nicht zu einer eindeutigen Haltung durchringen. Auf der Sitzung der Außenminister am 5. Juni nahm man zwar ausdrücklich die Existenz der „Demokratischen Republik Jemen" zur Kenntnis, zu einer offiziellen diplomatischen Anerkennung des Südjemen kam es jedoch nicht. Im Schlußkommuniqé wurde ein solcher Schritt aber für den Fall angekündigt, daß der Norden den wiederholten Aufrufen zum Waffenstillstand nicht Folge leisten würde. Im GKR herrschte keineswegs Einmütigkeit. Katar, mit dem Saudi-Arabien sich ebenfalls in einem Grenzkonflikt befand, enthielt sich der Stimme. Auch in Ägypten, Syrien und den GKR-Staaten konnte man sich nicht zu einer offiziellen Anerkennung des Südjemen entschließen. Vor allem Syrien, das für sich die Rolle eines Vorreiters der arabischen Einheit beansprucht, scheute sich, die Sezession des Südens zu unterstützen. Die Proklamation der Unabhängigkeit des Südens erwies sich für al-Baid als wenig hilfreich und führte in eine Sackgasse.

Entscheidend war letztlich, wie sich die USA verhielten. Von Anfang an bemühte sich die US-Regierung um eine friedliche Beilegung des Konfliktes und verurteilte die Versuche des Nordens, die Einheit des Jemen mit Waffengewalt zu sichern bzw. wieder herzustellen. Die USA hielten grundsätzlich an der Einheit des Jemen fest. Nach den negativen Erfahrungen in Somalia bestand in den USA auch keinerlei Interesse an einer neuerlichen Intervention in einem Land der Dritten Welt. Die US-Regierung war – anders als im Irak – auch nicht gewillt, den Nordjemen durch politische oder wirtschaftliche Sanktionen zur Einhaltung der UNO-Beschlüsse Nr. 924 vom 1.6. 1994 und Nr. 931 vom 30.6. 1993 zu zwingen. Dies ermöglichte es dem Norden, die militärische Eroberung des Südens systematisch voranzutreiben und schließlich erfolgreich abzuschließen. Beide Kriegsparteien warfen sich gegenseitig vor, für den Bruch der Waffenstillstandsvereinbarungen verantwortlich zu sein. Offensichtlich war, daß der Norden kein Interesse an einem Waffenstillstand haben konnte, da er den Süden militärisch erobern wollte, und daß der Süden den Vormarsch des Nordens stoppen wollte und deshalb an die Weltöffentlichkeit appellierte, der Politik des Nordens durch die Entsendung von UNO-Truppen Einhalt zu gebieten. Die Führung in Sana verhielt sich gegenüber der UNO äußerst geschickt, indem sie ihre Bereitschaft zur Einhaltung des Waffenstillstandes und zu Verhandlungen beteuerte, sich tatsächlich aber gleichzeitig über alle Beschlüsse hinwegsetzte, bis sie ihr Ziel, die militärische Unterwerfung des Südens, erreicht hatte.

Der Sieg des Nordens hat die Position Präsident Ali Abdallah Salihs und seine Autorität im Lande erheblich gestärkt. Die weitere Entwicklung im Jemen wird davon abhängen, inwieweit es

Salih gelingt, die durch die Eroberung und Plünderung Adens gedemütigten politischen Kräfte des Südens zu versöhnen und das Land wirtschaftlich aufzubauen. Hierbei bedarf er der Unterstützung von außen. Saudi-Arabien und die GKR-Staaten haben im Süden eine deutliche Niederlage erlitten. Ein weiterer Boykott des Jemen durch die GKR-Staaten als Strafe für seine proirakische Haltung im Golfkrieg birgt die Gefahr in sich, daß der Jemen noch stärker an die Seite der radikalen islamistischen Staaten in der Region – Iran, Sudan, Irak – gedrängt wird, was nicht in ihrem Interesse liegen kann.

– AFRIKA –

Rolf Hofmeier
Friedensbemühungen und regionale Kooperation

Angesichts anhaltender und auch neu entfachter kriegerischer Konflikte in einer größeren Zahl afrikanischer Länder wurde 1993/94 die weitgehende Ohnmacht der internationalen Staatengemeinschaft erneut offensichtlich. Weder die UNO noch die OAU oder subregionale Organisationen/Staatengruppierungen konnten in entscheidender Weise zur Beilegung bewaffneter Konflikte beitragen. Nach dem überwiegend als blamablen Fehlschlag empfundenen UNO-Blauhelmeinsatz in Somalia gab es zunächst nur wenig Bereitschaft zu einem neuerlichen Engagement in Ruanda, wo im April 1994 eine schier unfaßbare Mord- und Flüchtlingswelle in Gang gesetzt worden war.

1. Die Organisation der Afrikanischen Einheit (OAU)

Die 30. OAU-Gipfelkonferenz, die vom 13.–15. Juni 1994 in Tunis stattfand, konnte zwar eine Rekordbeteiligung von 42 Staats- und Regierungschefs verbuchen, fand aber – auch in Afrika selbst – nur wenig Aufmerksamkeit. Nach Kairo 1993 fand der Gipfel zum zweiten Mal in Nordafrika statt. Von der vielfach erwarteten Neubelebung der afro-arabischen Kooperation war dennoch kaum etwas zu spüren. Mit Félix Houphouet-Boigny, dem greisen Präsidenten der Côte d'Ivoire (Elfenbeinküste), starb im Dezember 1993 der letzte der OAU-Gründungsväter, so daß die Präsidenten Eyadema (Togo) und Mobutu (Zaire) zu dienstältesten Staatsoberhäuptern der OAU avancierten. Nach einigen Jahren der Isolation erfuhren diese beiden Diktatoren eine etwas unvermutete Aufwertung als Vermittler im Grenzkonflikt zwischen Kamerun und Nigeria (Eyadema) bzw. beim Versuch einer regionalen Lösungsvermittlung für den Ruanda-Konflikt (Mobutu).

Die zentrale Aufmerksamkeit des Gipfels galt dem Auftritt Nelson Mandelas als frischgewähltem Präsidenten Südafrikas, das am 25. Mai (Gründungstag der OAU) formell als 53. Mitgliedstaat aufgenommen wurde. Mandela wurde als Heilsgestalt und Symbol für positive und friedliche Entwicklungen in Afrika gefeiert, warnte aber selbst vor allzu überzogenen Erwartungen bezüglich seiner Person und der zukünftigen Rolle Südafrikas bei gesamtafrikanischen Angelegenheiten. In finanzieller Hinsicht war auch durch den substantiellen Mitgliedsbeitrag Südafrikas keine umfassende Lösung der anhaltend prekären Finanzlage – Folge hoher ausstehender Beitragszahlungen vieler Mitglieder – in Sicht. Formell aufgelöst wurde das bereits 1963 geschaffene OAU-Befreiungskomitee mit Sitz in Dar-es-Salaam (Tanzania), dessen Aufgabe der Unterstützung des politischen Befreiungskampfes nach der Erreichung der staatlichen Unabhängigkeit aller ehemaligen Kolonien und nach dem Wandel in Südafrika als vollendet angesehen werden konnte. Seit der Gründung der OAU hatte die Solidarität im Kampf gegen die Apartheid ein wesentliches gemeinsames Bindeglied der ansonsten sehr heterogenen Mitglieder dargestellt.

Der PLO-Vorsitzende Yassir Arafat, der in der Vergangenheit zwecks Mobilisierung afrikanischer Solidarität für die palästinensische Sache regelmäßig an OAU-Gipfeln teilgenommen hatte und dessen Hauptquartier sich bisher in Tunis befand, nutzte die Gelegenheit zu einem Auftritt vor der OAU nach der Friedensvereinbarung mit Israel. Noch immer keinen Fortschritt gab es im Dauerkonflikt um die Westsahara, der Marokko 1984 zum Austritt aus der OAU bewogen hatte. Auch Tunesiens Diplomatie konnte im Vorfeld des Gipfels keine Annäherung mit Marokko herbeiführen, da an der Teilnahme der „Demokratischen Arabischen Republik Sahara" als OAU-Mitglied nicht zu rütteln war und Marokko sich energisch jede Beteiligung der OAU an den sich immer wieder verzögernden Bemühungen der UNO für die Abhaltung eines Referendums in der Westsahara verbat.

Nur wenig Aufmerksamkeit erfuhr die Tatsache, daß der beim OAU-Gipfel 1991 in Abuja (Nigeria) unterzeichnete Vertrag über die Schaffung einer Afrikanischen Wirtschaftsgemeinschaft AEC (African Economic Community) nach zwischenzeitlicher Ratifizierung durch zwei Drittel der Mitgliedstaaten nunmehr endlich in Kraft treten konnte. In einem sechsstufigen Verfahren soll nach maximal 34 Jahren die Endstufe einer voll ausgebildeten afrikanischen Wirtschaftsgemeinschaft erreicht werden.

In Tunis übergab Ägyptens Präsident Hosni Mubarak, der in seiner Amtsperiode keine herausragenden Initiativen entwickelt hatte, den OAU-Vorsitz turnusmäßig an Tunesiens Präsidenten Zine El Abidine Ben Ali. Der nächste Gipfel soll, nach vier Jahren der Rotation, 1995 wieder in Addis Abeba stattfinden.

Rund zwei Monate nach Beginn der Massentötungen in Ruanda bildeten die dortigen Ereignisse den Hintergrund für eher hilflose Diskussionen über die Möglichkeiten der Kriseneindämmung und Konfliktregulierung. Trotz ihrer höchst umstrittenen Rolle wurde die ruandische Interimsregierung als legitime Vertreterin des Landes akzeptiert, während die Rebellen der FPR (Front Patriotique Rwandais) ihre Positionen nur informell und in den Kulissen vorbringen konnten. Die beim vorjährigen OAU-Gipfel in Kairo beschlossene Einrichtung eines „Mechanismus für die Lösung von Konflikten" war zwischenzeitlich bei einer Außenministerkonferenz Mitte November 1993 in Addis Abeba sowie bei einem Mini-Gipfel am 7. Dezember in Kairo weiter konkretisiert worden, u. a. durch die Zuweisung von 5% des OAU-Haushalts in einen Friedensfonds. In Tunis erfolgte erstmals die Wahl von elf Staaten in das zentrale Organ des neu geschaffenen „Mechanismus", dessen praktische Arbeit allerdings weitgehend beim gestärkten OAU-Generalsekretär und seinem Stab liegen soll. Der „Mechanismus" soll zur präventiven Verhinderung (bzw. Deeskalation) von in Entstehung befindlichen Konflikten bei – u. a. auch durch den Einsatz militärischer und/oder ziviler Beobachtermissionen – beitragen. Allerdings sollen auch weiterhin die Grundprinzipien der OAU-Charta (Souveränität aller Mitgliedstaaten, Nichteinmischung in innere Angelegenheiten, Unantastbarkeit der staatlichen Grenzen) Anwendung finden. Diese selbst auferlegten politischen Einschränkungen machen das ganze Dilemma der OAU deutlich, die nach wie vor eine locker institutionalisierte Konferenz einzelner Staaten mit divergierenden Interessen ist. So blieb es auch in Tunis sowohl in bezug auf Ruanda wie auf alle anderen Konflikte wieder bei üblicher Konferenzrhetorik und sorgfältig abgestimmten Resolutionen und Friedensappellen.

2. Aktuelle Konflikte

Die weitaus größte internationale Aufmerksamkeit hatte 1993 die Intervention der UNO-Blauhelme in Somalia (UNOSOM II) auf sich gezogen, die sich aber bald heillos sowohl in die für Außenstehende nahezu undurchschaubaren Komplexitäten der innersomalischen Clanauseinandersetzungen wie in Streit über die einzuschlagende politische und militärische Strategie zwischen UNO-Kompetenzen und einzelnen beteiligten nationalen Kontingenten (insbesondere Italien und USA) verstrickte. Der ursprüngliche humanitäre Anlaß, nämlich die Sicherstellung der Nahrungsmittelversorgung der Zivilbevölkerung und die Beendigung der Hungerkatastrophe, wurde zwar erreicht, ansonsten aber stellte sich die gesamte UNO-Aktion wegen fehlender strategischer Perspektiven zunehmend als Fehlschlag heraus. Dies führte zu einer Neubewertung des Somalia-Engagements und im Herbst 1993 zum Beschluß aller westlichen Industrieländer, ihre Truppenkontingente bis Ende März 1994 aus Somalia abzuziehen. Danach ließ auch die Medienaufmerksamkeit schlagartig nach. Im Rahmen von UNOSOM II verblieben jedoch rund 20 000 Blauhelmsoldaten aus verschiedenen Ländern der Dritten Welt weiter in Somalia, deren Mandat im Juni 1994 zunächst um weitere vier Monate verlängert wurde. Eine im März 1994 unter UNO-Schirmherrschaft in Nairobi abgehaltene Versöhnungskonferenz somalischer Konfliktgruppen gab zwar vorübergehend Anlaß zu Hoffnungen. Doch schon bald stellte sich heraus, daß die Situation weiterhin völlig fragil und keine tragfähige Basis für einen innersomalischen Friedensschluß gegeben war. Weder die UNO noch gar die OAU oder die unmittelbaren Nachbarländer hatten einen Einfluß auf den Ablauf der somalischen Machtkämpfe nehmen können.

Demgegenüber hatte es in Ruanda zunächst so ausgesehen, als ob in dem seit Oktober 1990 schwelenden bestimmenden Bürgerkrieg eine äußere Konfliktvermittlung erfolgreich sein könnte. Das nach mehrfachen Verzögerungen schließlich am 4. August 1993 unterzeichnete Friedensabkommen von Arusha zwischen Regierung und FPR war nicht zuletzt durch die Einflußnahme der OAU und der als Vermittler wirkenden Regierung Tanzanias zustandegekommen. Daraufhin erfolgte ab November die Entsendung von insgesamt 2500 Blauhelmsoldaten im Rahmen von UNAMIR nach Ruanda. Doch die in Arusha vereinbarte Einsetzung einer gemeinsamen Übergangsregierung verzögerte sich wegen taktischer Machtkämpfe der ruandischen Parteien immer mehr; auch kam es wieder zu Kampfhandlungen zwischen Regierungstruppen und FPR. Dennoch kam für die internationale Öffentlichkeit der Ausbruch der Massaker, die den Charakter von Völkermord annahmen, nach dem Flugzeugabsturz des Präsidenten Juvénal Habyarimana am 6. April 1994 völlig überraschend. Medienaufmerksamkeit erhielten zunächst die Evakuierungsaktionen für die im Lande befindlichen Ausländer. Wegen ihres eng begrenzten Mandats konnten die UNAMIR-Truppen keinen aktiven Einfluß auf eine Eindämmung der sich rasch ausbreitenden Kampfhandlungen und des allgemeinen Terrors nehmen. Noch unter dem Eindruck des Somaliafehlschlags beschloß der UNO-Sicherheitsrat eine sofortige Reduzierung von UNAMIR auf 250 reine Beobachter. Zu diesem Zeitpunkt gab es bei der UNO und den wichtigsten sie tragenden Mitgliedsländern keine Bereitschaft zu einem Eingreifen. Dabei hätte eine schnelle Ausweitung der Blauhelmpräsenz mit einem robusten Mandat (entsprechend der vom UNO-Generalsekretär seit längerem geforderten ständigen Verfügbarkeit von Truppenkontingenten für solche Aufgaben), die Massaker merklich eindämmen können. Erst nach wachsendem Erschrecken über die internationale Untätigkeit beschloß der UNO-Sicherheitsrat dann am 16. Mai 1994 einen neuen Blauhelmeinsatz (UNAMIR II) in einer Stärke von 5500 Mann. Mehrere afrikanische Staaten boten hierfür den Einsatz von Soldaten an, sofern Finanzierung, Materialausstattung und Logistik von der UNO (bzw. von dafür geeigneten und bereiten Industrieländern) übernommen würden. Es stellte sich aber bald heraus, daß die internationale Unterstützung hierfür allenfalls lauwarm war und sich das Eintreffen neuer UNO-Blauhelme erheblich verzögerte bzw. terminlich gar nicht festlegen ließ, während Massenmord und Totschlag in Ruanda ihren Lauf nahmen. Daraufhin preschte Frankreich einseitig vor und ließ sich trotz weit verbreiteter Skepsis und Zweifel am 22. Juni 1994 vom UNO-Sicherheitsrat eine humanitär begründete militärische Intervention legitimieren, die zunächst bis Ende Juli, also bis zum Eintreffen der UNO-Blauhelme, begrenzt sein sollte. Angesichts der langjährigen politischen und militärischen Unterstützung Frankreichs für das Regime von Habyarimana wurde diese Aktion von vielen Beobachtern als ausgesprochen zynisch und als Ausfluß klassischer französischer Machtpolitik in Afrika angesehen. Die FPR protestierte massiv gegen den französischen Militäreinsatz, der sich faktisch einer weiteren Eroberung der westlichen Landesteile durch die vordringenden FPR-Einheiten in den Weg stellte. Zaires Präsident Mobutu erhielt lediglich das Mandat der OAU, sich um eine regionale Vermittlungslösung unter Einbindung aller unmittelbaren Nachbarländer zu bemühen. Zur Jahresmitte 1994 war noch völlig unklar, welche Weiterungen die französische Militärpräsenz nach sich ziehen würde, wann und in welchem Rahmen mit UNO-Blauhelmen zu rechnen ist und wie eine Neuordnung Ruandas angegangen werden könnte.

Potentiell gleichermaßen konfliktbeladen war und ist die Situation im Nachbarland Burundi. Der friedliche Machtwechsel nach den Präsidentschafts- und Parlamentswahlen vom Juni 1993 mit Siegen von Vertretern des Mehrheitsvolkes der Hutu gegen die bis dahin dominierenden Tutsi schien zunächst ein exemplarischer Beleg für eine mit Augenmaß „von oben" gesteuerte Demokratisierung zu sein. Ein dauerhafter Erfolg dieses

Wandels wäre tatsächlich fast einem Wunder gleichgekommen. Ein Putsch von Teilen der Armee am 21. Oktober 1993 mit der Ermordung des Präsidenten Ndadaye und anderer führender Politiker brachte derartige Illusionen zu einem jähen Ende. Zwar scheiterte der Putsch, doch die wiederbelebte ethnische Polarisierung führte zu zigtausenden von Toten und noch mehr Flüchtlingen. Blutige Abrechnungen und „ethnische Säuberungen" von verschiedenen Wohngebieten wurden in der Folgezeit zur unheimlichen, aber außerhalb des Landes praktisch nicht zur Kenntnis genommenen Routine. Ein Beschluß vom November zur Entsendung einer militärischen OAU-Beobachtermission wurde nach Protesten von Tutsi-Gruppen und nach Installierung einer neuen Regierung im Februar 1994 wieder zurückgenommen. Nach dem Ausbruch der Massaker in Ruanda und dem Tod des von dem Flugzeugabsturz ebenfalls betroffenen neuen burundischen Präsidenten kam es zwar zu keiner Eruption wie in dem Nachbarland, doch gleicht die Situation weiterhin einem leicht entzündbaren Pulverfaß.

Ein Ende des seit 1983 anhaltenden Bürgerkrieges im Süden des Sudan war auch weiterhin nicht in Sicht. Trotz verschiedener von afrikanischer Seite unternommener Vermittlungsinitiativen (so im April/Mai 1993 in Abuja/Nigeria und im März 1994 in Nairobi unter der Ägide der ostafrikanischen Regionalorganisation IGADD) kam es zu keinem erfolgversprechenden Durchbruch. Eine massive militärische Offensive der Regierungstruppen Anfang 1994 brachte zwar beträchtliche Geländegewinne und löste neue große Flüchtlingsbewegungen aus, konnte aber auch keinen – ohnehin illusorischen – militärischen Sieg erzwingen. Die Spaltung der SPLA-Rebellen in zwei Flügel, die sich aktiv bekämpften, hielt unvermindert an und erleichterte der von islamistischen Kräften dominierten Khartoumer Regierung die Fortsetzung des unerbittlichen Kampfes gegen die mehr Autonomie fordernden Gruppen im Südsudan. Wegen der Unzugänglichkeit des Gebiets und der sporadischen Medienberichterstattung scheint die Außenwelt diesen inzwischen längsten kriegerischen Konflikt in Afrika mit katastrophalen Auswirkungen für die gesamte Zivilbevölkerung nahezu vollständig zu ignorieren. Entsprechend gering sind Bemühungen externer Akteure um einen Beitrag zur Konfliktlösung. Nur mit äußerster Mühe können UNO und verschiedene internationale Hilfsorganisationen eine minimale humanitäre Notversorgung der Zivilbevölkerung aufrechterhalten.

Für den an Weihnachten 1989 ausgebrochenen Bürgerkrieg in Liberia zeichneten sich durch eine aktivere Vermittlungsrolle von UNO und OAU – in Ergänzung zu den bisherigen Bemühungen der westafrikanischen ECOWAS und ihrer militärischen ECOMOG-Interventionstruppe – erstmals ernsthafte Chancen für eine Konfliktbeilegung ab. Auf der Basis eines am 25. Juli 1993 in Cotonou unterzeichneten Friedensabkommens wurden – wenn auch erst nach erheblichen Finessen und Verzögerungen – Übergangsinstitutionen (Staatsrat, Regierung und Parlament) mit Vertretern der wichtigsten liberianischen Konfliktparteien geschaffen, eine UNO-Beobachtermission (UNOMIL) eingerichtet und die ECOMOG-Präsenz um Truppenkontingente aus Tanzania und Uganda erweitert. Die vorgesehene Entwaffnung und Demobilisierung der verschiedenen Kriegsparteien kam im Frühjahr 1994 in Gang, gestaltete sich aber wesentlich schwieriger als vorgesehen, so daß noch Zweifel an der Einhaltung des (nach mehrfacher Verschiebung) nunmehr für September 1994 vorgesehenen Wahltermins bestehen. Immerhin sind aber durch energische Vermittlungsbemühungen auf verschiedenen Ebenen bereits wesentliche Schritte zu einer Entschärfung des Konflikts getan worden.

Ständige Rückschläge erfuhren die Friedensbemühungen für Angola, nachdem im Herbst 1992 der Bürgerkrieg nach der Nichtanerkennung des Ergebnisses der Wahlen vom September 1992 durch UNITA-Chef Savimbi wieder in voller Härte entbrannt war. Verschiedene Vermittlungsinitiativen im Rahmen von UNO und OAU und von einzelnen afrikanischen Regierungen scheiterten an den unüberbrückbaren Gegensätzen der Konfliktparteien. Am 26. September 1993 verhängte der UNO-Sicherheitsrat gegen die UNITA Sanktionen hinsichtlich der Lieferung von Waffen. Seit Mitte November 1993 wurden unter UNO-Vermittlung und im Beisein der Garantiemächte des Friedensabkommens von 1991 (Portugal, USA und Rußland) in Lusaka sehr zähe Verhandlungen zwischen der angolanischen Regierung und der UNITA über eine Friedensregelung geführt, die aber bis Jahresmitte 1994 zu keinem akzeptablen Ergebnis führten. Zwischenzeitliche optimistische Meldungen über ein politisches Arrangement erwiesen sich immer wieder als verfrüht, während die Kampfhandlungen mit unverminderter Härte und unter erheblicher Mitleidenschaft der Zivilbevölkerung weitergingen. Eine völlig neue Dimension erhielten die bisherigen externen Vermittlungsanstrengungen im Juli 1994 durch eine neue Initiative des südafrikanischen Präsidenten Mandela, deren Erfolg aber zunächst genauso offen bleiben mußte wie der schon von den meisten anderen internationalen Akteuren (mit Ausnahme Zaires) verschärfte Druck auf UNITA-Chef Savimbi.

Wesentlich positiver gestaltete sich die Entwicklung in Mosambik, nachdem nach sehr mühseliger Vorgeschichte im Oktober 1992 in Rom ein Friedensabkommen unterzeichnet worden war. Für den vereinbarten Übergangsprozeß übernahm die UNO durch die Entsendung von 7500 Mann Blauhelmtruppen (UNOMOZ) eine zentrale Rolle. Zwar kam es auch hier zu ganz erheblichen Verzögerungen bei den notwendigen Veränderungen der verfassungsmäßigen und administrativen Strukturen, zu taktischen Winkelzügen der Regierung wie der RENAMO und in der Folge zu einem Verzug bei der Demobilisierung und der Bildung einer neuen, paritätisch besetzten Armee. Dennoch scheinen die Aussichten nicht schlecht, daß Ende Oktober 1994 erstmals freie pluralistische Wahlen unter voraussichtlich starker internationaler Beobachtung abgehalten werden können.

Im Vergleich zu den aufgeführten – und noch vielen weiteren nicht ganz so bedeutsamen – innerstaatlichen Konflikten gibt es nur verhältnismäßig wenige zwischenstaatliche Konfrontationen. Ein weit in die Kolonialzeit zurückreichender Grenzdisput zwischen Kamerun und Nigeria um die Halbinsel Bakassi im erdölträchtigen Küstengebiet eskalierte ab Jahresende 1993 und führte in den Folgemonaten zu militärischen Drohgebärden von beiden Seiten. Anläßlich des OAU-Gipfels in Tunis erhielt Togos Präsident Eyadema das Mandat, sich um eine friedliche Konfliktbeilegung zu bemühen. Ein anderer langwieriger und auf die Kolonialzeit zurückgehender Grenzkonflikt zwischen Libyen und Tschad wurde durch einen Schiedsspruch des Internationalen Gerichtshofs in Den Haag am 3. Februar 1994 anscheinend endgültig – zu Gunsten des Tschad – beigelegt. Libyen hatte seit 1972 den sog. Aouzou-Streifen, in dem es umfangreiche Uranvorräte geben soll, besetzt gehalten und darauf Ansprüche erhoben. Etwas überraschend akzeptierte Libyen nun den Schiedsspruch und zog seine Truppen bis Ende Mai vollständig zurück.

3. Veränderungen bei Regionalorganisationen

Die am 11. Januar 1994 bei Verhandlungen in Dakar nach langer kontroverser Vorgeschichte von IWF, Weltbank und französischer Regierung erzwungene und von den meisten Regierungen und Bürgern der frankophonen afrikanischen Staaten als Schock empfundene Abwertung des Franc CFA zog auch Veränderungen bei den verschiedenen Regionalorganisationen der frankophonen Staatenfamilie in Afrika nach sich. Die für die westafrikanischen Länder zuständige bisherige Währungsunion UMOA (Union Monétaire Ouest-Africaine) wurde nach zweijähriger Vorbereitungsarbeiten am 11. Januar 1994 in eine umfassendere Wirtschafts- und Währungsunion UEMOA (Union Economique et Monétaire Ouest-Africaine) umgewandelt. Als Konsequenz wurde dann am 15. März 1994 die aus den gleichen Mitgliedern zusammengesetzte Wirtschaftsgemeinschaft CEAO (Communauté Economique de l'Afrique de l'Ouest) formell aufgelöst. Die bisherige Zoll- und Währungsunion der zentralafrikanischen Staaten UDEAC (Union Douanière et Economique de l'Afrique Centrale) wurde am 16. März 1994 in eine Wirtschafts- und Währungsgemeinschaft CEMAC (Communauté Economique et Monétaire de l'Afrique Centrale) umgewandelt. Es ist vorgesehen, Verträge für separate Wirtschafts- und Währungsunionen auszuarbeiten.

Die Präferenzhandelszone für das östliche und südliche Afrika PTA (Preferential Trade Area for Eastern and Southern African States) wurde im November 1993 durch den Beitritt von Eritrea, Madagaskar und den Seychellen auf nunmehr 22 Staaten ausgeweitet. Von den potentiell für eine Mitgliedschaft vorgesehenen Ländern der Region fehlt nur noch Botswana, das einen Beobachterstatus hat. Bei der PTA-Gipfelkonferenz Anfang November 1993 in Kampala wurde nach einigen Kontroversen von 15 Mitgliedstaaten ein Vertrag über die Umwandlung der PTA in einen Gemeinsamen Markt COMESA (Common Market for Eastern and Southern Africa) unterschrieben, wobei unklar blieb, wie schnell diese Umwandlung vollzogen werden sollte. Kontrovers blieben die nach wie vor offenen Fragen der potentiellen Überlappung bzw. Konkurrenz mit der aus 10 Staaten bestehenden SADC (Southern African Development Community) sowie der zukünftigen Orientierung Südafrikas in dem regionalen Kontext. Zum nächsten SADC-Gipfel Ende August 1994 in Gaborone wird ein formeller Beitritt Südafrikas zu dieser Organisation erwartet.

Die Präsidenten von Kenya, Tanzania und Uganda unterzeichneten am 30. November 1993 in Arusha, dem ehemaligen Sitz der 1977 zusammengebrochenen Ostafrikanischen Gemeinschaft, einen Vertrag über die Wiederbelebung der Regionalkooperation in Ostafrika, wobei offen blieb, welche konkrete Gestalt diese annehmen sollte. Unübersehbar war der Wunsch, die historisch weit zurückreichende Zusammenarbeit der drei ostafrikanischen Staaten unter neuen Vorzeichen wieder zu intensivieren.

Die lockere Gruppierung der sieben Frontlinienstaaten im südlichen Afrika, die nie eine feste organisatorische Struktur geschaffen hatte, schien nach den Wahlen und der Regierungsneubildung in Südafrika ihre Aufgaben erfüllt zu haben, so daß eine Auflösung dieses rein politischen Gremiums zu erwarten gewesen wäre. Bei einem Treffen am 3. Juni 1994 in Harare wurde aber beschlossen, sich auch weiterhin um gemeinsame Konfliktlösungen in der Region (aktuell z. B. im Hinblick auf die Militärunruhen in Lesotho) zu bemühen.

Erheblich in die Kritik geriet die Afrikanische Entwicklungsbank (AfDB) bei ihrer Jahrestagung vom Mai 1994 in Nairobi. Der Bericht einer von der Bank eingesetzten Überprüfungskommission (Knox Report) war zu einer sehr kritischen Beurteilung der Managementkapazität und der Geschäftspolitik der AfDB gelangt. Angesichts mangelnder Projektkontrolle, übereilter Expansion und wachsender Zahlungsrückstände wichtiger Schuldnerländer forderten die Vertreter der nicht-afrikanischen Mitgliedsländer (d. h. der für die Finanzierung verantwortlichen westlichen Industriestaaten) drastische Reformen, woraufhin es zu scharfen Kontroversen mit afrikanischen Regierungsvertretern und zu Vorwürfen über eine zu starke externe Einmischung kam.

Eine zumindest zahlenmäßig dominante Rolle spielen die afrikanischen Länder bei den globalen, auf die früheren kolonialen Bindungen zurückgehenden Gruppierungen des Commonwealth und der Frankophonie, die kurz hintereinander im Oktober 1993 ihre jeweils in zweijährigem Rhythmus stattfindenden Gipfeltreffen abhielten. Das Commonwealth-Treffen vom 21.–25. Oktober in Zypern war erstmals seit langem nicht mehr vom Streit über Südafrika bestimmt. Am 1. Juni 1994 kehrte Südafrika nach dem 1961 erzwungenen Austritt wegen der Apartheidpolitik wieder in das Commonwealth zurück. Angola, Kamerun und Mosambik nahmen als Beobachter an dem Treffen teil und bemühen sich um Vollmitgliedschaft, womit das Commonwealth über seine ursprüngliche Orientierung deutlich hinauswachsen würde. Insgesamt 47 Staaten und Delegationen trafen sich vom 16.–18. Oktober in Mauritius zum 5. Gipfeltreffen der Frankophonie, dem weltumspannenden Rahmen aller französischsprachigen Länder und Territorien. Eine vergleichbare Gemeinschaft portugiesischsprachiger Länder aus fünf afrikanischen Staaten, Brasilien und Portugal sollte Ende Juni 1994 in Lissabon gegründet werden, was vorläufig aus protokollarischen Gründen scheiterte.

V. ANHANG

Chronik der wichtigsten Dritte-Welt-Ereignisse 1993/94

1993

20. Juli	Rücktritt von Staatspräsident Ishaq Khan und Premierminister Nawaz Sharif in Pakistan und Einsetzung einer Interimsregierung unter Moen Qureshi.
25. Juli	Die liberianischen Kriegsparteien unterzeichnen in Cotonou einen Friedensvertrag, der eine Waffenruhe zum 1. August, die Einsetzung einer Übergangsregierung und freie Wahlen im Februar 1994 vorsieht.
26. Juli	Der kubanische Staatschef Fidel Castro kündigt an, daß erstmals seit der Revolution 1959 der Besitz von westlichen Währungen nicht mehr bestraft werden soll.
16.–17. Aug.	In Uganda findet eine Ministerkonferenz der kaffeeproduzierenden Länder statt, die eine 20%-ige Kürzung der Ausfuhren beschließt.
26. August	Der nigerianische Staatspräsident General Babangida erklärt seinen Rücktritt, gibt den Oberbefehl über die Streitkräfte ab und unternimmt damit den ersten Schritt zur Übergabe der Macht an ein ziviles Kabinett.
27. August	Zusammenkunft der Staats- und Regierungschefs von sechs mittelamerikanischen Staaten zur Beilegung der innenpolitischen Krise in Nicaragua und zur Beschleunigung der wirtschaftlichen Integration. Unter ihrer Vermittlung einigen sich die Regierung, die ehemalige Regierungskoalition UNO und die sandinistische Oppositionspartei auf die Aufnahme eines nationalen Dialogs.
28. August	Erstmalige Volkswahl des Staatspräsidenten von Singapur. Sieger wird der von der regierenden Aktionspartei des Volkes unterstützte Ong Teng Cheon.
13. September	In Washington wird die israelisch-palästinensische Prinzipienerklärung über eine Autonomie in Gaza und Jericho unterzeichnet. Der Vertrag wird am 23. September vom israelischen Parlament gebilligt.

24. September	In Kambodscha wird die neue Verfassung in Kraft gesetzt. Damit endet die im Februar 1992 beschlossene UN-Mission. Anschließend wird Prinz Sihanouk vom Thronrat einstimmig zum König gewählt.
24. September	Der Sicherheitsrat der Vereinten Nationen beschließt die Entsendung einer Friedenstruppe nach Haiti.
3. Oktober	Die argentinische Regierungspartei Partido Justicialista siegt mit deutlichem Vorsprung bei den Wahlen zur Abgeordnetenkammer.
5. Oktober	Der ägyptische Präsident Hosni Mubarak wird bei einem Referendum mit überwältigender Mehrheit in seinem Amt bestätigt.
6. Oktober	Bei den Parlamentswahlen in Pakistan siegt die Pakistanische Volkspartei mit leichtem Vorsprung vor der Moslem-Liga.
11. Oktober	Die UN-Mission für Haiti, die den Übergang zur Demokratie vorbereiten sollte, wird von bewaffneten Banden daran gehindert, an Land zu gehen.
17. Oktober	Die Militärregierung im Sudan löst sich nach vier Jahren Herrschaft auf. Neuer Staatspräsident wird der bisherige Vorsitzende des Nationalen Revolutionsrats, General Omar Hassan al Bashir.
19. Oktober	Das von den Vereinten Nationen gegen Haiti verhängte Öl-, Waffen- und Finanzembargo tritt in Kraft.
21. Oktober	Versuchter Staatsstreich der Militärs in Burundi, bei dem mehrere Minister und Staatspräsident Melchior Ndadaye ermordet werden. Hunderttausende flüchten in die Nachbarstaaten.
21.–25. Okt.	Auf dem Gipfeltreffen der Commonwealth-Staaten sprechen sich deren Vertreter für eine humanitäre Weltordnung aus.
30. Oktober	Das kambodschanische Parlament billigt eine neue Koalitionsregierung. Ministerpräsident wird wiederum Prinz Norodom Ranariddh.
1. November	Mit einer überraschend knappen Mehrheit sprechen sich die Peruaner in einem Referendum für die neue Verfassung aus.
6.–13. Nov.	27. Jahrestagung der FAO in Rom. Zum neuen Generalsekretär wird der Senegalese Jacques Diouf gewählt.
8. November	Die Parlamentswahlen in Jordanien enden mit einem deutlichen Sieg der königstreuen Kräfte und einer Niederlage der Islamisten.
10. November	Die Teilnehmer der Mehrparteien-Gespräche in Südafrika einigen sich auf die Bildung einer Regierung der nationalen Einheit.

11.–14. Nov.	Das ZK der KP Chinas beschließt auf einer Plenartagung den Aufbau eines „sozialistischen Marktwirtschaftssystems".
17. November	Unter Vermittlung der Bischofskonferenz Guatemalas einigen sich Regierung und Kongreß auf einen Mechanismus zur Beendigung der seit Mai dauernden Staatskrise.
17. November	Die Führer von 21 südafrikanischen Organisationen und Parteien einigen sich auf eine demokratische Verfassung und ebnen damit den Weg für allgemeine Wahlen im April 1994.
18. November	Nigerias provisorischer Staatschef Ernest Shonekan gibt unter dem Druck von Streik- und Protestaktionen sein Amt an Verteidigungsminister General Sani Abacha ab.
18.–21. Nov.	Tagung der Asia-Pacific Economic Cooperation in Seattle.
28. November	Präsidentschafts- und Parlamentswahlen in Honduras.
3. Dezember	Der Chef des kolumbianischen Kokainkartells, Pablo Escobar, wird von Sicherheitskräften erschossen.
5. Dezember	Bei den venezolanischen Präsidentschaftswahlen setzt sich der unabhängige Kandidat und vormalige Präsident Rafael Caldera knapp gegen Sozial- und Christdemokraten durch.
7. Dezember	Der Präsident der Elfenbeinküste, Félix Houphouet-Boigny, erliegt einem Krebsleiden. Nachfolger wird der Parlamentspräsident Henri Konan Bedié.
12. Dezember	Scheitern der Friedensgespräche zwischen 15 somalischen Parteien in Addis-Abeba.
12. Dezember	Bei den chilenischen Präsidentschafts- und Kongreßwahlen siegt die christdemokratische Partei und ihr Präsidentschaftskandidat Eduardo Frei Ruiz-Tagle.
15. Dezember	Erfolgreicher und termingemäßer Abschluß der Uruguay-Runde im Rahmen des GATT.
29. Dezember	Die kubanische Nationalversammlung hat die von der Regierung vorgelegten Wirtschaftsreformen gebilligt, die in vielen Bereichen Privatbetriebe zulassen.
29. Dezember	Einführung eines einheitlichen Wechselkurses in der VR China.

1994
1. Januar	Beginn der Aufstände der „Zapatistischen Nationalen Befreiungsarmee" im (indianischen) Süden Mexikos.
1. Januar	Der NAFTA-Vertrag zwischen den Vereinigten Staaten, Kanada und Mexiko tritt in Kraft.
10.–11. Januar	Die Staats- und Regierungschefs der Franc-Zone kommen zu einem Gipfeltreffen in Dakar zusammen. Dort wird die Abwertung des CFA-Franc beschlossen.

13. Januar	Die Nationalversammlung von Burundi wählt Cyprien Ntayamira, der der Hutu-Bevölkerungsmehrheit angehört, zum neuen Staatspräsidenten.
14. Januar	Der zairische Staatspräsident Mobutu Sese Seko löst die Übergangsregierung, die Nationalversammlung und den Hohen Staatsrat auf.
31. Januar	Der bisherige algerische Verteidigungsminister, General Liamine Zeroual, wird als neuer Staatspräsident vereidigt und löst damit die kollektive Präsidentschaft des Hohen Staatsrats ab.
31. Januar	Beginn der sechswöchigen Tagung der UN-Menschenrechtskommission in Genf.
4. Februar	US-Präsident Bill Clinton hebt das seit 1975 über ganz Vietnam verhängte Handelsembargo auf.
6. Februar	Aus den costaricanischen Präsidentschaftswahlen geht der Sozialdemokrat José Maria Figueres als Sieger hervor.
9. Februar	Nach dreitägigen Verhandlungen unterzeichnen der israelische Außenminister Shimon Peres und der PLO-Vorsitzende Yasir Arafat zwei Teilabkommen, die strittige Fragen des Gaza-Jericho-Abkommens regeln sollen.
20. Februar	Die Führer der drei jemenitischen Großparteien unterzeichnen in Amman (Jordanien) ein Versöhnungsdokument, daß den Streit zwischen dem ehemaligen Norden und Süden des Landes beilegen soll.
13. März	Bei den kolumbianischen Parlamentswahlen kann die regierende liberale Partei ihre Vormachtstellung behaupten.
20. März	Bei den Präsidentschaftswahlen in El Salvador, bei der sich erstmals auch die ehemalige Linksguerilla beteiligte, siegte erwartungsgemäß der Kandidat der regierenden Rechtspartei Arena, Armando Calderon Sol.
20. März	Bei den tunesischen Präsidentschafts- und Parlamentswahlen erzielt die Regierungspartei den geplanten Erfolg.
20. März	Die Finanzminister der 17 Staaten umfassenden Asiatisch-Pazifischen Wirtschaftskooperation vereinbaren bei ihrem ersten Treffen in Hawaii die Grundlinien für ein stabiles Wirtschaftswachstum bis zum Jahre 2000.
23. März	Bei Kämpfen in Burundi unter Beteiligung der Armee und von Rebellengruppen der Tutsi-Minderheit kommen mehrere Tausend Menschen ums Leben.
4. April	Die nordafrikanischen Staaten Algerien, Marokko, Mauretanien, Libyen und Tunesien beschließen bei einem Gipfeltreffen in Tunis die Schaffung einer Freihandelszone.
7. April	Die beiden Staatspräsidenten von Burundi und Ruanda kommen bei einem Flugzeugabsturz ums Leben, vermut-

	lich als Folge eines Attentats. Darauf flammen in Ruanda Kämpfe zwischen den Hutus und Tutsis in nicht gekannter Heftigkeit auf, bei denen Tausende ums Leben kommen. Die ruandische Übergangsregierung flieht am 12. April aus der Hauptstadt.
12.–15. April	Minister der mehr als 120 GATT-Mitgliedsstaaten unterzeichnen in Marrakesch (Marokko) das im Dezember 1993 ausgehandelte Welthandelsabkommen und beschließen die Gründung einer neuen Welthandelsorganisation (WTO), die am 1. Januar 1995 an die Stelle des GATT treten soll.
14. April	Aus den Wahlen zur Verfassungsgebenden Versammlung geht die peronistische Partei des Präsidenten Carlos Menem als stärkste Kraft hervor. Die linke Parteienkoalition Frente Grande verzeichnet Stimmengewinne.
25. April	Bei der Stichwahl zum Staatspräsidenten in El Salvador siegt der Kandidat der Arena, Armando Calderon Sol, mit deutlichem Abstand vor Ruben Zamora, dem Kandidaten der linken Koalition.
26. April	Inkrafttreten der neuen Verfassung in Südafrika, die die Herrschaft der weißen Minderheit beendet. Bis zum 29. April finden erstmals in Südafrika freie, demokratische Wahlen statt, bei denen auf den ANC 62,6 % der Stimmen, auf die Nationale Partei von Staatspräsident de Klerk 20,4 % und auf die Inkatha-Freiheitspartei 10,5 % entfallen.
2. Mai	Bei den Parlaments- und Kommunalwahlen in Ecuador erleidet die Partei von Präsident Duran Ballen eine schwere Niederlage.
4. Mai	Unterzeichnung des Abkommens über die Ausführungsbestimmungen für eine begrenzte Autonomie der Palästinenser im Gaza-Streifen und Jericho.
8. Mai	Aus den Präsidentschaftswahlen in Panama geht der Kandidat der Revolutionären Demokratischen Partei, Ernesto Perez Balladares, als Sieger hervor. Bei der gleichzeitigen Parlamentswahl gewinnt seine Partei 22 der 71 Sitze.
9. Mai	ANC-Präsident Nelson Mandela wird ohne Gegenkandidaten zum neuen Staatspräsidenten Südafrikas gewählt und einen Tag später vor Gästen aus aller Welt vereidigt.
16. Mai	Bei den Präsidentschaftswahlen in der Dominikanischen Republik, bei denen sich ein Sieg des Amtsinhabers Joaquin Balaguer abzeichnete, soll es zu massivem Betrug gekommen sein. Die Auszählung wurde daher ausgesetzt bis zur Überprüfung der Vorwürfe durch den Zentralen Wahlrat.

17. Mai	Rückzug der Israelis aus dem Gazastreifen und formelle Übergabe an die palästinensischen Organe.
19. Mai	Niederlage des 30 Jahre amtierenden Staatspräsidenten Hastings Banda bei den ersten freien Parlaments- und Präsidentschaftswahlen in Malawi.
20. Mai	Der frühere Vizepräsident des vereinigten Jemen, Ali Salem al-Baid, erklärt die 1990 erfolgte Vereinigung für beendet und Südjemen wieder zu einem unabhängigen Staat.
16. Juni	Die nordjemenitische Armee beginnt mit der Bombardierung Adens, der Hauptstadt der einseitig deklarierten Demokratischen Republik Südjemen.
19. Juni	Beim Ausstich um die Präsidentschaft Kolumbiens behauptet sich der Liberale Ernesto Samper knapp vor seinem konservativen Rivalen Andrès Pastrana.
23. Juni	Frankreich startet nach dem positiven Votum des UN-Sicherheitsrates seine Intervention zugunsten der bedrohten ruandischen Zivilbevölkerung.
27. Juni	Beginn einer Massenflucht aus Haiti nach Verschärfung der internationalen Sanktionen

GESAMTREGISTER 1983–1995

(Die Jahreszahlen 1983 und 1984 beziehen sich auf die Jahrbücher 1 und 2)

ABC-Waffen
ABC-Waffen und Raketen in der Dritten Welt 1990, 130

Ägypten
Die fundamentalistische Bedrohung Ägyptens 1994, 167

Äthiopien
(Karte 1985, 196; 1992, 268)
Zehn Jahre Revolution 1985, 184
Politischer Umbruch am Horn von Afrika 1992, 256

Afghanistan
(Karte 1989, 119)
Afghanistan 1978–1988. Zehn Jahre Revolution, Konterrevolution und Krieg 1989, 117

Afrika
(Karten 1986, 150, 151)
Hunger in Afrika 1985, 164
Regionale Konfrontation und Kooperation im Südlichen Afrika 1985, 224
Politische Systeme und Politische Entwicklung in Afrika 1984/85; 1986, 143
UNO-Sondergeneralversammlung über Afrikas Wirtschaftskrise 1987, 208
22. Gipfelkonferenz der OAU 1987, 213
Die „afrikanische Krise": Afrika zwischen erzwungener Strukturanpassung und beabsichtigter Transformation 1991, 117
Horn von Afrika: Bürgerkrieg, Hunger und Massenflucht 1991, 138
Afrika: OAU-Gipfel und Kooperation in Ostafrika 1991, 236
Afrika: Neue Ansätze für verstärkte wirtschaftliche und politische Zusammenarbeit 1992, 295
Neue Aufgabenbestimmungen für die OAU und für einzelne Regionalorganisationen 1993, 248
Friedensdividende oder Neue Arbeitslosigkeit? Demobilisierungsprogramme im subsaharischen Afrika 1994, 64
Das afrikanische Staatensystem vor neuen Herausforderungen 1994, 279
Friedensbemühungen und regionale Kooperation 1995, 269

Aids
Aids in Entwicklungsländern 1993, 86

Algerien
   Algerien: Auf dem Wege zur bürgerlichen Gesellschaft? 1990, 224
   Islamisten im Maghreb 1992, 164

Amerika
   Regionale Integration und Kooperation in den beiden Amerikas: Auf dem Weg zu einer gesamtamerikanischen Freihandelszone? 1994, 200

Argentinien
   Argentinien und der Krieg im Südatlantik 1983, 134
   Dauerkrise als Normalzustand? 1985, 119

Asien
   (Karte 1987, 92)
   Politische Systeme und politische Entwicklung in Asien 1985/1986; 1987, 84
   South Asian Association for Regional Cooperation (SAARC) 1987, 227
   Asien: Frieden in Südasien – nur zu Indiens Bedingungen 1990, 287
   Asien: APEC. Ein neuer Versuch asiatisch-pazifischer Zusammenarbeit 1991, 252
   Aktuelle Formen regionaler Kooperation in Asien und dem Pazifik 1992, 309
   Bildung regionaler Märkte in Mittelasien 1993, 226
   Regionale Kooperation in Asien-Pazifik 1994, 259
   Die APEC auf dem Weg zur Institutionalisierung 1995, 249

Bangladesch
   (Karte 1992, 210)
   Ethnische Konflikte und Flüchtlingsprobleme im Grenzgebiet zwischen Indien und Bangladesch 1989, 327
   Aufruhr im Armenhaus Asiens 1992, 198

Beschäftigung
   Beschäftigung und Migration in der Dritten Welt 1985, 101

Bevölkerung
   Bevölkerungswachstum und Entwicklung 1985, 41

Bildung
   Schul- oder Bildungsnotstand in der Dritten Welt? 1991, 92

Birma
   (Karte 1990, 189)
   Birma: Das Ende des Sozialismus 1990, 188
   Krisenherd Myanmar 1993, 240

Bolivien
   Brüchige Demokratie im Strudel wirtschaftlicher Strukturkrisen 1986, 166

Brasilien
   Die Zerschlagung des Modells 1984, 170
   Brasiliens Neue Republik 1986, 188

Brasilien: Kosten des Fortschritts 1991, 177
Brasilien: Dauerkrise vor dem Ende? 1994, 221

Burkina Faso
Burkina Faso in der Ära Sankara: Eine Bilanz 1989, 248

Burundi
(Karte 1995, 119)
Stammeskriege in Burundi und Ruanda? 1995, 117

Chile
Zehn Jahre Militärdiktatur und Neoliberalismus 1984, 159
Demokratischer Konsens und die Last der Vergangenheit 1995, 190

China
Wirtschaftsreformen in der VR China 1985, 212
Industriewirtschaftliche Reformen in der VR China 1989, 296
VR China: Niederschlagung der Protestbewegung 1990, 276

Chronik
der wichtigsten Dritte-Welt-Ereignisse in jedem Jahrbuch

Demokratie
Vormarsch der Demokratie in der Dritten Welt? 1986, 63
Demokratie in der Dritten Welt: Zwischen normativer Zustimmung und praktischen Realisierungsproblemen 1992, 33
Demokratisierung im frankophonen Afrika 1993, 137

Dritte Welt
Die Dritte Welt im Berichtszeitraum: in jedem Jahrbuch Frieden – Ökologie – Dritte Welt
Dritte Welt und Weltfrieden 1987, 25
Ethnische Konflikte in der Dritten Welt 1987, 69
Sozialismus in der Dritten Welt 1989, 53
Dritte Welt im Abseits? Folgen der Ost-West-Entspannung 1991, 35

Drogen
(Karte 1991, 49)
Drogenhandel in den Nord-Süd-Beziehungen 1991, 48

ECO
Bildung regionaler Märkte in Mittelasien 1993, 226

El Salvador
(Karte 1993, 122)
Die Beendigung des Bürgerkrieges 1993, 120

Entwicklungspolitik
Reaganism und Dritte Welt: Neue Rhetorik oder entwicklungspolitische Wende? 1983, 73

Wende in der deutschen Entwicklungspolitik? 1984, 73
Zur Kritik von Entwicklungshilfe und zur Denunzierung von Entwicklungshilfekritik 1986, 24
Welthandel, GATT, Protektionismus und die Entwicklungsländer 1987, 62
Sowjetische Dritte-Welt-Politik unter Gorbatschow 1989, 33
Entwicklung ohne Staat 1990, 51
Entwicklung jenseits des Wachstums 1992, 71
Herausforderung für den Süden: Der Bericht der Süd-Kommission 1992, 287
UN-Konferenz „Umwelt und Entwicklung" 1993, 48
Die deutsche Entwicklungspolitik nach dem Ende des Ost-West-Konflikts 1994, 29
Entwicklungspolitik der Kirchen 1994, 81
Die Sozialen Notfonds der Weltbank: Strukturanpassung mit menschlichem Antlitz? 1994, 91
Im Süden nichts Neues? 1995, 47

Ernährung
Hunger in Afrika 1985, 164
Landwirtschaft und Ernährung 1984, 61

Europäische Expansion
Fünfhundert Jahre europäische Expansion 1993, 29

Flüchtlinge
(Karte 1985, 68)
Die Dritte Welt als Flüchtlingslager 1985, 58
Asylrecht gegen Flüchtlinge 1987, 96

Frauen
Frauen und Entwicklung 1986, 49

Fundamentalismus
Die fundamentalistische Bedrohung Ägyptens 1994, 167

Gesundheit
Gesundheitsprobleme in der Dritten Welt 1992, 126
Aids in Entwicklungsländern 1993, 86

Ghana
(Karte 1987, 191)
Ghana: Aufschwung mit IWF- und Weltbankhilfe? 1987, 177

Großstädte
Moloch Großstadt: Metropolisierung in der Dritten Welt 1992, 113

Guatemala
(Karte 1992, 283)
Krieg und Repression in Guatemala 1992, 271

Haiti
　Haiti: Politik und Armut 1987, 165

Indien
　(Karte 1985, 153; 1992, 195)
　Die Krise im Punjab – Zerreißprobe für die Indische Union? 1985, 138
　Asien: Frieden in Südasien – nur zu Indiens Bedingungen 1990, 287
　Staats- und Wirtschaftskrisen in Indien 1992, 179

Indonesien
　Abenddämmerung des Suharto-Regimes 1995, 133

Industrialisierung
　Industrieproduktion in der Dritten Welt 1984, 65
　Neue Multis 1985, 114
　Wirtschaftsreformen in der VR China 1985, 212
　Technologie und Dritte Welt 1989, 101
　Industriewirtschaftliche Reformen in der VR China 1989, 296
　Industrielle Entwicklung: Neue Erklärungsansätze 1995, 64

Irak
　Der iranisch-irakische Konflikt: Krieg am Persisch/Arabischen Golf 1983, 119
　Ausweitung des Golfkrieges? 1985, 154
　Flottenaufmarsch am Golf 1989, 138
　Krieg am Golf – Modellkrieg für die Dritte Welt? 1992, 86
　Golfkrieg und Nachkriegszeit: Eine „neue Ordnung" für den Nahen Osten? 1992, 142
　Irakisch-Kurdistan und die Unabhängigkeit 1993, 193 (Karte)

Iran
　Der iranisch-irakische Konflikt: Krieg am Persisch/Arabischen Golf 1983, 119
　Ausweitung des Golfkrieges? 1985, 154
　Flottenaufmarsch am Golf 1989, 138

Islam
　Islamisten im Maghreb 1992, 164
　Islam und Politik in Zentralasien 1993, 176 (Karte)

Israel
　(Karte 1995, 227)
　„Gaza-Jericho" und der schwierige Weg zum Frieden 1995, 225

Japan
　Japan und die Dritte Welt 1990, 65

Jemen
　(Karte 1987, 137; 1994, 184)
　Die Krise im Südjemen 1987, 124

Orient: Zwischenstaatliche Organisationen und Wiedervereinigung des Jemen 1991, 244
Vereinigung und Demokratisierung im Jemen 1994, 183
Der Bürgerkrieg im Jemen 1995, 258

Jordanien
(Karte 1995, 227)
„Gaza-Jericho" und der schwierige Weg zum Frieden 1995, 225

Kambodscha
(K)eine Lösung für Kambodscha? 1983, 185
Endlich Frieden? 1993, 235
Die UN-Friedensmission in Kambodscha 1994, 262

Karibik
(Karte 1991, 223)
Politische Systeme und politische Entwicklung in Mittelamerika und der Karibik 1991, 206

Kaukasus
(Karte 1994, 268)
Ethnische Konflikte und territoriale Ansprüche im Kauskasus 1994, 267

Kirchen
Entwicklungspolitik der Kirchen 1994, 81

Kolumbien
(Karte 1985, 211)
Frieden in Kolumbien? 1985, 199
Kolumbien im Griff der Gewalt 1989, 228

Korea
Annäherung zwischen Nord- und Südkorea 1993, 243

Krieg
Frieden – Ökologie – Entwicklung 1983, 20
Der Krieg im Libanon und die Entstehung der Zweiten Libanesischen Republik 1983, 101
Der iranisch-irakische Konflikt: Krieg am Persisch/Arabischen Golf 1983, 119
Kein Friede in Nahost 1984, 99
Ausweitung des Golfkrieges? 1985, 154
Frieden in Kolumbien? 1985, 199
Dritte Welt und Weltfrieden, 1986, 25
Kriege in der Dritten Welt 1986, 88
Südafrika im Bürgerkrieg 1986, 94
Atomwaffenfreie Zone im Südpazifik 1986, 201
Afghanistan 1978–1988. Zehn Jahre Revolution, Konterrevolution und Krieg 1989, 117

Flottenaufmarsch am Golf 1989, 138
Asien: Frieden in Südasien – nur zu Indiens Bedingungen 1990, 287
Krieg am Golf – Modellkrieg für die Dritte Welt? 1992, 86
Golfkrieg und Nachkriegszeit: Eine „neue Ordnung" für den Nahen Osten? 1992, 142
Humanitäre Intervention 1994, 47

Kenya
Mühsame Demokratisierung in Kenya 1994, 148

Kuba
Kuba: Dreißig Jahre Revolution 1990, 257
Kuba im Jahr 5 nach dem Fall der Mauer 1995, 209

Kurdistan
(Karte 1993, 193)
Irakisch-Kurdistan und die Unabhängigkeit 1993, 191

Kuwait
Krieg am Golf – Modellkrieg für die Dritte Welt? 1992, 86
Golfkrieg und Nachkriegszeit: Eine „neue Ordnung" für den Nahen Osten? 1992, 142

Landwirtschaft
Landwirtschaft und Ernährung 1984, 61
Agrarentwicklung in der Dritten Welt 1992, 102

Lateinamerika
Krisenanpassung in Ostasien und Lateinamerika 1985, 87
Das lateinamerikanische Schuldnerkartell kommt nicht zustande 1985, 236
Wahlen in Lateinamerika zu Beginn der 90er Jahre 1993, 98
(Tabelle 1993), 100
Regionale Kooperation in Lateinamerika 1993, 257
Regionale Kooperation für die Demokratie in Lateinamerika 1994, 252
Konflikte und Konfliktregulierung in Lateinamerika 1995, 242

Libanon
Der Krieg im Libanon und die Entstehung der Zweiten Libanesischen Republik 1983, 101

Liberia
(Karte 1992, 242 u. 251)
Bürgerkrieg in Liberia 1992, 234

Libyen
Der Konflikt um Libyen 1987, 110
Islamisten im Maghreb 1992, 164

Malaysia
(Karte 1992, 231)
Der Premier festigt seine Stellung 1992, 215

Marokko
　Islamisten im Maghreb 1992, 164

Meeresordnung
　Die neue Weltmeeresordnung 1983, 57

Menschenrechte
　Vereinte Nationen, Menschenrechte und Dritte Welt 1986, 83
　　Der Kampf um die Menschenrechte in der Dritten Welt 1990, 106

Mexiko
　Wirtschaftlicher Kollaps in Mexiko 1983, 170
　Mexiko 1986: Das politische System unter dem Druck der Wirtschaftskrise 1987, 153

Migration
　Beschäftigung und Migration in der Dritten Welt 1985, 101

Mittelamerika
　(Karte 1991, 223)
　Politische Systeme und politische Entwicklung in Mittelamerika und der Karibik 1991, 206

Myanmar
　Krisenherd Myanmar (früher Birma) 1993, 240

Nahost
　Kein Friede in Nahost 1984, 99
　Westbank und Gazastreifen: Hintergründe des Aufruhrs 1989, 157
　Politische Systeme und politische Entwicklung im Nahen Osten 1989, 171
　Nahostkonflikt: Die PLO in der Offensive 1990, 153
　Krieg am Golf – Modellkrieg für die Dritte Welt? 1992, 86
　Golfkrieg und Nachkriegszeit: Eine „neue Ordnung" für den Nahen Osten? 1992, 142
　Friedensprozeß 1993, 218
　Bildung regionaler Märkte in Mittelasien 1993, 226

Namibia
　(Karte 1990, 205)
　Die Dekolonisation Namibias 1990, 203

Nicaragua
　(Karte 1984, 95)
　Nicaragua – ein zweites Grenada? 1984, 85

Nigeria
　(Karte 1984, 182; 1995, 85)
　Ende der Demokratie? 1984, 178
　Militärherrschaft ohne Ende? 1995, 75

Nord-Süd-Dialog
  Ruhe vor dem Sturm 1985, 28

Ölmarkt
  Von der Verknappungskrise zur Ölschwemme 1983, 30
  Neuorientierung auf den Weltölmärkten und die Rolle der OPEC 1986, 75

Organisationen
  Afrika-Karibik-Pazifik (AKP)-Staaten (Karte) 1985, 86
  AKP-EG-Abkommen 1991, 104
  Arabischer Kooperationsrat 1990, 298; 1991, 247
  Arabische Liga 1986, 205; 1989, 324; 1991, 244
  Arabische Maghreb-Union 1990, 298; 1991, 248
  Association of South-East Asian Nations (ASEAN) 1985, 233; 1986, 201
  Bandung-Konferenz 1986, 191
  Blockfreie 1984, 37 (Karte 38)
  Blockfreien-Gipfel in Harare: von der Rhetorik zur Aktion? 1987, 51
  Die 9. Gipfelkonferenz der Blockfreien in Belgrad 1991, 228
  Contadora Gruppe 1984, 215
  Golf-Kooperationsrat 1985, 243; 1986, 205; 1990, 298; 1991, 246
  Islamische Konferenz 1984, 213; 1985, 243; 1986, 205; 1990, 298
  IWF 1990, 119
  Lomé-Abkommen 1985, 71
  Organisation der Afrikanischen Einheit (OAU) 1983, 221; 1984, 220; 1985, 224; 1986, 195; 1989, 318; 1991, 236; 1993, 248; 1994, 279
  PLO 1990, 153
  Regional Cooperation for Development 1985, 243
  South Asian Regional Cooperation (SARC) 1984, 218
  UNCTAD 1984, 51
  Krise und Reform der UNESCO 1989, 72
  Vereinte Nationen 1986, 37, 83; 1993, 48; 1994, 262
  Weltbank 1990, 119; 1994, 91
  Wirtschaftsgemeinschaft Zentralafrikanischer Staaten 1984, 218

Orient
  Islamische Konferenz/Arabische Liga/Golf-Kooperationsrat 1987, 232
  Orient: Alte und neue zwischenstaatliche Organisationen und Gruppierungen 1990, 298
  Orient: Zwischenstaatliche Organisationen und Wiedervereinigung des Jemen 1991, 244
  Ethnische Konflikte und territoriale Ansprüche im Kaukasus 1994, 267

Ostafrika
  Neuansätze regionaler Kooperation in Ostafrika 1984, 219

Ostasien
  Krisenanpassung in Ostasien und Lateinamerika 1985, 87

Ost-West-Entspannung
　Dritte Welt im Abseits? Folgen der Ost-West-Entspannung 1991, 35

Pakistan
　(Karte 1995, 175)
　Pakistan zwischen Militärherrschaft und Zivilregierung 1990, 169
　Verhaltene Reformpolitik in Pakistan 1995, 172

Palästinenser
　(Karte 1995, 227)
　„Gaza-Jericho" und der schwierige Weg zum Frieden 1995, 225

Panama
　(Karte 1989, 209)
　Panama und die USA: Krise um einen General? 1989, 207

Peru
　(Karte 1986, 165)
　Wende in Peru? 1986, 152
　Peru: Zwischen „Liberalisierung" und letzter Hoffnung? 1991, 196

Philippinen
　Abenddämmerung des Marcos-Regimes? Die Krise in den Philippinen 1984, 130
　Der Zusammenbruch des Marcos-Regimes und die Regierung Aquino 1987, 193

Ruanda
　(Karte 1995, 119)
　Stammeskriege in Burundi und Ruanda? 1995, 117

Rüstung
　Neue Richtlinien für den Waffenexport aus der Bundesrepublik Deutschland in die Dritte Welt 1983, 87
　Rüstung in der Dritten Welt 1985, 107
　Atomwaffenfreie Zone im Südpazifik 1986, 201
　Abrüstung und Entwicklung 1989, 110
　Deutsche Rüstungsexporte in alle Welt 1990, 83
　ABC-Waffen und Raketen in der Dritten Welt 1990, 130
　Rüstungsaufgaben und Entwicklungshilfe 1993, 61

Sambia
　(Karte 1993, 175)
　Der Sturz Kaundas 1993, 157

Somalia
　(Karte 1992, 268)
　Politischer Umbruch am Horn von Afrika 1992, 256
　Testfall Somalia: Läßt sich Frieden erzwingen? 1994, 99

Soziales
    Soziale Sicherung in Entwicklungsländern 1993, 75

Sri Lanka
    (Karte 1984, 147)
    Verfolgung der Tamilen auf Sri Lanka 1984, 143
    Sri Lanka: Frieden durch Intervention Indiens? 1989, 263

Staat
    Entwicklung ohne Staat 1990, 51

Sudan
    (Karte 1986, 128; 1994, 132)
    Ende der Numeiri-Ära 1986, 107
    Krieg im Sudan: Ein vergessener Konflikt? 1994, 129

Südafrika
    (Karte 1984, 122; 1986, 96)
    Südafrikas unerklärter Krieg 1984, 116
    Südafrika im Bürgerkrieg 1986, 94
    Südafrika: Paria der internationalen Gemeinschaft 1987, 36
    „Runder Tisch" am Kap: Der Dialog zwischen dem ANC und der Regierung in Südafrika 1991, 154
    Südafrika: Konfliktregelung durch Wahlen 1995, 88

Südkorea
    (Karte 1989, 279)
    Südkorea 1987/88: Der schwierige Weg zur Demokratie 1989, 278

Südostasien
    Kultur und Wirtschaftserfolg in Südostasien 1995, 150

Taiwan
    Taiwan im politischen Umbruch 1994, 233

Tanzania
    „Entwicklungsmodell" oder Entwicklungsbankrott? 1983, 204

Thailand
    (Karte 1993, 208)
    Zwischen militärischer und demokratischer Ordnung 1993, 205

Tropenwälder
    Tropenwälder – „Ökologisches Reservat der Menschheit?" 1990, 30

Tschad
    (Karte 1984, 199)
    Rekolonisierung des Tschad 1984, 193

Tunesien
    Islamisten im Maghreb 1992, 164

Uganda
(Karte 1986, 142)
Der Putsch in Uganda: Neue Köpfe, alte Probleme 1986, 129

Umwelt
Frieden – Ökologie – Entwicklung 1983, 20
Umweltkrise in den Entwicklungsländern 1984, 24
Tropenwälder – „Ökologisches Reservat der Menschheit"? 1990, 30
Gipfelkonferenz Rio 1993, 48

Venezuela
Die Lateinamerikanisierung Venezuelas 1990, 240

Verschuldung
Verschuldenskrise der Dritten Welt? 1983, 30
Verschuldung der Dritten Welt 1984, 69
Das lateinamerikanische Schuldnerkartell kommt nicht zustande 1985, 236
Schuldenkrise ohne Ende 1989, 89
Soziale Folgen von IWF-/Weltbank-Programmen 1990, 119

Wasser
Lebensressource Wasser: Wasserknappheit und Wasserverschmutzung 1991, 79

Wirtschaft
Der „Informelle Sektor": Schattenwirtschaft oder Wirtschaft der Zukunft? 1991, 61
Die Uruguay-Runde: Krise des GATT? 1992, 49
Das GATT und die Entwicklungsländer 1995, 30

Zaire
Zaire: Von der Kleptokratie zur Demokratie? 1994, 114

Zentralamerika
(Karte 1987, 225)
Krisenherd Zentralamerika 1983, 150
Frieden in Zentralamerika? Die Contadora-Initiative 1987, 139
Millionen Menschen auf der Flucht 1987, 217
Zentralamerika: Frieden in Sicht? 1989, 187

Zentralasien
(Karte 1993, 185)
Islam und Politik 1993, 185

Autorinnen und Autoren

Heinrich Bergstresser, geb. 1949, Dipl. pol., Deutsche Welle, Köln
Joachim Betz, geb. 1946, Dr. rer. soc., Privatdozent, Deutsches Übersee-Institut, Hamburg
Stefan Brüne, geb. 1950, Dr. phil., Deutsches Übersee-Institut, Hamburg
Benno Engels, geb. 1939, Dr. rer. pol., Deutsches Übersee-Institut, Hamburg
Theodor Hanf, geb. 1936, Prof. Dr., Direktor, Arnold Bergstraesser-Institut, Freiburg; Prof. für Soziologie, Deutsches Institut für internationale pädagogische Forschung, Frankfurt/M.
Rolf Hanisch, geb. 1942, Dr. rer. pol., Privatdozent, Institut für Internationale Angelegenheiten, Universität Hamburg
Wolfgang Hein, geb. 1949, Dr. rer. soc., Deutsches Übersee-Institut, Hamburg
Bert Hoffmann, geb. 1966, Dipl. pol., Institut für Iberoamerika-Kunde, Hamburg
Rolf Hofmeier, geb. 1939, Dr. oec. publ., Direktor, Institut für Afrika-Kunde, Hamburg
Thomas Koszinowski, geb. 1938, Dr. phil., Deutsches Orient-Institut, Hamburg
Sabine Kurtenbach, geb. 1961, Dr. phil., Institut für Iberoamerika-Kunde, Hamburg
Rüdiger Machetzki, geb. 1941, Dr. phil., Institut für Asienkunde, Hamburg
Andreas Mehler, geb. 1963, Dr. phil., Institut für Afrika-Kunde, Hamburg
Detlef Nolte, geb. 1952, Dr. phil., Stellvertretender Direktor, Institut für Iberoamerika-Kunde, Hamburg
Volker Perthes, geb. 1958, Dr. sc. pol., Stiftung Wissenschaft und Politik, Ebenhausen
Klaus-Albrecht Pretzell, geb. 1937, Dr. phil., Institut für Asienkunde, Hamburg
Wolf-Peter Zingel, geb. 1943, Dr. rer. pol., Südostasien-Institut, Universität Heidelberg

Buchanzeigen

Weltpolitik im Umbruch

Ernst-Otto Czempiel

Die Reform der UNO
Möglichkeiten und Mißverständnisse
1994. 200 Seiten. Paperback. Beck'sche Reihe Band 1078

Roland Götz/Uwe Halbach

Politisches Lexikon Rußland
Nationale Republiken und Gebietseinheiten der Rußländischen Föderation
1994. 399 Seiten. Paperback. Beck'sche Reihe Band 856

Oskar Weggel

China
4., neubearbeitete Auflage. 1994.
326 Seiten mit 9 Abbildungen und 4 Karten. Paperback
Beck'sche Reihe Band 807

Rudolf Hrbek/Sabine Weyand

betrifft: Das Europa der Regionen
1994. 208 Seiten. Paperback. Beck'sche Reihe Band 1085

Stefan Brunner

Deutsche Soldaten im Ausland
Fortsetzung der Außenpolitik mit militärischen Mitteln?
1993. 258 Seiten. Paperback. Beck'sche Reihe Band 1040

Ernst-Otto Czempiel

Weltpolitik im Umbruch
Das internationale System nach dem Ende des Ost-West-Konflikts
2., neubearbeitete Auflage. 1993. 171 Seiten. Paperback
Beck'sche Reihe Band 444

Jahrbuch Frieden
Konflikte, Abrüstung, Friedensarbeit
Hrsg. von Hanne-Margret Birckenbach, Uli Jäger und Christian Wellmann
in Zusammenarbeit mit der Arbeitsgemeinschaft für
Friedens- und Konfliktforschung
Paperback. Beck'sche Reihe
Erscheint jährlich im November

Verlag C. H. Beck München

Entwicklung und Ökologie

Detlev Junker/Dieter Nohlen/Hartmut Sangmeister (Hrsg.)
Lateinamerika am Ende des 20. Jahrhunderts
1994. 273 Seiten mit 6 Abbildungen und 12 Tabellen. Paperback
Beck'sche Reihe Band 1062

Manfred Wöhlcke
Brasilien – Diagnose einer Krise
1994. 160 Seiten mit 2 Karten,
3 Schaubildern und 7 Tabellen.
Paperback. Beck'sche Reihe Band 1076

Volker Matthies
Äthiopien, Eritrea, Somalia, Djibouti
Das Horn von Afrika
2., überarb. u. erweit. Auflage. 1994. 168 Seiten mit 5 Karten
und 8 Abbildungen. Paperback. Beck'sche Reihe Band 846

Amelie Schenk/Udo Haase
Mongolei
1994. 165 Seiten mit 14 Abbildungen und 3 Karten. Paperback
Beck'sche Reihe Band 848

Christian Hey
Umweltpolitik in Europa
Fehler, Risiken, Chancen. Ein GREENPEACE-Buch
1994. 189 Seiten mit 9 Abbildungen und 11 Grafiken. Paperback
Beck'sche Reihe Band 1081

Gerd Rosenkranz/Irene Meichsner/Manfred Kriener
Die neue Offensive der Atomwirtschaft
Treibhauseffekt, Sicherheitsdiskussion, Markt im Osten
1992. 352 Seiten mit 19 Fotos, 5 Graphiken und 1 Tabelle. Paperback
Beck'sche Reihe Band 493

Jahrbuch Ökologie
Hrsg. von Günter Altner/Barbara Mettler-Meibom/
Udo E. Simonis und Ernst U. von Weizsäcker
Paperback. Beck'sche Reihe
Erscheint jährlich im November

Verlag C. H. Beck München

168746